U0601723

阿马蒂亚·森文丛

AMARTYA SEN

On Economic Inequality

(Enlarged)

论经济不平等

（增订版）

阿马蒂亚·森
詹姆斯·福斯特 —— 著

王利文 于占杰 —— 译

中国人民大学出版社

·北京·

致爱女安塔拉（Antara）和南达娜（Nandana）

愿希望长伴。

当你们长大成人，

就会发现，

无论怎样丈量，

希望都会少那么一点点。

增订版序言

* * *

该书的第一版以 25 年前（1972 年）我在沃威克大学（University of Warwick）的拉德克利夫讲座（Radcliffe Lecture）内容为基础，可以看作是对方兴未艾的关于经济不平等的技术性文献的一个贡献，同时也是将那部文献与关注现实层面的不平等这样的重大问题联系起来的一个尝试。尽管该书有相当多的分析性的和数学性的论证，但所用到的定理和给出的结论是用直观方式表述的。本书之所以这样做，乃是基于这样的信念：形式化结论的重要性最终不仅取决于它是否采用了规范性的表述，还取决于其与人们所争论的和所捍卫的事情的相关性。

在此增订版中，所增加的附录（"25 年后再论经济不平等"）文字颇多（篇幅几乎与第一版相埒），写作初衷一仍其旧。在过去的 25 年里，在公开的辩论和争论中，不平等问题越来越成为中心问题（也更有争议）。与此同时，评估和测度经济不平等的纯理论方面的研究文献开始大量出现，且方兴未艾（这些文献不仅数量巨大，而且往往不易看懂，从而令人生畏）。第一版中的已被部分检验的分析性问题在此版中得到了强化或扩充，同时，新版中也提出了许多新问题并加以探讨。

增订的内容在很大程度上是一个尝试，这个尝试是为了检验和测度关于不平等和贫穷问题的研究性结论。我与合作者詹姆斯·福斯特（James Foster）共同完成了这项任务。福斯特是一个理想的合作者，不仅因为他能力出众以及我们脾性相投，还因为他对相关文献的掌握程度。事实上，福斯特本人最近在关于评估和测度不平等和贫穷的理论进展方面贡献甚多。

在增订部分的写作过程中，由于这个里程碑式的文献是对过去 25 年关于不平等这个主题的进一步探讨，里面涉及诸多调查报告和结论，我和福斯特不得不对这些调查报告和结论的理论意义和实践上的重要性进行衡量。我们的关注点在于分析性结论的实质，而不是技术细节。对那些兴趣在于更严格的技术过程的读者，我们提供了本书的参考文献，以方便读者就本书中提出的问题和所得出的结论的一般意义进行查询确认。我们还将对本书所隐含的主要技术性问题以某种可行的方式予以详尽阐述。

1972 年的拉德克利夫讲座受由社会选择理论发展起来的形式推理的影响很大，这一理论的代表人物是肯尼思·阿罗 (Kenneth Arrow)。[①] 我那时沉浸在这一领域中，至今仍如此。该书第一版中的分析用到的是一个迥然不同的“社会选择视角”。[②] 1973 年出版的《论经济不平等》及笔者的其他著作中，我已提出这样的建议，即应将社会选择理论更为直接地用到政策评价及公众争论和社会批判中去。随之而来的是，关于社会选择的文献从 20 世纪 70 年代早期以来大量

---

① 肯尼思·阿罗（K. J. Arrow），《社会选择与个人价值》（*Social Choice and Individual Values*）（纽约：威利出版公司，1951 年）。A. B. 阿特金森（A. B. Atkinson）运用与此不同的思路进行的不平等测度的著作对我 1972 年的拉德克利夫讲座影响甚大。约翰·海萨尼（John Harsanyi）、瑟奇·科尔姆（Serge Kolm）、约翰·罗尔斯（John Rawls）和帕特里克·萨佩斯（Patrick Suppes）对社会正义的探讨也对该讲座产生了影响。

② 许多方面，《论经济不平等》是我早期著作《集体选择与社会福利》（*Collective Choice and Social Welfare*，圣弗朗西斯科：赫尔顿出版公司，1970 年；阿姆斯特丹：北荷兰出版公司，1979 年再版）的续篇。

出现（在很大程度上是沿着该书第一版所希望的方向）。① 增订部分对这些探索和研究结果给予了充分关注，并对其关于不平等和贫穷的评估及测度的内容进行了检验。

最初的增订内容经萨德赫·阿南德（Sudhir Anand）、托尼·阿特金森（Tony Atkinson）和托尼·肖罗克斯（Tony Shorrocks）阅后，在修改稿中吸收了他们极为有益的评论和建议。这些年来，与下面诸君的交流使我获益匪浅，他们是：肯尼思·阿罗、法布瑞兹·巴卡（Fabrizio Barca）、考希克·巴苏（Kaushik Basu）、查尔斯·布莱克比（Charles Blackorby）、安德里·勃兰多利尼（Andrea Brandolini）、萨特亚·查卡莱瓦蒂（Satya Chakravarty）、弗兰克·考埃尔（Frank Cowell）、科恩（G. A. Cohen）、帕热·达斯格普塔（Partha Dasgupta）、安格斯·迪顿（Angus Deaton）、戴维·唐纳森（David Donaldson）、让·德雷兹（Jean Dréze）、巴斯科·达塔（Bhaskar Dutta）、罗纳德·德沃金（Ronald Dworkin）、加里·菲尔茨（Gary Fields）、彼得·哈蒙德（Peter Hammond）、伍尔夫·盖特纳（Wulf Gaertner）、娜娜克·卡克瓦尼（Nanak Kakwani）、拉维·坎伯（Ravi Kanbur）、彼得·兰伯特（Peter Lambert）、约翰·米尔鲍尔（John Muellbauer）、罗伯特·诺齐克（Robert Nozick）、玛

① 对于直到 20 世纪 80 年代的社会选择理论领域的技术性文献的报道和批评性文献，见笔者的《社会选择理论》（Social Choice Theory）一文，载肯尼思·阿罗和 M. 英特里利盖托（M. Intriligator）主编的《数理经济学手册》（*Handbook of Mathematical Economics*）（阿姆斯特丹：北荷兰出版公司，1986 年）；也可参见铃村兴太郎（K. Suzumura）所著的《理性选择、集体决策与社会福利》（*Rational Choice, Collective Decisions and Social Welfare*）（剑桥：剑桥大学出版社，1983 年）。

莎・努斯鲍姆 (Martha Nussbaum)、西蒂克・奥斯马尼 (Siddiq Osmani)、帕雷桑塔・帕塔奈克 (Prasanta Pattanaik)、德里克・帕菲特 (Derek Parfit)、道格拉斯・雷 (Douglas Rae)、马丁・拉瓦利昂 (Martin Ravallion)、约翰・罗尔斯、拉马詹德兰 (V. K. Ramachandran)、约翰・罗默 (John Roemer)、托马斯・斯坎伦 (Thomas Scanlon)、戴维・斯塔雷特 (David Starrett)、尼古拉斯・斯特恩 (Nicholas Stern)、铃村兴太郎、拉里・特姆金 (Larry Temkin)、菲利普・范巴里斯 (Philippe Van Parijs)、约翰・韦马克 (John Weymark)、佩顿・扬 (Peyton Young) 和斯蒂芬诺・萨马尼 (Stefano Zamagni), 等等。我和詹姆斯・福斯特在此感谢他们的帮助。詹姆斯・福斯特对伊里妮・拉吉・福斯特 (Irene Raj Foster) 提供的帮助和支持表示感谢, 同样, 我也要对她表示感谢。阿兰・亚伯拉罕 (Arun Abraham) 为我们提供了有益的帮助, 我们感谢他。

感谢麦克阿瑟基金会对本书附录中提到的研究的支持。此外, 我还要感谢伦敦经济学院三得利－丰田经济学与相关学科国际研究中心 (STICERD) 和意大利银行在我访问这些地方时为我提供的研究上的便利条件。

该书第一版中的内容在增订版中被原封不动地保存了下来, 甚至以前的页码也尽可能保持原貌 (以方便读者查阅参考)。新增的内容——“25 年后再论经济不平等” 由我和詹姆斯・福斯特合著。

阿马蒂亚・森

1996 年 9 月于马萨诸塞州剑桥

第一版序言

不平等思想既非常简单又非常复杂。一方面，它是所有思想中最简单的一个，与其他思想相比，它更容易使人们获得一个不假思索的直观印象。另一方面，它又是一个相当复杂的概念，以至对该概念的任何一种阐述都是极有争议的。[①] 因此，“不平等”成为众多哲学家、统计学家、政治理论家、社会学家以及经济学家的研究主题。尽管本书仅关注经济不平等，但字里行间仍反映出这种既简单又复杂的二重性。我不得不引用相当多的技术概念并使用一些数学运算，但这些概念都用非技术性的术语进行了解释，并且对其数学结果也给出了直观的解释。这样做是希望非专业读者不致因其过于专业化而望而却步。形式化结论的重要性最终不仅取决于它在多大程度上采用了规范化的表达，还取决于其与人们所争论的和所捍卫的事情的相关性。

尽管本书的技术性内容和非技术性内容没有放到不同的章节分述，但对于技术性内容不感兴趣者仍可跳过（或略过）其技术形式阐述的内容，而直接进入对定理的直观陈述和对结论的直观解释。读者可通过节标题辨别哪些是技术性较强的章节。

在许多方面，这本书是我在《集体选择与社会福利》中研究的诸多思想的进一步发展。[②] 我尝试着将那部著作里提

---

① 参见伯纳德·威廉斯（Bernard Williams）的《平等的观念》（The Idea of Equality）一文，载于 P. 拉斯利特（P. Laslett）和 W. G. 朗西曼（W. G. Runciman）主编的《哲学、政治学与社会》（*Philosophy*，*Politics and Society*）[第二辑，牛津：布莱克威尔（Blackwell）出版公司]。

② 圣弗朗西斯科：赫尔顿（Holden-Day）出版公司，1970 年；爱丁堡：奥利弗与博伊德（Oliver & Boyd）出版公司，1971 年，《数理经济学教科书》（*Mathematical Economics Texts*）丛书之五。

出的思想框架应用到经济不平等这个特定领域。那时我拒绝使用社会评价方法，现在我更强烈地拒绝；在那部著作中我所捍卫的内容，在这本书中，尤其是在关于不平等这个主题的内容中，我会论述得更加充分。

我要感激许多人。在准备拉德克利夫讲座时，我正在与帕热·达斯格普塔和戴维·斯塔雷特合作撰写一篇关于经济不平等的测度的论文。[①] 我感激他们，不仅是因为我把我们合作论文中的内容（特别是定理 3. 1 和定理 3. 2）纳入讲稿中，还因为我从他们身上学到了很多知识，并且我非常自如地运用了这些知识。

拉德克利夫讲座（去年 5 月进行的）内容是非形式化的，在其后的讨论中我获益匪浅。这里要特别提到戴维·爱泼斯坦（David Epstein）、约翰·米尔鲍尔、格雷厄姆·派亚特（Graham Pyatt）和约翰·威廉森（John Williamson）诸君，感谢他们提出许多值得研究的问题。在将这些讲座稿修订成书的过程中，我扩充了一些章节，不仅增加了由于时间所限或表述形式所限（在讲座中加脚注难免使听众生厌）而不能放到讲座中的内容，还增加了其他一些内容，包括：1972 年 1 月在埃塞克斯大学（Essex University）经济系研讨会的讲座；1972 年 3 月在哥伦比亚大学经济系和哲学系的联合研讨会的讲座；1972 年 3 月在哈佛大学的政治经济学讲座；1972 年 8 月在德里经济学院的特别讲座和 1972 年 8 月在印

① 即《关于不平等的测量方法的说明》（Notes on the Measurement of Inequality），《经济理论杂志》（*Journal of Economic Theory*）1973 年第 3 卷。

度统计学院研讨会的演讲。我要感谢托尼·阿特金森、普拉纳布·巴德翰（Pranab Bardhan）、尼基尔丝·巴塔查娅（Nikhils Bhattacharya）、桑吉特·鲍斯（Sanjit Bose）、特伦斯·戈尔曼（Terence Gorman）、彼得·哈蒙德（Peter Hammond）和理查德·雷亚德（Richard Layard），感谢他们有益的评论和批评。由于篇幅所限，要感谢的许多人恕不一一罗列。

若不是赛莉娅·特纳（Celia Turner）和露芭·马弗德（Luba Mumford）令人称奇的熟练的打字方式代替我极不熟练的打字方式，本书不可能完成，我非常感激她们。

最后我还要感激沃威克大学，特别要感谢格雷厄姆·派亚特教授，感谢他今年邀请我做拉德克利夫讲座。

阿马蒂亚·森

1972年11月于伦敦经济学院

目 录

I 论经济不平等

阿马蒂亚·森

II 25 年后再论经济不平等

詹姆斯·福斯特 阿马蒂亚·森

I　论经济不平等

阿马蒂亚·森

第 1 章

福利经济学、 功利主义与平等

“我觉得，人类知识中最有用而又最不完备的就是关于人的知识。我敢说，德尔菲神庙（Temple of Delphi）里唯一碑铭上的那句箴言的意义[①]，比伦理学家们的一切巨著都更为重要，更为深奥。”1754 年 6 月 12 日，让-雅克·卢梭在献给日内瓦共和国的《论人类不平等的起源和基础》一文的序言中如是写道。虽然这篇论文并没有使他获得第戎科学院的奖章（而他早期的较少反叛意味的论文却于 1750 年获得了这一奖项[*]），但它包含的思想催生了 1789 年法国大革命的革命要求。 1

不平等和社会反抗之间的联系确实十分紧密，它们之间的关系是双向的。当一个社会发生叛乱或反叛时，其中必然存在普遍的可觉察的不平等感，这一点显而易见；但是意识到下面这一点同样很重要，即对不平等这个概念本身及其晦暗不明的内容的理解，在很大程度上取决于实际发生反叛的可能性。雅典的“智者”们在讨论平等问题时将奴隶排除在外，他们并不认为这是应当受到谴责的行为。他们之所以那样做，其原因之一就是他们并不会因此而受到惩罚。随着历史的演进，“平等”和“正义”这两个概

① 我们或许还记得德尔菲神庙碑铭深刻而严肃的箴言：“认识你自己！”

* 指卢梭的《论科学与艺术的复兴是否有助于使风俗日趋纯朴》一文。——译者注

念已发生了显著的变化，阶级分化及阶级间的社会隔阂也变得越来越不为社会所容忍，不平等这一概念本身也因此发生了重大
2 变化。

在这几次讲座中，我仅关注**经济**不平等，并且将其限定在一个特定的问题域中。[①] 但是，我仍要申明的是：当我们进行目前经济学家们所认同的经济不平等分析的时候，不应忘记不平等概念的内容的历史演进。我们对这一主题的各种看法的相关性将最终取决于这些看法与我们当下时代的经济和政治焦点的关联程度。

描述性特征与规范性特征

尽管我将探讨一些政策问题，尤其是社会主义经济中的政策问题，但这几次讲座的主要关注点仍为分配不平等的总体测度问题。在测度不平等这个问题上，我们宜以方法论的要点开始。经济学文献中提到的不平等的测度方法有两大类。其一是，以某种**客观的**意义来描述不平等的内容，通常是对相关收入变量进行统计上的分析测量。[②] 其二是，从社会福利某种**规范的**概论出发，提出测度不平等的指标，这样，在给定的总收入不变的情况下，不平等程度越高就表示社会福利水平越低。[③] 我们或许会认为采用前

---

① 特别是，我将主要关注**收入**分配而不是直接关注**财富**。

② 常用的度量方法包括方差、变差系数、洛伦兹曲线的基尼系数及其他公式，这些将在本书第 2 章讨论。

③ 关于测度收入分配的规范性方法的实例，可参见多尔顿（Dalton，1920）、查姆普诺瓦（Champernowne，1952）、艾格纳和海因斯（Aigner and Heins，1967）、阿特金森（1970a）、丁伯根（Tinbergen，1970）、贝塞尔（Bentzel，1970）。

者更为有利，于是我们就可区分出“看到的”不平等与从伦理的角度进行“评价”的不平等。在第二种方法中，不平等不再是一个客观概念，其测度问题也容易滑向道德评价。

这一方法论的要点实际上反映了不平等概念的两方面内容。 3
很明显，一方面，不平等这一概念包含了客观的因素；从直观上看，两个人平分蛋糕显然比一个人得到整个蛋糕而另一个人一块也分不到更为平等。另一方面，当面临一大群人如何分配收入这样的复杂问题时，就很难用一种完全客观的方式来描述不平等，如果不考虑伦理的概念，就无法测度不平等水平。

究竟应当采用哪一类测度方法？这个问题并不易回答。从实际运用情况来看，这两类方法并非全然相异相离。即使我们将不平等视为一个客观的概念，在测度时也必定会涉及规范性问题；在比较几种不同的不平等客观测度方法时，也确实需要有规范性方面的考量。同时，即使我们从规范的角度去测度收入不平等，也未必意味着我们要对整体进行伦理评价。我们很可能只是针对规范性比较的某个方面，而究竟是哪方面内容则取决于不平等问题的客观特征。比如说 x 比 y 的不平等程度要低，即使这是一个规范性陈述，也并不意味着要无条件地建议选择 x 而不是 y，而是应结合其他方面的考量（如那些包含了总收入特征及其他诸如此类的特征）而做出一个全面的判断。[①] 无论如何，对不平等进行测

① 从森（1976b）对价值判断的分类看，对不平等的判断是一个**非强迫性的评估**判断。

度都必须同时考虑其描述性特征与规范性特征。

量度类型

方法论中的另一个问题是确定量度类型，因为各种不同的量
4 度都可能会被用到。最严格的量度类型是定比量度（ratio-scale），如重量和高度等。根据这种量度，我们可以说物体甲的重量是物体乙的 2 倍（无论我们用千克还是用磅作单位来测量）。比定比量度的要求稍微宽松些的量度是定距量度（interval-scale）。在这种量度下，测量值本身之比率是没有意义的，但测量度之差的比率是有意义的。例如，无论是用摄氏度数还是华氏度数来表示，100℃与 90℃之差都是 90℃与 85℃之差的 2 倍（如果用华氏度数表示，则这三个值分别为 212℉、194℉和 185℉），但温度值之间的比率却因所选用单位的不同而不同。

将定距量度用到效用中就是通常所说的“基数量度”。设数组 x 表示一组不同事物的效用，则将这组数 x 进行某种线性变换，如 $y=a+bx$（$b>0$），仍可用。[①] 效用论中比基数量度要求更宽松的量度是“序数量度”。在这种量度下，任何正向单调变换结果都是一样的。例如数组（1，2，3，4）可换成（100，101，179，999），因为这两个数组的排序是一样的，而排序才是问题的关键所在。

序数量度中的某个量度值并不具有任何数量上的意义，仅仅

① 例如，如果℉表示华氏温度而℃表示摄氏温度，则有：℉＝32＋1.8℃。

表示选项的排序。例如，在四个选项 x_1、x_2、x_3 和 x_4 中，x_3 可能排在最前，其次是 x_2 和 x_1，x_4 排在最后。这种排序包括两个性质，即完备性和传递性。完备性要求，对集合中的任意两个选项，根据某种规则 R，只存在 yRx 或 xRy，或者二者同时成立。如果 R 代表“至少和……一样好”，则 xRy 成立而 yRx 不成立，那么我们可以说 x 严格优于 y，记为 xPy；反之则记为 yPx。如果 xRy 与 yRx 同时成立，则我们可以说 x 与 y “无差异”，记为 xIy。传递性要求，对于任意三个选项 x、y、z，如果 xRy 与 yRz 同时成立，则有 xRz。这表明，一个排序序列可以很容易地转换成“序
数的”数值量度，它只对选项是有限的集合是成立的，对含有无 5
数选项的集合则未必总是成立的。[①] 事实上，我们只需知道其顺序即可，而不需知道其序数的数值。

拟序与不平等判定

还有一种更弱的量度，即在排序关系 R 不一定是完备的——亦即并非任意两个选项都可排出顺序——情况下的量度。类似这样的关系，即只具备传递性但未必具备完备性，则可称之为拟序（quasi-ordering）。比完全排序更弱的另一种排序是只具备完备性但未必具备传递性，其中一个很明显的例子就是，严格偏好具有

① 原因在于，在对诸如多维实空间进行字典式的排序这样的特殊情形下，未必有一充足的实数集合使每一个选项都有对应数值。关于这点，可参见德布勒（Debreu，1959）第四章。

传递性，无差异却不具有传递性。[①]

大多数测度不平等程度的方法都需要精确度较高的量度——通常是定比量度或至少是定距量度。不仅所谓的客观的测度方法如此，规范的评价也是如此（详见第 2 章）。但须指出的是，我们头脑中所认为的含义明确的不平等概念其实并不精准，有可能与之相应的是不完备的拟序。或许我们很难断定某种分配方式 x 是否比另一种分配方式更为不平等，但我们却有可能充分地比较其他几对变量。不平等概念包含许多方面的内容，这些不同方面的内容的一致之处或许要求一种清晰明确的排序，但当这些不同方面的内容发生冲突时，就有可能出现不完备的排序。我们有理由相信，作为一种排序关系的不平等思想本身就有内在的不完备性。倘若如此，在进行不平等测度时，如果非要寻找一个完备的排序，则有可能带来一些人为的问题，因为对概念的测度不会比概念本
6 身的陈述更为精准。在第 3 章中，你将会看到，这点恰是不平等的标准测度方法的部分困境所在。

在此情况下，我们可以说，历史上的不平等与社会不满（及由此导致的社会反抗）之间的关系表明，有必要通过一种强烈对比的方式来测度不平等，即使测度的量度无法精确到可对几种不同的分配方式进行完美排序。遗憾的是，在谈到测量（或排序）的量度时，经济学家和统计学家往往倾向于寻求一种各方面均完备的排序，这样一来，就把不平等概念从政治辩论层面（政治辩

---

① 参见菲什伯恩（Fishburn，1970）、森（1970a）、帕特奈克（1971）。

论中的不平等问题当然有其重要意义）的问题变成了定义明确的经济学陈述层面的问题，这往往会使这个基本概念的数学特征发生混乱。的确，在经济分析领域，对不平等的测度往往要求一种完备的排序，这已成为该领域的主要分析倾向。但事实上，不平等的测度问题绝不仅仅是经济分析领域的问题。

无冲突的经济学与帕累托最优

人们有理由问：在分析不平等问题的时候，我们能够从现代福利经济学中得到多少指导？非常遗憾，答案是并不多。现代福利经济学关注的是那些不涉及诸如收入分配判断的问题，它关注的焦点似乎是这样的问题，即所涉及的不同个体（或者是不同群体或不同阶级）之间无冲突，对于那些对不平等问题感兴趣的人来说，这就像期待让空气充电一样不可能。

所谓福利经济学的"基本"定理关注的是竞争性均衡和帕累托最优之间的关系。① "帕累托最优"这个概念的提出与发展恰是出于消除分配判断的需要。如果在其他人的境况没有变得更糟的情况下，有人的境况变得更好，这种变化就意味着帕累托改进。如果这种帕累托改进一直改进到不能再改进时，就达到了帕累托最优状态。换言之，帕累托最优仅仅要实现这样一种状态，即任何人都不可能在不使其他人的境况变得更糟的情况下自己的境况

① 其相关定理（附证明的）可参见德布勒（1959）、阿罗和哈恩（Arrow and Hahn，1972）。其图例说明的非形式化的讨论可参见科普曼斯（Koopmans，1957）。

7 变得更好。如果在不降低富人财富的情况下穷人的境况不能有任何改善，则这种情况仍属帕累托最优状态，尽管富人和穷人之间存在严重的不平等。

以分蛋糕为例。假设每个人都倾向于获得更多的蛋糕而不是相反，则任何一种分配方案都是帕累托最优的，因为任何使其中一个人的境况变得更好的方案都将使其他人的境况变得糟糕。因为此例中唯一的问题是蛋糕的分配问题，所以，所谓的“帕累托最优”在此毫无说服力。以帕累托最优为基础的现代福利经济学，因其关注焦点过于狭隘而使得这个本来极有吸引力的经济学分支却并不适宜用于研究不平等问题。

社会福利函数

但近年来，在更一般的层面上出现了这样的趋势，即突破了帕累托最优的局限而开始关注分配问题。事实上，著名的伯格森-萨缪尔森（Bergson-Samuelson）社会福利函数也是部分地受这一思想趋势的影响，即经济决策必须超越帕累托最优的局限。通常将伯格森-萨缪尔森社会福利函数定义为所有社会状态集合的任意一种排序，这是伯格森-萨缪尔森社会福利函数的最一般的表述形式。如果 X 是社会状态集合，则伯格森-萨缪尔森社会福利函数就是集合 X 内的所有元素的一个排序 R。从数学的意义上讲，我们可以设计一种函数关系 W，在集合 X 中，对应每一种社会状态都会有一个特定的福利值 $W(x)$。W 的测量量度通常要求是“序数的”。

这就是社会福利函数的最常见的表述。但为了获得概念之外的、有实际重要性的结果，对函数 $W(x)$ 的内容还要多说一点。一种极为便利的假设是，社会福利函数是“个体主义的”，即用个 8
体效用函数来表示社会福利函数 W，亦即 $W(x)=F(U_1(x),\cdots,U_n(x))$，其中 U_i 代表个体 i 的效用函数，$i=1,\cdots,n$。[①] 并且假定，在其他人效用不变的情况下，W 值随 U_i 的增加而增加。如此，所谓的帕累托最优在这里就是 W 值的最大化。但社会福利函数的重要目标是：通过将所有的帕累托最优的状态进行比较排序的方式超越了帕累托最优这个狭窄的概论。这样，对分配状况的判定就取决于所选的精确的社会福利函数。

即使是构建函数（如 F）时允许使用个体的基数效用并且允许效用的人际比较，正统的福利经济学也对此有些过于敏感，竭力回避使用个体基数效用及效用的人际比较，而其主要关注点仍是得出某种福利或得出社会状态集 X 的一个排序 R（仅基于 X 的个体排序的集合）。如果将个体 i 的排序记为 R_i，则按这种分析思路，就是寻求一种函数关系 $R=f(R_1,\cdots,R_n)$。

在此情况下，人们自然要问到的一个问题是：能否在个体偏好集合与社会排序之间的关系上加上某个一般条件？阿罗（1951）在其著名的定理中已证明，如果没有一组极严格的限制条件，则

---

① 其具体形式的例子可参见伯格森（Bergson，1938）、兰格（Lange，1942）、萨缪尔森（1947）。然而，兰格似乎认为，“即使社会福利函数直接建立在个体之间的商品或收入分配基础之上，而不涉及个体效用”，社会福利仍“可用向量 u 的计数函数 $W(u)$ 的形式表示”（第 30 页）。确实，商品或收入的任一分配方式都有且只有一个向量 u 和一个 W，但却存在这种情况：两种不同分配方式下的向量 u 值相等但 W 值却不相等。因此，在这种情况下，W 就不能视为 u 的函数值。

不存在任何这样的函数关系 f 的可能性。阿罗“不可能定理”引
9 起了很大的恐慌，也引发了一些争论，还有人投入了大量的精力试图找到解决此两难困境的途径。在这里，我无意探讨阿罗“不可能定理”，只是想提出一个定理，该定理并不排除所有函数关系 f 而只排除那些哪怕涉及了一点点分配判断的函数关系 f，从而排除了在此模型的逻辑框架内对不平等的任何有意义的讨论。之所以提出和讨论这个结果，就是要提示这种方法在分析分配和不平等问题时的根本不足之处。

关于分配判定的一个结论

在给定的阿罗“不可能定理”的结果下，显而易见，这个定理系统需要给定一些条件。我们可不必要求社会偏好 R 必须是一个序列，尤其是不必要求 R 必须具备“传递性”（即，如果 xRy 且 yRz，则意味着 xRz）。相反，我们只要求严格偏好关系 P 具备“传递性”（只要不存在无差异，则必定具备传递性）。继而我们要求 R 应是“完备的”，即要么 x 至少不坏于 y，要么 y 至少不坏于 x，要么二者同时成立（此时就是无差异的情形）。当然，R 也应是“自反的”，即我们完全有理由要求 x 至少同它自身一样好。总之，我们对个体偏好和社会偏好关系 R 之间的函数关系 f 共设定了如下五个条件：

条件 Q（准传递性的社会偏好）：社会偏好 R 必须具备自反性、完备性和准传递性，即 f 的取值范围必须被限定在具备自反性、完备性且包含一个具备传递性的严格偏好关系 P 的偏好关系 R 内。

条件 U（无约束域条件）：个体偏好排序的任何逻辑上可能的组合均被允许。

条件 I（无关选项独立性）：对任意一个序偶（x，y）的社会偏好 R 只取决于个体对序偶（x，y）的偏好。

条件 P（帕累托准则）：对任意一个序偶（x，y），如果所有人都认为 x 至少不坏于 y 且一部分人认为 x 严格优于 y，则社会也 10
认为 x 严格优于 y；若所有人都认为 x 与 y 是无差异的，则社会也认为 x 与 y 无差异。

条件 A（匿名性）：个体之间排序的顺序改变不会改变社会偏好。

第一个条件允许系统的社会选择；第二个条件允许个体拥有任何偏好模式；第三个条件在个体偏好和社会偏好之间建立了一种联系，这样，这两种偏好可进行成对比较与审视；第四个条件只是我们所熟知的帕累托规则；第五个条件最初是由梅（May，1952）在论述简单多数规则时提出来的，它并不特别关注具体的个体有某种特定的偏好，而只关注这些偏好的组合情况（且不管谁有什么偏好）。这些条件看起来可能非常有道理，但把它们合在一起使用就会完全排除分配判定的可能性。①

定理 1.1

当函数关系 f 满足条件 Q、U、I、P 和 A 时，则所有的帕累

---

① 这一定理与森（1970a）定理 5*3 的表述略有不同。

托不可比状态必定都是社会无差异的。

有许多方法可以证明这个定理。这里我只提供其中的一个证明方法的梗概，这个证明我在其他地方给出过。[1] 如果个体 k 对 x 的偏好甚于 y，同时意味着社会认为 x 至少同 y 一样好，则我们就称个体 k 对社会偏好起“半决定性的”（semidecisive）作用。[2] 如果无论何时个体 k 都偏好 x 甚于 y 而所有其他人都偏好 y 甚于 x 时，xRy 总成立，则他就是“近乎半决定性的”（almost semideci-
11 sive）。在加上条件 Q、U、P 和 I 的情况下，可以证明，如果某个人对某个序偶（x，y）是近乎半决定性的，则他必定对所有的序偶都是半决定性的。这里我并不打算给出整个证明过程，只提供该论点在这里是如何运用的。假设除个体 k 以外的所有人都偏好 y 甚于 x 且偏好 y 甚于 z（个体 k 则偏好 x 甚于 y 且甚于 z），根据帕累托规则，有 yPz。现在假定 zPx，根据准传递性（条件 Q），则我们就会得出 yPx；但由于个体 k 对序偶（x，z）是近乎半决定性的，则有 xRy；因此，zPx 是错误的。由于 R 必须是完备的，则 xRz 成立；根据条件 I，这点又取决于个体对序偶（x，z）的偏好。由于只知道个体 k 对序偶（x，z）的偏好，因此 k 对序偶（x，z）必定是半决定性的。由此可以证明，个体 k 对社会状态集合 S 中的每一序偶均是半决定性的。[3]

下一步，如果某个人群的集合 V 中的所有人都偏好 x 甚于 y

① 参见森（1970a），第 75～77 页。

② 这是放宽了阿罗（1963）关于某个群体是“决定性的”界定。

③ 参见森（1970a）中定理 5*f 的证明。

而集合 V 之外的所有人都偏好 y 甚于 x，社会对序偶（x，y）的排序是 xPy，则集合 V 就是“近乎决定性的”。当然，根据帕累托规则，这个由单个个体所组成的群体就是近乎决定性的集合。对集合 S 中的任意序偶都是近乎决定性的最小集合记为 V^*，并且设 V^* 对序偶（x，y）是近乎决定性的。析 V^* 为 V_1^* 和 V_2^*，其中 V_1^* 中只有一个人而其他人均在 V_2^* 中。不在集合 V^* 中的其他人所组成的集合记为 N。设集合 V_1^* 中的人偏好 x 甚于 y 且偏好 y 甚于 z，而 V_2^* 中的所有人都偏好 z 甚于 x 且偏好 x 甚于 y，而集合 N 中的每个人都偏好 y 甚于 z 且偏好 z 甚于 x。由于 V^* 是近乎决定性的，则有 xPy。如果我们接受 zPy，则 V_2^* 就是近乎决定性的集合，而这是不可能的。因为 V^* 才是**最小的**近乎决定性的集合。因此只能是 yRz。如果我们接受 zPx，则根据准传递性，我们就会得出 zPy，显然矛盾。再看 xRz。由于集合 V_1^* 中只有一个人，此人对序偶（x，z）是近乎半决定性的，因之也必定对所有社会状态序偶都是近乎半决定性的。

到现在为止，我们还一直未用到条件 A（匿名性）。如果加上条件 A，我们就会看到，**所有人**对**所有的**排序序偶必定是半决定性的。但由于社会对 x 的偏好甚于 y，这就意味着没人会认为 y 好于 x，即每个人都认为 y 至少同 x 一样好。这就意味着要么（1）所有人对序偶（x，y）的偏好都是无差异的；要么（2）某个人偏好 12
x 甚于 y 且所有人都认为 x 至少同 y 一样好。根据条件 P，（1）意味着 x 与 y 是社会无差异的；（2）意味着社会对 x 的偏好甚于 y。这也意味着，如果 x 不是帕累托优于 y，则社会会认为 y 至少同 x

一样好。而如果 x 和 y 都是帕累托不可比，则社会会认为 x 同 y 一样好，因而是社会无差异的。

对定理 1.1 的解释

定理 1.1 使帕累托比较成为社会选择的唯一基础。由于帕累托无差异和帕累托不可比都可定义为帕累托最优点（Pareto optimal point），它们都可称为社会无差异。根据定理 1.1 给定的社会视角，如果有人偏好一种社会状态胜过另一种社会状态——不管这种偏好的强烈程度有多么微弱——而所有其他人都持相反的偏好，则这两种状态会被认为是**一样**好的。于是我们又回到了先前提到的那种情形，即不允许进行不平等判定，帕累托最优是整个社会最优的必要**且**充分条件。在定理 1.1 的逻辑框架下，要进行分配判定就必须拒斥某些东西。

这五个条件中的哪些是错误的呢？我认为问题恰在于社会福利函数的构建过程本身，它使得社会偏好仅决定于个体的偏好排序，既不涉及偏好的强烈程度也不涉及福利的人际比较。从 20 世纪 30 年代的大萧条以来，回避人际比较已成为主流经济学的传统。究其原因，我个人认为与大萧条本身无关，倒是源于罗宾斯（Robbins，1932，1988）对人际比较的强烈批判。自那以后，其他经济学家紧随其后，显而易见的人类苦难和不幸不再激起他们的研究兴趣，他们对此视而不见。正如它必然会出现的结果那样，由于拒斥人际比较和基数性内容，其尝试解决社会选择问题的思
13 路自然就是：将社会福利函数定义在个体的偏好排序的集合的基

础上。正是这点使得这种分析框架明显不适于用来分析分配问题。定理 1.1 中的条件不过使这个弱点暴露得更加明显而已。

关于这一点，不妨以分蛋糕为例来说明。假设在甲、乙两个人分配总量为 100 的蛋糕，即 $y_1+y_2=100$，并且假定每人都希望自己分到的更多而不是更少。已知的个体偏好排序只是，在 50—50 与 0—100 的两种分法中，甲更倾向于前者而乙倾向于后者。现在我们来比较 50—50 与 49—51 两种分法。我们会发现，对甲、乙两个人而言，各自的偏好排序并未发生变化。我们并不能说前一种情况下的偏好的强烈程度大于后一种情况，因为这里并没有用到个体效用的基数表示形式。又由于排除了人际比较，这使得我们无法得出此类结论：甲在从 0 增至 50 的变化过程中的所得大于乙在从 100 降至 50——甚至是从 51 降至 50——中所损失的。人际比较的缺位甚至也使得我们不可能得出这样的结论：在 0—100 的分配方案中，乙的处境好于甲。事实上，在此框架下，个体福利水平的所有特征恰被忽略掉，因此也就毫不奇怪，那组看似精致的条件恰好完全杀伤了自己，完全消除了分配判断的可能性。这就是定理 1.1。

人际比较

问题的关键在于人际比较，因为仅有基数计量对我们的帮助不会太大。有了基数，我们可以比较每个人在他对几种备选方案中进行选择时的得失值。但分配判断问题仍涉及不同个体的相对得失及他们的相对福利水平问题。实际上，即使是加进了基数计

量而不加进人际比较的内容，前面提到的阿罗“不可能定理”仍
14 然成立，这点已得到证明。[①] 定理 1.1 亦如此。

这样，我们就有充分的理由说，如果要使这种社会福利函数在测度不平等或评价不同的不平等测量方法时能给我们实质性的帮助，则这种分析框架必须进行扩展，将福利的人际比较包括进来。在此阶段我们会问到的问题是：这样的人际比较是否有其合理性？是何种意义上的合理性？尽管专业的经济学家对人际比较普遍反感，但我认为还是能够赋予这种人际比较以精确的意义。实际上，还是有多种分析框架可供选择[②]，这里仅举其中的一个例子。[③]

如果我说“在这种情形下我更倾向于个体甲而不是乙”，则尽管我会沉浸在甲乙二人的人际比较之中，但事实上我们是没有机会变成甲或乙的（或许很不幸，我们并不是甲或乙）。正因为我们不是甲或乙，所以我们完全可以对这种选择做系统的想象与思考，也可频繁地做这种比较。

设序偶（x，i）为处于社会状态 x 下的个体 i（有某种偏好和智力水平的个人），所有这样的序偶被定义为偏好关系 $\widetilde{R}$ 。这种偏好关系 $\widetilde{R}$ 形成了人际比较的“序数的”结构。[④] 为了获得可用于人

---

① 参见森（1970a）定理 8*2。

② 可参见维克里（Vickrey，1945）、弗莱明（Fleming，1952）、海萨尼（1956）。其哲学上的思路可参见康德（Kant，1788）、西季威克（Sidgwick，1874）、黑尔（Hare，1952）、罗尔斯（1958，1971）、萨佩斯（1966）。

③ 参见森（1970a）、帕塔奈克（1971）。

④ 其形式化的表述为：$\widetilde{R}$ 是 X（社会状态集）和 J（一组个体）的笛卡儿积的一个排序。

际比较的基数的福利水平，就要超越这样的排序关系 $\widetilde{R}$，此时必须引入其他特征以实现基数化。① 如果量度是序数的，则 $\widetilde{R}$ 的数值仅等于其单调递增的变换；如果量度是基数的，则等于正线性变换。对任一个体而言，他的福利函数 $U(x, i)$ 就表示社会状态 x 15
下的个体 i 的福利水平。有了这样的人际比较的一般框架，我们也可以将其记为 $U_i(x)$，即个体 i 的福利函数。如果要用到完全的人际可比性框架，我们还得规定：对任一个体 i 进行 U_i 的某种变换，则其他人的福利函数也应进行相应的变换。例如，在不同的个体的福利函数关系结构均给定的情况下，如果其中一人的福利函数乘以 2，则其他所有人的福利函数也应乘以 2。当然，我们所选用的精确的福利函数集合仍带有随意性，但由于福利并没有天然的"单位"或"起点"，这种随意性也是不可避免的。而在理想情况下，即在"完全可比较的"框架下，这种随意性带来的**相对**偏差都是不允许的。②

功利主义

一旦个体偏好的信息内容扩充到包括可进行人际比较的基数的社会福利函数，就可有多种方法进行社会判断。最常用的方法是功利主义的方法，它通过计算个体效用来作为社会福利的量值，

---

① 关于基数化的公理推导方法，可参见菲什伯恩（1970）。

② 关于个体福利的人际比较若干框架的逻辑的和直观的基础，可参见森（1970a）第 7、7*、9 和 9* 章的详细讨论。

对几种可能的排序也是基于个体效用值的总和来进行的。这种方法的思想由边沁（Bentham，1789）提出，其后被广泛运用到经济学中，用于进行社会判断，其中包括像马歇尔（Marshall，1890）、庇古（Pigou，1920）、罗伯逊（Robertson，1952）这样著名的经济学家。在进行关于收入分配不平等的测量及对几种可能的收入
16 分配状况进行判断时，多尔顿（1920）、兰格（1938）、勒纳（Lerner，1944）、艾格纳和海因斯（1967）、丁伯根（1970）等经济学家均是运用此方法处理的。[①]

此方法的问题在于：在追求个体效用值之和最大化时根本不关注这个总和在个体之间的分配状况，因而在测量或评价不平等时，该方法就尤其不适合。然而，颇为有趣的是，功利主义方法不仅被广泛应用于分配判断，甚至还成了平等主义的一个标准，这多少有些令人匪夷所思。之所以有此结果，乃是经由了一个极具戏剧性的发展进程。以马歇尔、庇古等为代表的功利主义鼓吹者受到了罗宾斯及其他经济学家的抨击，认为他们所使用的功利主义的分析框架有鼓吹平等主义之嫌，于是来自罗宾斯等人的“求全之毁”反倒使功利主义方法坐享了“内含平等意识”的“不虞之誉”。

整个事情的发生源于一个非常特殊的巧合（指在一些极简单的假设条件下）。假设一定的总收入在不同个体之间进行分配，则

---

① 实际上有这样一个问题：经典的功利主义者将个人的“福利水平”等同于个人的“效用”，但这样处理是否合适？关于这一点，参见利特尔（Little，1950）、罗伯逊（1952）、森（1970a）。在本书中，我暂遵循经济学的这个传统，将二者视为等同。

要使个体效用之和最大化，就要求不同个体间的收入的边际效用相等。假设每个人的效用函数都相同，则边际效用的均等化也就导致了总效用的均等化。马歇尔及其他经济学家注意到了功利主义的这一特殊方面的内容，但他们并没有马上据此提出分配政策的建议。但当功利主义受到批判时，这一特殊方面的内容却被单列出来，受到了极严厉的指摘。

虽然这个戏剧性的进程给予了功利主义本不应享有的平等主义的桂冠，但该方法的本来面目还是可以通过下面的例子很容易
地被发现：假设在任一给定的收入水平下，甲从该收入中获得的 17
效用是乙从同样的收入中获得的效用的两倍，因为乙身罹残疾（比如乙的腿有残疾）。根据前面提到的人际比较的分析框架，这就意味着做判断的人认为，在任何给定的收入水平下，甲从中获得的效用都是乙的两倍。根据效用最大化原则，此例中要使总效用最大化，则甲应比乙得到更多的收入。有一点应注意的是，即使收入在甲乙二人中平均分配，则在上述假设情况下甲得到的效用已经比乙多，但依照功利主义分配原则，还应给甲以更多的收入，尽管甲的境况本来就比乙好。很明显，这并没有降低不平等，反而加剧了不平等。

图1-1直观地说明了这个问题。设将在甲乙二人中进行分配的收入总量为 AB。甲所得的份额将沿 AB 方向度量，乙所得的份额将沿 BA 方向度量。AB 之间的任意点，如 C 和 D，可反映总收入在甲乙二人中进行的某种分配状况。甲的边际效用由 aa' 来测量，乙的边际效用由 bb' 测量。如该图所示，它们恰互为镜像。只

有平均分配才能使总效用最大化，即图中 AB 间的中点 C（$AC=BC$）的位置。这是目前最好的结果。现在假设乙的边际效用恰为甲的一半，则图中乙的边际效用线就不再是 bb' 而是 $\bar{b}\bar{b}'$。如果收入分配状况不变，甲的总效用将是图中的 $AaEC$，而乙的总效用仅
18 为 $B\bar{b}FC$，乙的境况恶化了。出于补偿，根据平等主义的标准，甲的部分收入应转移给乙。然而，功利主义会建议这样做吗？恰恰相反，功利主义会建议相反的做法，即将贫穷者乙的部分收入转移到富裕者甲那里！于是，新的最优点将是 D。在 D 点，其总效用将是甲所享有的 $AaGD$ 与乙仅享有的 $B\bar{b}GD$ 之和。

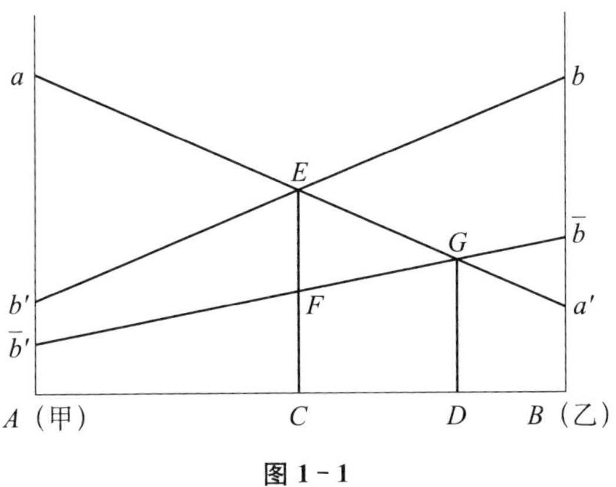

图 1－1

如此，我们可以清楚地看到，功利主义与平等主义其实相去甚远。也因之出现了这样的奇怪现象：几乎所有从福利的视角来测度不平等的尝试或推导最优分配规则的方法都以功利主义的思路方法为中心。

或许有人会认为，这个批评并非对所有功利主义方法都成立，

特别是功利主义与如下的假设——所有人的效用函数都相同——相结合时。但即使是这种情形也不例外。不同个体之间的福利分配只是收入分配问题的一个相关方面，而对不平等的测度将明显取决于：我们只关注在一个较差的收入分配的情况下个体效用总和的损失，还是同时兼顾不同个体的福利水平的不平等程度。倘若不兼顾后者，则用功利主义方法来测度和判定不平等的不同程度时就显得力不从心了，即使假定每个人的福利函数都是相同的。作为一个判断不平等的分析框架，功利主义的确难以胜任，尽管这一思路因在规范的经济学中占有一席之地而显得很风光。

弱平等公理

为了在社会福利判断中引入平等主义的考虑，我们可提出若干种不同的可供选择的公理，下面的公理就是非常有趣的一个例子。

弱平等公理（Weak Equity Axiom）：设在任一收入水平下，个体 i 的福利水平都比个体 j 的低。则在将一定的总收入在包括个体 i 与 j 的若干个体中进行分配时，最优方案必定是：分配给个体 i 的收入要多于个体 j。

我们可将这个公理简记为 WEA。该公理为集体福利函数类别 19
设定了约束条件——而这是本应被考虑的条件。有一点需注意的是，该公理只是说应该给处境不利者更多的收入作为补偿，而并没有明确说明应补偿多少。这样，哪怕是极少的一点补偿也将满足 WEA。从这个意义上讲，这种要求是相当温和的。

有三点应在这里加以说明。首先，WEA 的规范应用大大依赖于对人际比较的精确解释。在我看来，WEA 确实是有意义的。正因为如此，本书也采用 WEA 的框架，即考虑进了不同个体的不同状况，并设身处地从中进行假设选择。这样，WEA 也就意味着：在任一给定的收入水平下，如果我更愿意处于（有自己的喜好及其他非收入特征的）个体甲的状态而非乙的状态，那么我将认为乙应得到比甲更多的收入。

其次，越是具有平等意识且对“总量”越是不关注，则 WEA 就越适用。有人可能会坚持认为，如果 1 单位的收入给甲带来的边际效用大于乙，则尽管甲的处境好于乙，我们也应当给甲而不是乙以更多的收入。这种“边际主义”比较体现的是功利主义思想，而 WEA 背后的哲学思想恰与此相反。其不同之处部分地是纯规范性的，但也涉及测度和人际比较的技术性问题。关于这一点，本书第 2 章将予以详细讨论。

最后，给乙足够多的收入使之获得改善并超过甲是有可能的，即使乙的福利函数低于甲。WEA 并不排除这种可能性。当然，这只是表明收入分配调整的**方向**，如果调整得太多，矫枉过正了，则会出现相反方向的不平等。为排除这种情况的出现，还需引入
20 其他条件。WEA 只是促进平等的一股温和的力量，充其量仅是实现平等这个目标的一个必要而非充分条件。

从前面的分析讨论中可以清楚地看到：在很多情况下，功利主义背离了 WEA。定理 1.1 即令人信服地证明了这点。为了获得更完全的分析结果，我们还应转识成智，将其提升凝练成一个定理。

定理 1.2

存在如下的社会选择情形，即功利主义的选择原则背离了弱平等公理（WEA）。

该定理很直观，其证明过程可见定理 1.1。[①]

WEA 与凹性

功利主义原则仅追求各个个体的效用之和的最大化。即

$$W = \sum_{i=1}^{n} U_i(x) \tag{1.1}$$

为了植入对平等的天生偏见，社会福利 W 与个体效用之间的函数关系被假定为严格凹性的，即，如果 U^1 和 U^2 分别表示两个 n 维个体效用，则对任意的 $t(0<t<1)$ 值，都有

$$[tW(U^1) + (1-t)W(U^2)] < W[tU^1 + (1-t)U^2] \tag{1.2}$$

这意味着：任何效用的“均等化”均会降低不公平性，从而增加社会福利，这当然是将我们推向了平等主义方向。

将弱平等公理与严格凹性联系起来颇为有趣，因为二者都包含了平等主义方面的内容。然而很明显，这两个条件事实上是彼此不相关的。WEA 是在一组限定的选择中进行最优选择的一个条件，对建立在这些限定的选择结果基础之上的 W 函数的任何值域， 21

① 功利主义只有在下列情况下才满足 WEA：相同收入水平下的总效用的排序与其边际效用排序相反。

WEA 都无法满足严格凹性（或者再放宽一些，如凹性或拟凹性，WEA 也无法满足）。[①]

反过来又如何呢？同样是不成立的。WEA 对在如图 1-1 所示的功利主义例子中的不平等程度不断增加的结果是决不容许的；相反，WEA 支持不平等程度不断减小的结果。而这对于温和的严格凹性的 W 函数（十分接近于功利主义情形下的线性的 W）而言是做不到的。

如果认为这种推理仍不足以令人信服，我们再看下面的例子。设两个效用函数成正比，即对于任意收入水平 y，有

$$U_2(y) = mU_1(y) \quad (m < 1) \tag{1.3}$$

假设对所有的正数 y，$U_1(y)$ 都是正值，且对于任一收入水平 y，个体 2 的境况都比个体 1 要差，则有如下的群体福利函数：

$$W = \frac{1}{\alpha}[(U_1)^\alpha + (U_2)^\alpha] \tag{1.4}$$

要满足严格凹性，我们必须使 $\alpha<1$。如果要在公式（1.5）的条件下使 W 值最大，即

$$y_1 + y_2 \leqslant Y \tag{1.5}$$

则最优分配须满足如下条件：

$$[U(y_1)]^{\alpha-1}U'(y_1) - [U(y_2)]^{\alpha-1}U'(y_2)m^\alpha = 0 \tag{1.6}$$

令 $U(y)=U_1(y)$，于是有

$$U'(y_1)/U'(y_2) = m^\alpha[U(y_1)/U(y_2)]^{1-\alpha} \tag{1.7}$$

---

① 还应注意的是，在某些情况下（见上页脚注①），WEA 有可能满足功利主义，但前提是，功利主义必须不再是严格凹性的。

注意，如果 $\alpha>0$，则 $m^{\alpha}<1$；如果 $\alpha<0$，则 $m^{\alpha}>1$。由于随着收入 y 的增加，U 增加而 U' 下降，很明显，当且仅当 $\alpha<0$ 时，$y_1<y_2$ 才成立。[1]

由于是严格凹性，所以只能 $\alpha<1$。而在此情况下，仅当 $\alpha<0$ 22
时才能满足 WEA，很明显 WEA 与严格凹性有所不同。[2]

平等与福利经济学

由于 WEA 和严格凹性要求都含有实质上的平等主义因素，因此它们都与功利主义相冲突，这是二者的共同之处；但它们在展现平等主义价值的方式上却有所不同。严格凹性是通过在社会福利评估中将均等化的步骤置于优先考虑位置来实现的，但这种优先往往并不那么强烈。与之形成对照的是，WEA 则要求在最优选择中将平等置于更为强烈的优先考虑位置，但只在某些特定情形下才有如此的要求。这两个条件在实质上是相似的，只是一个要求并不那么强烈且应用广泛，而另一个要求则更为强烈但同时应用范围更为受限。

现在该提一下我们在拒斥功利主义过程中所用到的那些温和的条件了。此前，也有人提出过更为强烈的平等主义标准，如罗尔斯（1958，1971）提出的“使最小值实现最大化”（maximin）的准则，主张通过该准则来实现使处境最不利的人的福利水平最

---

① 此例中的社会福利函数 W 的值是有最大值界限的。这与拉姆齐（Ramsey，1928）所提出的所谓“极乐”的社会福利状态类似。

② 如果 $\alpha>0$，则 $y_1>y_2$；如果 $\alpha=0$，即边界对数情形，则有 $y_1=y_2$。

大化的社会目标。在只有两个人的情形下，WEA 的要求就比罗尔斯的要求弱多了。如果甲的福利函数自始至终低于乙，则将乙的收入转移到甲就会使甲的境况得到改善，那么根据罗尔斯的标准，福利函数较低的甲获得的额外收入应多到足以使他的实际效用水平等于乙。[①] 而 WEA 则不然，它仅要求处境不利者应该得到更多
23 一点——至于到底要多多少并没有明确要求。功利主义连这点都做不到，看来确实不适合拿来作为评价不平等的指导理论。[②]

总之，在研究不平等问题时，我们并不能从福利经济学——不管是旧福利经济学还是新福利经济学——的主流学派中得到帮助。关于帕累托最优的文献（包括著名的“新”福利经济学的“基本定理”）都回避了分配判断。标准的“社会福利函数”方法也不能为有关分配问题的讨论提供分析框架，因为标准的社会福利函数只关注个体排序，而丝毫不涉及效用水平及强烈程度的人际比较。定理 1.1 有力地证明了这一点。最后，“旧”福利经济学的主导信念——功利主义由于过于关注福利总和而无法关注到分配问题，其结果必是强烈的反平等主义。若以此来测量和评价不平等，它并不会有什么建树。

---

① 当然，这个要求在下述情形下仍得不到满足：即使把全部收入都给甲，甲的境况也比乙差（如果按罗尔斯的标准，甲应该获得全部收入）。很明显，这种情形并不会令人感兴趣。事实上，有一点是确定无疑的，即，一般说来，包含无成本转移的纯分配模型与实际的政策制定并不十分相关；罗尔斯标准究竟体现了多大程度的平等主义，实际上取决于总收入对总收入分配状况的依赖程度。关于激励问题及其相关问题将在本书第 4 章讨论。

② 需要注意的是，即使 WEA 只要求福利函数较低的甲所得的收入不低于乙即可，这一点仍有可能与功利主义发生冲突。

第 2 章

不平等的测度

在本章，我将讨论相关文献中提到的测度不平等的各种方法。 24
正如上一章提到的，这些测度方法可以分为两类。第一类是实证测度，它没有明显地使用社会福利的任何概念。第二类是规范测度，它基于社会福利与由不平等分配引起的福利损失之间的一个明确的数学关系。我要说明的是，虽然这两类测度方法之间的区别并不是十分严格，但很明显，二者还是有一定差异的。依次讨论这两类测度方法或许极有助益。我将从实证测度开始。

极　差

假设在 n 个个体之间进行收入分配，$i=1$，2，…，n，令 y_i 为个体 i 的收入。设收入的平均值为 μ，即

$$\sum\nolimits_{i=1}^{n} y_i = n\mu \tag{2.1}$$

设个体 i 的收入占总收入的比例为 x_i，则有

$$y_i = n\mu x_i \tag{2.2}$$

或许最简单的测度就是基于收入极值（即最大值与最小值比较）的方法。极差可定义为收入极值之差与平均收入的比值。由此，我们给出极差 E 的计算公式：

$$E = (\max_i y_i - \min_i y_i)/\mu \tag{2.3}$$

如果收入是绝对公平分配的，那么很明显，极差 $E=0$。一种极端情况是某一个人占有全部收入，此时 $E=n$。E 值处于 0 到 n
25 之间。

极差作为一个测度方法有一个明显的缺陷，即它忽视了在两个极值之间的分配情况。

在图 2-1 中，AA'的分配比 BB'的分配有更大的极差 E，但在 AA'的分配情形下，除了极少数人偏离平均值 μ 较大外，更多的人的收入为平均值 μ。而 BB'则明显将人们分为富人阶层和穷人阶层两大类。如果仅比较两个极值，那么很容易漏掉这种比较的其他重要特征。

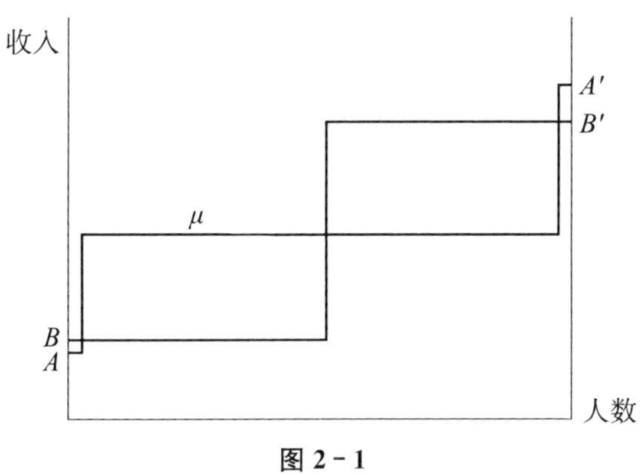

图 2-1

相对平均差

考察整体分配特征而不是简单地比较两个极值的测度方法是：比较每个人的收入水平与平均值的差异，将全部差值的绝对值加总，再把这个总和与总收入相除。这就是相对平均差 M：

$$M=\frac{\sum_{i=1}^{n}\mid\mu-y_i\mid^{*}}{n\mu} \tag{2.4}$$

绝对平均分配时 $M=0$，如果全部收入归一人所得，则 $M=2(n-1)/n$。与 E 不同，M 表征了分配形式的全部特征。例如，图 2-1 中的 BB' 的 M 值比 AA' 的 M 值要大，这一点也符合我们对于不平等的直观感觉。 26

相对平均差的主要不足在于：对于位于平均收入水平同一侧的较穷之人到较富之人的转移来说，它并不敏感。如果将 1 法郎从较穷的人转移给另外一个同样低于平均收入水平的较富的人那里，不会对 M 值有任何影响，因为一方面增加了一个差值，但同时减少了一个差值，两者恰好相抵消，结果 M 值仍不变。

在图 2-2 中，如果将较富裕阶层（但仍低于平均值）的人的部分收入转移给最贫穷阶层的人，分配状况 $ABCDEF$ 就变换到分配状况 $ABGHJEF$。但收入转移后的 M 值仍不变，因为正如

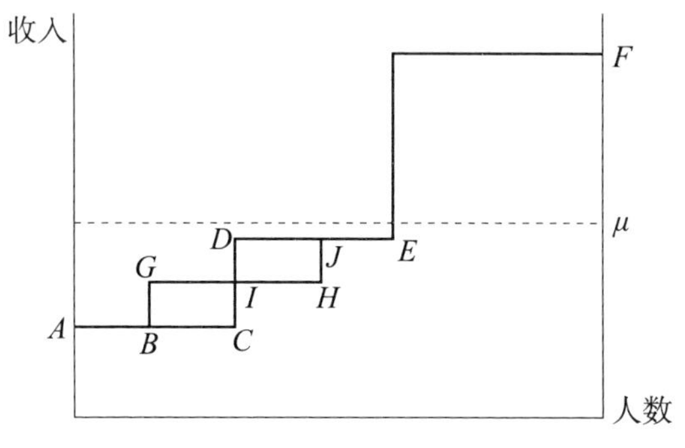

图 2-2

* 原书公式疑有误。——译者注

图 2－2 所示，在 $BC=DJ$ 及 $BG=JH$ 的情况下，减少了的 $BGIC$ 部分恰为增加了的 $DIHJ$ 所抵消。作为一种测度方法，M 其实并没有反映出收入转移，除非这种收入转移越过了收入平均值线 μ。因此，这种测度方法带有相当的随意性。这就好比美国的某些法
27 律，只有在犯罪行为跨州时才适用。M 值方法并不能反映出直观的不平等（直观地看，$ABCDEF$ 的分配显然要比 $ABGHJEF$ 的分配更为不平等，这才是为大家所广泛接受的不平等观念）。

方差和变差系数

如果我们不是将离差的绝对值简单地相加，而是将它们平方以后再相加，则结果将更凸显对于平均值的离散程度，如图 2－2 所示的收入转移就降低了不平等值。方差就是其中一个常用的统计量，其计算公式为：

$$V=\sum_{i=1}^{n}(\mu-y_i)^2/n \qquad (2.5)$$

在图 2－2 中，经过平方之后，$ABCDEF$ 的方差要大于 $ABGHJEF$ 的方差，BG 比 JH 的影响更大。保持其他条件不变，任何从穷人到富人的收入转移都将增加方差，这对不平等的测度是一个很吸引人的性质。实际上早在 1920 年，休·多尔顿就已经提到，任何对不平等程度的测度都必须有这样的基本性质。[1] 由于多尔顿是在庇古之后在引文中提出这种性质的[2]，因此我们将这种

① 多尔顿（1920），第 351 页。

② 庇古（1912），第 24 页。

性质称为“庇古-多尔顿条件”。

然而，方差依赖于平均收入水平。甲分配方案的相对变差可能大于乙方案，但如果甲方案的平均收入水平低于乙方案，则其方差有可能小于乙方案的方差。可避免这种缺陷且重点关注相对变差的测度方法是计算变差系数，它是方差的平方根与平均收入水平的简单相除：

$$C=V^{1/2}/\mu \tag{2.6}$$

变差系数在任意收入水平上的收入转移都有很强的敏感性， 28
并且与方差不同的是，它与平均收入水平无关。因此，将每个人的收入值与平均收入值的差值进行平方就是一个很特别的步骤。或许有人会问：为什么选择这种精确的公式？显而易见，C 有着这样的特性：它对任意收入水平的收入转移都赋予同样的权重，也就是说，从收入为 y 的人向收入为（$y-d$）的人的很小的转移的影响都是相同的，无论 y 有多大。① 这一中立性是我们所期望的性质吗？可能有人会提出，如果收入转移发生在较低的收入水平上，影响可能会更大一些。也就是说，如果从有 1 000 英镑收入的人向有 900 英镑收入的人进行收入转移，将比从有 1 000 100 英镑收入的人向有 1 000 000 英镑收入的人进行相同的收入转移的影响更大。然而到目前为止，在我们所研究的领域内，对不平等的直观看法还是相对模糊的，根据大众所广泛接受的不平等观念来检验这些方法并不容易。但是问题依然存在：为什么使用这种平方的

---

① 阿特金森（1970a），第 255 页。

程序而不是采用同样可对由富向穷的转移保持敏感（符合庇古-多尔顿条件）的其他测度方法呢？

关于方法论，还有一个问题：究竟是比较每个收入水平与平均值的差值更好，还是比较每两个人的收入水平更好呢？后者将反映每一个人的收入与其他人的差值，而不是简单的与平均值的差异——也许没有人的收入水平恰为平均值。

对数标准差

如果有人更为关注较低收入水平的收入转移，一种可行的办法就是采取某种收入变换形式，使之错开收入水平，而对数形式就是其中一种。与真实值的方差或标准差相比，对数形式的另一
29 种好处是它消除了测度单位和绝对值的随意性。当单位变化时，实际上是绝对值乘上了某一数值，而取对数时，这个乘数就变成了一项常数加数而且不必计算每两个数之差。因此，对数标准差经常作为不平等的测度方法就不奇怪了。离差在标准的统计学文献中一般采用几何平均数而不是算术平均数，但在关于收入分配的文献中，使用算术平均数看来更多一些［参见阿特金森（1970a）；斯塔里克（Starik，1972）］。

$$H=\left[\sum_{i=1}^{n}(\log\mu-\log y_i)^2/n\right]^{1/2} \tag{2.7}$$

对数变换错开了收入水平，如此就减轻了人们对测度不平等的方法的批判，因为它减少了标准差。但是从另一方面来说，它有这样的性质，即突出了低收入范围的差异。然而，随着收入水平越来越高，

对数形式的收入越来越收缩，从而使得 H 在任何高收入水平上都不是凹性的。如果有人希望社会福利是个体收入的凹函数，那么 H 作为福利的测度就有一些缺陷，尽管它有另外一些有用的特点。

此外，即使经过了对数变换，H 还是依赖于一个随意的平方公式，与 V 和 C 一样，也有仅依据平均值考察收入差异的局限性。

基尼系数和相对平均差

现已得到广泛运用的不平等测度方法是基尼系数法，它是由基尼（Gini，1912）首先提出，并由里茨（Ricci，1916）、多尔顿（1920）、英特马（Yntema，1938）、阿特金森（1970a）、纽伯里（Newbery，1970）、舍辛斯基（Sheshinski，1972）以及其他学者做出进一步解释和分析。研究基尼系数的一个方法是考察由洛伦兹（Lorenz，1905）所提出的洛伦兹曲线。图 2－3 中，水平轴上 30
是从最贫穷的人到最富有的人排序后的人口百分比，垂直轴是 x% 的人口所占有的收入百分比。

显然，0%的人口占有 0%的收入，100%的人口占有 100%的收入，于是洛伦兹曲线就是正方形的一个角到另一个角的连线。如果每个人的收入都相等，那么洛伦兹曲线就是对角线。然而现实中没有这样完全的平等，低收入阶层将占有总收入的较少份额。于是很明显，洛伦兹曲线将位于对角线的下方（仅仅在收入分配完全平等的情况下才与对角线重合），且当我们向更富有的人口移动时，其斜率将逐渐上升——任何时刻都不会下降。

基尼系数是绝对公平线（对角线）和洛伦兹曲线之间的区域

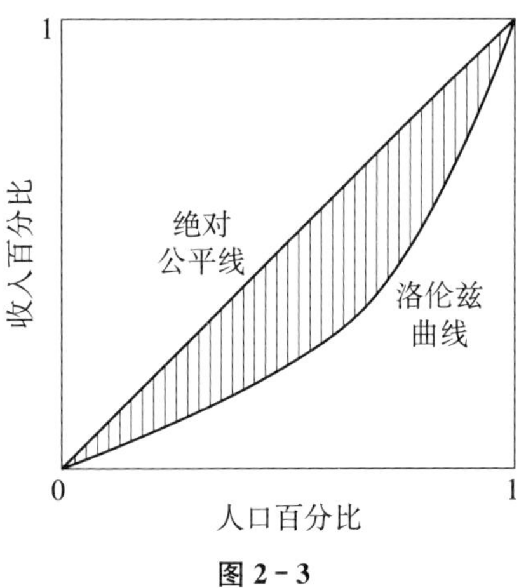

图 2-3

（图 2-3 中的阴影部分）与对角线下方的科尔姆三角区域面积的比率。有许多方法可以用来定义基尼系数。通过某种数学处理可使
31 之恰为相对平均差的一半。所谓相对平均差，就是全部收入两两之间的差值的绝对值的算术平均值，即

$$G = (1/2n^2\mu)\sum_{i=1}^{n}\sum_{j=1}^{n} | y_i - y_j | \quad (2.8.1)$$

$$= 1 - (1/n^2\mu)\sum_{i=1}^{n}\sum_{j=1}^{n}\min(y_i, y_j) \quad (2.8.2)$$

$$= 1 + (1/n) - (2/n^2\mu)[y_1 + 2y_2 + \cdots + ny_n] \quad (2.8.3)$$

$(y_1 \geqslant y_2 \geqslant \cdots \geqslant y_n)$

通过计算每两个收入之间的差值，基尼系数或绝对平均差不再过于关注与平均值的差值（C、V 和 H 方法则过于关注这一点）。与 C、V 和 H 方法不同，此方法没有取平方这一步骤，这就使得它可更为直接地测度不平等，同时在任何收入水平上，对于由富向穷的收入转移也不失其敏感性。毋庸置疑，基尼系数和相

对平均差的吸引力之一就在于它们是对收入差距的最直接测度，考虑到了**每两个**收入之间的差距。

测度方法的福利解释

通过比较以上方法，可以明显看出，极差 E 和相对平均差 M 都不是十分理想的方法。[①] 真正值得考虑的选择应该在变差系数 C 和对数标准差 H 以及基尼系数 G 之间做出。为比较这些方法的适用性，有必要探讨一些更深入的性质。

首先，就庇古-多尔顿条件而言，变差系数和基尼系数都满足了该条件，亦即从富有的人向贫穷的人的收入转移都将减少 C 和
G 的值。然而，对于对数标准差 H 却并非如此，即 H 的值有可能 32
在由富人向穷人的转移过程中增加。虽然这仅仅在非常高的收入水平上才可能发生，但这一事实终究违背了庇古-多尔顿条件。[②]

其次，就相对敏感性而言，我们已经指出变差系数 C 在各种收入水平上都有同样的敏感性，而对数标准差 H 却在较低收入水平上有更大的敏感性。如前所述，如果认为从 1 000 英镑收入者向 900 英镑收入者的小额转移的福利影响大于从 100 100 英镑收入者向 100 000 英镑收入者的小额转移的福利影响，那么变差系数 C 将力有不逮。对数标准差倒是具备我们所要求的敏感性，但它对于

---

① 收入分布的“偏度”量度也被用作不平等的量度，但这样一来就不可避免地使“对称性”与“平等性”发生混淆。无偏斜的对称分配未必是平等的分配。关于这个问题，可参见斯塔里克（1972），第 139～140 页。

② 参见达斯格普塔、森和斯塔雷特（1972）及本书第 3 章。

在富人之间的收入转移过于敏感以至最终甚至违背了庇古-多尔顿条件。如果能不改变敏感性方向（避免 C 方法的问题）且不违背庇古-多尔顿条件（避免 H 方法的问题），那将是非常好的测量方法。基尼系数法是否也具备这些缺陷呢?

回答是否定的。因为基尼系数法的敏感性并不依赖收入水平的大小，而是依赖于在这些不同收入水平之间的人口数量。从公式（2.8.3）中可以清楚地看到，基尼系数蕴含着一个福利函数，即不同人口的收入水平的加权总和，其权重由以收入排序后的人口在序列中的位置决定。于是排名第 i 位的人与排名第 j 位的人之间的替代比率就是 j/i。例如，向富裕程度排名第 2 位的人支付 3 英镑与向排名第 3 位的人支付 2 英镑被赋予了相同的权重。实际权重将取决于人口在收入水平上的分布。假设甲有 2 000 英镑的收入，乙有 1 900 英镑的收入，甲的富裕程度排名为第 1 000 位，乙的排名为第 1 100 名，则向乙支付 1.00 英镑将等同于向甲支付 1.10 英镑。但如果还有其他人的收入介于甲、乙两个人的收入之
33 间，比如，还有 100 个人的收入在 1 900 英镑到 2 000 英镑之间，根据基尼系数方法，向乙支付 1.00 英镑将等同于向甲支付 1.20 英镑。甲与乙的收入水平并没有发生变化，仅仅因为有其他的人出现在甲乙之间的收入序列中，就使得甲与乙的相对权重发生了变化。[①]

---

① 这与第 1 章中用到的阿罗（1951）的“无关选择独立性”原则的背离极为相似。这种相似性并非纯属巧合。一个以排序为基础的体系使得选择对所谓的“无关的”选项也反应敏感。投票中的“顺序法”（背离了阿罗条件）及基尼系数法（因具文中所述的性质）也是如此。

基尼系数法可以用多种不同方式来阐释。图 2－3 本身就很明显地阐明了基尼系数。我们已讨论过的公式（2.8.3）也表明，福利函数是一个以收入序列中的位置为权重的不同收入份额的总和，这实际上也暗含了基尼系数思想。另外，公式（2.8.3）也从其他角度阐明了基尼系数法。假设任意两个人的福利水平都由其中境况较差的那个人的福利水平决定[①]，又假设群体福利的定义为每一对个体的福利水平的总和，那么我们就得到了用基尼系数表示的福利函数。

最后，公式（2.8.1）还可有另外一种阐释。在对每一对收入水平进行比较时，假设收入水平低的那个人会因为发现自己的收入低而感到压抑。令这种压抑感与收入差距成正比，则所有的成对比较所产生的压抑感总和就等于基尼系数。

基尼系数的一个特性是，它所暗含的群体福利函数未必是严格凹性的。[②] 这一点可从公式（2.8.3）中明显看出，因为 G 是收 34
入水平的线性函数。最近这一特性受到了批判[③]，但现在还不清楚

① 这与罗尔斯（1971）的关于“正义”的使最小值实现最大化标准类似，但仅适用于成对比较的情形。

② 注意，福利函数应看作 $-G$，因为 G 值越大，则表明不平等程度越大，相应地，福利水平就越低。$-G$ 是凹性的，但不是严格凹性的。

③ 参见阿特金森（1970a），纽伯里（1970），达斯格普塔、森和斯塔雷特（1970）。纽伯里（1970）证明，基尼系数并不能像任一加性的群体福利函数（假定个体效用函数是严格凹性的和可微分的）那样对收入分配排序。舍辛斯基（1972）对可加性提出了质疑，而且还给出了可反映基尼排序的非可加的群体福利函数的例子。达斯格普塔、森和斯塔雷特（1970）及罗斯柴尔德和斯蒂格利茨（Rothschild and Stiglitz，1973）证明，如果群体福利函数对个体收入是严格拟凹的，则该群体福利函数（无论可加的还是非可加的）都不能反映出基尼排序（舍辛斯基给出的例子不仅是非可加的，而且群体福利函数对收入还是非严格拟凹的。）

批判的力度有多大。暗含的群体福利函数未必是严格凹性的，但确实是凹性的。进一步说，对于任何从穷人向富人的支付转移或者是相反的转移，基尼系数都会在相应的转移方向上严格反映出来。[①] 而对数标准差方法则达不到这样的反映效果，这一点也构成了其主要的反对理由之一。[②]

泰尔的熵测度方法

泰尔（Theil）提出了测度不平等的一个有趣方法，即从信息论中借鉴过来的熵（entropy）的理念。该方法与我们前面讨论过的一系列方法都有很大的不同。设 x 为某个事件发生的概率，则反映该事件实际发生的负平均信息量的 $h(x)$ 就是 x 的减函数，即当该事件越不可能发生的时候，我们就越能知道该事件确实已经发生了。

35 具有这一性质及其他性质的等式是 x 的倒数的对数，即

$$h(x)=\log\frac{1}{x} \tag{2.10}$$

若有 n 件可能事件 1，2，…，n，发生的概率分别是 x_1，x_2，…，x_n，则有 $x_i\geqslant 0$ 且 $\sum_{i=1}^{n}x_i=1$。这种情况下的熵或曰负平均信息量

---

① 基尼系数是严格 S-凹的，尽管不是严格凹的或严格拟凹的。关于这一点，可参见达斯格普塔、森和斯塔雷特（1972）以及本书第 3 章。

② 诸如方差和变差系数这样的测度方法是严格凹性的。但在一个可加框架下使用平均离差分析隐含了一类特别的个体效用函数，也就是二次形式：

$$U(y)=K_1+K_2y+K_3y^2,\qquad 其中\ K_3<0 \tag{2.9}$$

然而，变差系数是均值无关的，尽管从暗含的福利函数的角度看，它的取值范围相对狭小。

的期望值就是由每一事件以其概率加权后的平均信息量的总和，见下面的公式：

$$H(x) = \sum_{i=1}^{n} x_i h(x_i) = \sum_{i=1}^{n} x_i \log(\frac{1}{x_i}) \tag{2.11}$$

显然，当第 n 个事件的概率 x_i 越接近于 $1/n$，熵的值越大。虽然熵在热力学中是用来测量无序程度的[①]，但如果将 x_i 释义为个体 i 的收入份额，那么 $H(x)$ 也能够测度不平等。当每一个 x_i 都等于 $1/n$ 时，$H(x)$ 达到最大值，为 $\log n$。如果我们从收入分配的最大值 $\log n$ 减去其熵值 $H(x)$，那么我们就能得到不平等指数，这便是泰尔的测度方法：

$$T = \log n - H(x) = \sum_{i=1}^{n} x_i \log n x_i \tag{2.12}$$

如果考虑到在热力学中熵与能量的消亡联系在一起，那么认识到熵是一件好东西就可能要花上一些时间（“太好了，熵在增加!”），但显然，泰尔具有独创性的测度方法确实值得赞许。从富 36
人向穷人的收入转移将降低 T 值，也就是说，它满足庇古-多尔顿条件，并且它能够以简单的方法对集合进行加总。[②] 但这一公式有一定的随意性，并且收入份额加权后的收入的倒数的对数平均值并不具有充分的直观感。[③] 不过，令人感兴趣的是，从自然科学中

---

① 热力学第二定律指出，“无序”的增长没有固有的趋势。

② 参见泰尔（1967），第 94～96 页。

③ 如果因某种原因个体福利函数与 $x_i\log(1/x_i)$ 成比例，那么泰尔的测度是功利主义框架内最具吸引力的，但我想不出一个很好的原因来解释何以个体福利函数会采用这种形式。

借鉴的熵的概念为不平等的测度提供了一个不容忽视的方法，尽管有很大的随意性。

当平均收入发生变化

注意到下面这一点很重要，即除了方差，所有的测度方法都有如下特点：当每个人的收入同比例增加时，其值不会发生变化。相对平均差、变差系数、对数标准差、基尼系数和泰尔的熵测度方法均如此。这一特点是我们所期望的吗？难道我们能够断言：我们对不平等程度的判断不会因整体的贫穷或富裕程度的不同而有所不同吗？有部分学者认为，我们对不平等程度的关注程度应随着社会的繁荣而增加，因为繁荣的社会能够“消受得起”不平等思想。其他学者则坚持认为，经济水平越低，不平等的后果就越是“灾难性”的，因此，对一个平均收入比较低的社会而言，其不平等测度应更为严格。

这是一个相当复杂的问题，在将实证测度和规范测度综合考虑时，也常会遇到一些令人困惑的问题。下面两种观点恰成对照：一种观点是，一个经济水平更低的社会，对不平等测度本身应要求更为严格；另一种观点是，对一个经济水平更低的社会，任何给定的不平等测度方法都应赋予更大的重要性。前者是将有关价值判断融入不平等测度本身之中，而后者则是通过将给定的测度方法在不同的平均收入下赋予不同的相对重要性而体现有关价值。
37 从根本上讲，这些价值究竟是通过测度方法本身来体现还是通过评估这些测度方法的重要性来体现都不要紧，但弄清楚每一种方式还是很重要的。

多尔顿的测度方法

现在该从实证测度转向规范测度了。在经典的分配理论中，多尔顿（1920）提出，任何对经济不平等的测度都必须与经济福利相关联。他所用的测度方法直接来自功利主义的框架，并把效用总和的实际值与收入均等分配后的总效用值进行比较作为测度方法的基础。他采用的是一个严格凹函数，即收入的边际效用是递减的，并且假设每个人的效用函数都相同，这样，要使总效用最大化就必须均等分配收入。他将社会福利实际值与最大可能值的比率作为不平等的测度值，其中所有效用值都是正值[①]：

$$D=\left[\sum_{i=1}^{n}U(y_i)\right]/nU(\mu) \tag{2.13}$$

阿特金森（1970a）曾指出该方法的缺陷在于，当将效用函数进行正向线性变换时，D 值无法保持不变。基数效用暗含的是任何正向线性变换下的不变性，而多尔顿的测度值却会因所选择的不同的线性变换而不同。我承认，我并不认为阿特金森的观点很有说服力，因为多尔顿方法中的测度值的排序关系并不会因正向线性变换而受影响，而这些测度值的真正重要之处就是它的排序关系。不过，我们可通过如下方法来重新界定这一测度方法，即在允许福利值变换时，测度中用到的实数值仍保持不变。这正是

① 参见韦奇伍德（Wedgwood，1939）对多尔顿测度方法的一个应用。关于这一方法的批判性评论，可参见贝塞尔（1970）。

阿特金森在他自己提出的测度方法中所采用的。

阿特金森的测度方法

阿特金森首先定义了一个总收入的特定分配形式，他将其称
38 为“平等分配的等价收入”。所谓“平等分配的等价收入”是指一个人均收入水平，当每个人的收入都等于这一收入水平时，福利总值将刚好等于实际收入分配所产生的福利总值。① 令 y_e为“平等分配的等价收入”，则有

$$y_e = y \mid [nU(y) = \sum_{i=1}^{n} U(y_i)] \tag{2.14}$$

所有人的实际福利水平的总和等于每个人的收入水平均为 y_e 时的福利总和。由于每一个效用函数 $U(y)$ 都是凹性的，也就是说边际效用非递增，所以 y_e不可能大于平均收入μ。进而，我们还可以看出，分配越平等，y_e越接近于μ。阿特金森的不平等测度公式为：

$$A = 1 - (y_e/\mu) \tag{2.15}$$

显然，当收入完全均等分配时，y_e等于μ，这时阿特金森测度值 A 为 0，对任意分配状况，A 的值都介于 0 与 1 之间。

阿特金森测度方法有一些与我们上一章提到的问题相关的缺陷。先从简单的问题说起。阿特金森要求函数 $U(y)$ 是凹性的，

① 更早使用“平等分配的等价收入”方法的是查姆普诺瓦（1952），其中的一个测度是“用于补偿因不平等而引起的总满意度损失的总收入比例”（第 610 页）。

但未必是严格凹性的，亦即 $U'>0$ 且 $U''\leqslant 0$。[①] 假设在两个人之间分配一个给定的收入，比如收入总量为 10，收入分配的方式有两种：（0，10）和（5，5）。如果我们选择一个与 y 成正比的函数 $U(y)$，则两种分配方式下得出的阿特金森值会相同，可如果说这两种分配方式的不平等程度是相同的，则是荒谬可笑的。

这里有两个明显的问题。第一个问题，由于仅以规范性的表 39
述为基础，这一不平等测度方法不再具有与一般应用相联系的描述性内容，且其不平等思想已完全依赖于福利函数的形式。在本例中的假设下，两种分配方式却得出了相同的社会福利，则其不平等测度值也应是相等的。但在通常的表述中，"不平等"这个词也应有直观的陈述内容。说（0，10）和（5，5）两种分配下的不平等程度是相同的，这一说法难免让人匪夷所思。第二个问题涉及功利主义框架的应用。功利主义将每个人的效用 U 的值简单累加而得出总社会福利值。但是，如果将社会福利定义为个体效用的严格凹函数，则这两种分配方式下的不平等测度值不再相等，（0，10）的分配将比（5，5）的分配更为不平等。

当然，阿特金森本人也小心翼翼地不将他的 $U(y)$ 称为效用函数。也许我们可将它看作个体效用的某种严格凹性变换，也就是说，个体 i 的福利是社会福利的一部分，而其本身则是个体效用的严格凹函数。接下来要做的是要求 $U(y)$ 函数严格凹性。

---

① 参见阿特金森（1970a），第 245～246 页。

加性可分性定理

然而，即使考虑进强凹性问题，将社会福利看作个体福利的总和仍有很大的局限性。功利主义标准实际上涉及两个问题，即个体效用简单相加的问题与加性可分性问题。前者暗含了后者，但二者并非同义反复。① 如果我们把每一个 U 都看作个体效用的严格凹函数，就避开了功利主义的简单相加的算法，但这并不意味着就舍弃了加性可分性——我们仍可能会用到加性可分性，不过
40 并不是功利主义的简单相加的方法。构成社会福利的每个个体的福利仍被视为与其他人的福利无关，且每个个体的福利最终被加总起来，得到社会福利的总值。

在进行收入分配状况的评估时，有许多方法可将加性可分性进行公理化阐述。② 其中颇为有趣的一种方法是滨田宏一（Hamada，1973）在一篇极有启发性的论文中提出的，他是根据处于风险之下的行为类推而来的。虽然滨田宏一的模型十分复杂，但还是值得仔细研究一番，因为在他的一系列公理中，加性可分性的各种条件都被清楚地反映了出来。

假设收入水平为从 1 到 m（为方便计算，均设为整数），m 为最高的收入值。令 r_i 为收入为 i 的人口百分比（$i=1, 2, \cdots, m$）。

---

① 第 1 章中公式（1.4）给出的群体福利函数具有加性可分性，但却不是功利主义的（除非在 $a=1$ 的特殊情况下）。

② 关于加性可分性的一般问题，可参见德布勒（1960）、戈尔曼（1968b）、菲什伯恩（1970）和哈蒙德（1972）。还可参见斯特罗茨（Strotz，1958，1961）、费希尔和罗滕伯格（Fisher and Rothenberg，1961，1962）、海萨尼（1955）和戴蒙德（Diamond，1967）在与此相关的问题上的论战。

如此，任何一种分配状况都可表示为（r_1，…，r_n），我们可将其称为向量 r。滨田宏一则将其称为“收入分配向量”，但这种称谓可能会引起一些误解，因为本书中 r 并非收入的向量，而是人口百分比的向量，所以我将 r 称为“滨田向量”。显然，各分量的总和等于 1，即 $\sum_i r_i=1$。假设有两个滨田向量 r 和 s，现将它们分别拆分为 r^1、r^2 和 s^1、s^2，亦即 $r^1+r^2=r$，$s^1+s^2=s$。假设 $\sum r_i^1=\sum s_i^1$，则有 $\sum_i r_i^2=\sum_i s_i^2$。将向量 r^1 和 s^1 都乘上一个适当的数，就得到滨田向量 $\hat{r}^1$ 和 $\hat{s}^1$，即 $\sum_i r_i^1=\sum_i s_i^1=1$。对 r^2 和 s^2 进行同样的运算，又得到滨田向量 $\hat{r}^2$ 和 $\hat{s}^2$。滨田宏一所用的关键性公理（他的假设 2）要求，如果我们认为 $\hat{r}^1$ 至少同 $\hat{s}^1$ 一样好，同时认为 $\hat{r}^2$ 至少同 $\hat{s}^2$ 一样好，则我们就应该认为 r 至少同 s 一样好。而且，如果我们严格偏好 $\hat{r}^1$ 甚于 $\hat{s}^1$，同时又认为 $\hat{r}^2$ 至少同 $\hat{s}^2$ 一样好，则我们必定严格偏好 r 甚于 s。

这是有关收入分配评估的合理公理吗？假设有两个滨田向量 41
（0，100，0，0）和（50，0，0，50）。前者我们记为 $\hat{r}^1$，是每个人的收入值均为 2 的完全平等状态；后者记为 $\hat{s}^1$，是一个两层分化的社会，一半是收入值为 4 的富人，而另一半则是收入值为 1 的贫者。虽然后者的总收入更高，但仍有人会为 $\hat{r}^1$ 的平等幻象所打动，并以巴贝夫* 的名义起誓：$\hat{r}^1$ 要优于 $\hat{s}^1$。接下来，让此人在（39，

---

* 巴贝夫（Babeuf，1760—1797），法国大革命时期平等派领袖，主张消灭任何社会不平等，消灭私有制，建立一个所谓的“平等共和国”。1795 年底开始组织平等派运动。1796 年 5 月在巴黎发动了一场旨在推翻督政府的“平等密谋”，失败后被督政府处死。——译者注

22，0，39）和（40，20，0，40）之间做选择（我们分别将其记为 r 和 s）。这时，所有的平等幻象都不见了，在这个极为平常的选择中，同样是这个人，不可能说自己偏好 r 甚于 s。就分配的平等程度而言，r 更为平等一些，而 s 却拥有更高的总收入。从 s 到 r 表示在收入 1 组和收入 4 组中各有一人被放进收入 2 组中，但在这两个极端的收入组中（收入为 1 和 4）仍有 39 个人。于是，上面谈到的那个人可能不会为 r 所打动从而认为 r 要好于 s。但按照滨田宏一的说法，他应该认为 r 要好于 s。我们将 r 拆为（0，2，0，0）和（39，20，0，39），分别记为 r^1 和 r^2，将 s 拆为（1，0，0，1）和（39，20，0，39），分别记为 s^1 和 s^2。将其标准化为滨田向量后就会发现，r^1 和 s^1 实际上就是 $\hat{r}^1$ 和 $\hat{s}^1$。而我们知道，这个人偏好 $\hat{r}^1$ 更甚于 $\hat{s}^1$，他必定会认为 $\hat{r}^2$ 和 $\hat{s}^2$ 是无差异的，因为 $\hat{r}^2$ 和 $\hat{s}^2$ 的确相同。因此，根据滨田公理，他应该偏好 r 更甚于 s，但结果却不是这样。他陷入了加性可分性的困境之中，因为他对收入分配采取的是**相互依存**的分析思路。

一般来说，如果我们认为每个人的福利状况的社会评价应取决于其他人的福利（或收入）水平①，则这种每个人的福利与其他人无关的假设就不复存在。这也要求采用更严格的一类社会福利函数。滨田公理体系以更为清晰的方式将这种无关性的缺点暴露出来，但对这些公理而言，加性可分性的确是其充分**且**必要条件，
42 而同样，困难也无处不在。

① 参见朗西曼（1966）对“相对剥夺”的研究。

一种可以考虑的测度方法

设社会福利 W 是个人收入水平的增函数：

$$W=W(y_1,\cdots,y_n)$$

一个更一般的不平等的规范测度方法如下。设 y_f（广义的平等分配的等价收入）为人均收入水平，即如果每个人的收入均为 y_f，则此情况下的福利总值 W 将等于实际收入分配下的福利总值。有

$$y_f=y\mid[W(y,\cdots,y)=W(y_1,\cdots,y_n)] \tag{2.16}$$

假设 W 是对称的和拟凹性的，对每种收入分配状况而言，y_f 都小于或等于收入的平均值 μ。在这个更一般的形式里，W 甚至不需要是个体效用的函数，也就是说，它甚至不需要“个体主义”。

以这种更一般的方法来测度不平等的公式是：

$$N=1-(y_f/\mu) \tag{2.17}$$

很明显，如果所用的福利函数为下列的功利主义形式，则公式（2.15）中的 A 与公式（2.17）中的 N 将完全等同：

$$W=\sum_{i=1}^{n}U(y_i)$$

实证性测度和规范性测度

如果我们选择像 N 那样的一般公式来测度收入分配的不平等程度，则在定义福利函数时我们就有很大的自由。我们也能够选择我们认为关于不平等的福利含义的适当的假设前提。N 的任一

运用都自然地要求指定 W 的函数形式。虽然 N 避免了加性可分性的难题，但它完全是一个规范性的测度——这一点与多尔顿和阿特金森的测量方法相同。但是，正如上一章提到的，关于不平等的测度方法都含有实证的因素，很难与福利描述分割开来。

43 在有些情况下，先前讨论过的不平等的实证性测度也可看作带有对社会福利评价有关的特定假设前提的规范性测度。例如，泰尔的熵测度方法就是以一个近乎严格的功利主义社会福利函数的形式出现的，该函数要求构成社会福利的个体福利等于 $x_i \log(1/x_i)$，其中 x_i 是个体 i 的收入。这就是一个极为特殊的福利函数。其他测度方法也可视为是对社会福利的某种特定的规范性陈述。我并不想一一回顾这些方法，因为像 V、C、H 和 G 这些测度方法的某些福利方面的因素先前已讨论过。如果将这些测度方法置于同一框架下并从各自的规范性前提假设来对它们进行区分，那么并无分析上的困难。但就实证性测度而言，这样做或许并不公平，因为这些测度方法背后的测量目的极为不同。

可测性和可比较性假设

之所以使用像 N 这样的一般测度方法，其根据就是，它的分析框架不再是基于个体主义的加性可分的群体福利函数的严格框架——这种严格的框架下最有代表性的例子就是功利主义福利函数。在功利主义之下，A 和 N 恰好是重合一致的，而 D 方法中的序列将是相同的。由此可见，功利主义的确与收入分配的规范性评价问题极为相关。在第 1 章评价功利主义的长处时，我提出了关于个体福利的基数可测性及完全的人际可比较假设。现在要探究一下对功利主义的辩护是否要依赖于其他某种可测性和可比较性的特定假设。

第 1 章已指出，功利主义框架（连同社会福利为个体福利水
平的严格凹性函数的假设）不考虑平等问题。为体现平等思想的 44
要求，我们提出了弱平等公理，当然，你也可以选择其他类型的基于平等的思路。但所有这些条件——确实体现了平等思想的条件——看来都需要福利大小比较以及福利差数比较。如果我们假定不同个体的福利得失可以进行比较而福利的绝对值不可比较，那么我们用到的分析方法就有可能是不涉及 WEA 或其他包含了平等考量的功利主义方法。这是因为，功利主义会认为，当且仅当所有个体对 x 与 y 之间的福利差数的总和仍为正数时，社会即认为 x 优于 y，并且认为，在定义差数时，效用函数的“起点”问题是无关紧要的。例如，如果有一个人的效用值加上某个常数而其他人的效用值不变，则丝毫不影响功利主义选择的法则。但这样一来确实有可能影响到不同个体的福利大小的排序，从而使得 WEA 及其他有关平等的考量无法得到运用。

令 W_U 为任一“功利主义”的群体福利函数，W_E 为任一“基 45
于平等”的群体福利函数（例如，满足 WEA 或包含了不同个体的相对幸福度的比较的其他类似的平等条件）。不同的可测性和可比较性假设条件下的结果见表 2－1。

表 2－1

		可比较性			
		福利差异和福利大小均无可比较性	仅福利差异可比较	仅福利大小可比较	福利差异和福利大小均可比较
可测性	序数	W_U和W_E均不可用		W_E可用 W_U不可用	
	基数	W_U和W_E均不可用	W_U可用 W_E不可用	W_E可用 W_U不可用	W_U和W_E均可用

注：W_U为任一"功利主义"的群体福利函数，W_E为任一"基于平等"的群体福利函数（例如，满足 WEA）。

很明显，如果我们假设个体福利是序数的，则不可能运用哪怕是一点点的功利主义的东西，虽然如 WEA 的平等条件仍可能用到，但必须是在序数能够进行人际比较的前提下。另外，如果我们假设个体福利是基数的，并假设福利差异（而不是福利大小）是可比较的，那么功利主义就是可用的，但是像 WEA 这样的平等条件就不可用。

当福利大小和福利差异均可比较时，真正的冲突产生了。如果我们假定完全可比较的基数可测性，则功利主义就会与 WEA 及其他具平等意识的法则存在潜在冲突，因为二者均可用，而且相互不一致。第 1 章已就此问题进行了集中探讨，兹不赘述。在我看来，对平等的关注必定会摒弃对功利主义的运用。

对不平等的评估与可比较性

要使功利主义可用，最保险的办法是设置一个相当特别的假设前提，即效用差异具备可比较性，而效用的大小则不具备可比较性。[①]

① 参见海萨尼（1955）、戴蒙德（1967）以及森（1970a），第 143～146 页。

在此，重要的是记住第 1 章提到的效用的人际比较的含义。我们已探讨过，$U_i(x)>U_j(y)$ 意味着宁可成为社会状态 x 下的个体 i 而不愿成为社会状态 y 下的个体 j。这种假设的比较是分析收入分配问题的规范性方面的重要部分。当然，这些比较确实是主观的，但我认为，它们也是理解“平等”这一概念的极有效的方法。将 46
自身置于他人的位置就意味着要掌握他人的癖好和智力状况，而这确实是个复杂的问题。但要理解每个人对涉及人的幸福的社会选择的看法，这种设身处地的比较就不可避免，尽管这样的比较多是个人的内心活动。公开地做出这种比较的好处是明确了每个人在收入分配中的位置，在不同的个体或群体的利益发生冲突的情形下，这种比较也是解决冲突的规范性的政策建议的重要内容。

此问题的形式化表述是，如果我们将社会状态 x 下的个体 i 记为序偶（x，i），诸如此类，并且这些序偶间存在某种排序关系 $R\widetilde{R}$，则我们可将福利的人际比较仅视为这种排序关系 $R\widetilde{R}$ 的数值反映。正如第 1 章所讨论的：

$$\text{当且仅当}\ (x,\ i)\widetilde{R}(y,\ j),\ U_i(x) > U_j(y) \tag{2.18}$$

如果以这种方式看问题，那么很清楚，福利值的比较要先于福利差异的比较。的确，如公式（2.18）所示，我们需首先根据排序关系 $R\widetilde{R}$ 来定义效用函数，而这种排序关系 $R\widetilde{R}$ 首先意味着效用值的可比较性。要是另外一些条件（如“独立性”）得到满足，则在人际比较的基数值域内，效用差异也是可以比较的。由此看来，没有多大必要通过规定效用差异具备可比较性而效用值不具备可比性的假设来为功利主义辩护了。

第3章 作为拟序的不平等

47 在使用上一章所提出的测度不平等的方法时，其困难部分来源于这些方法所暗含的一个前提，即讲求“完备性”，亦即每两种分配方案都可通过这些方法来进行比较。如果我们取两种方案 x 和 y，将每一种都用收入向量来表示，那么根据这些测量方法中的任何一个，其结果只能是：x 比 y 更加不平等，或者相反，y 比 x 更加不平等，或者二者的不平等程度相同，而根本没有考虑到可能存在二者不可比的情形。事实上，根据上述方法中的任意一种，对于任意的分配状况 x，都有一个实数 $I(x)$ 与之相对应，表示分配状况 x 的不平等程度。已有的可得 $I(x)$ 的值的各种不同方法［例如，使用某种“实证的”量度，如变差系数、对数标准差、基尼系数，或在确定了相关福利函数后运用福利损失量度如（$1-D$）、A 或 N］的共同之处是，都可将分配状况集（x，y，z，…）转换为相应的表示不平等程度的数值集合［$I(x)$，$I(y)$，$I(z)$，…］。既然任意两个数值都是可比的，即要么 $I(x)>I(y)$，要么 $I(x)<I(y)$，要么 $I(x)=I(y)$，则在对不平等程度进行比较时就不存在任何障碍。

然而，这种思维方式有其内在的缺陷，因为作为一个概念，“不平等”并不具有与生俱来的“完备性”特征。当然，在一种不太重要的意义上，每个人都可以根据自己的喜好来定义“不平等”，并且只要它是明确的和一致的，就可以认为是无懈可击的。

但是“不平等”这个词的说服力及我们对这个概念的真正兴趣， 48
源于与之相联系的含义，因此，我们并没有随意定义“不平等”的自由。而且——事实亦如此——“不平等”这个概念是个多面体，我们可从不同的方面来定义它。因此，有时并不能期望出现一组完全的排序。然而，上面提到的那些标准方法中的每一个都要求一组完全的排序。这样，在将局部排序扩展至完全排序的过程中必然掺进了随意性的因素。因此，不证自明的是，之所以这些测度方法中的任何一个均会导致某种特别荒谬的结果，恰恰是因为它试图为一个本质上并非完全严格排序的概念给出一个完全排序的表述。

洛伦兹不完全严格排序和阿特金森的测度方法

有一种测度不平等程度的方法并不刻意追求“完备性”，那就是一种分配方案的洛伦兹曲线严格包含于另一条曲线之内的关系。
在图 3-1 中，洛伦兹曲线 x 完全包含于曲线 z 之内，曲线 y 亦如 49
此。但是曲线 x 和 y 相交，因此根据洛伦兹曲线排序，不能说其中任何一个比另一个更不平等。如果用 L 表示严格的“包含于”的关系[①]，我们可以说 xLz 和 yLz，但不能说 xLy 或 yLx。

我们是否有理由相信洛伦兹曲线排序抓住了不平等这个概念的本质，包括它的不完全（排序）性质？就某一点来说，答案可能是

---

① 即如果洛伦兹曲线 x 内的任意一点都没有落在洛伦兹曲线 y 之外，并且（至少）有一些点严格包含于后者，则 xLy。

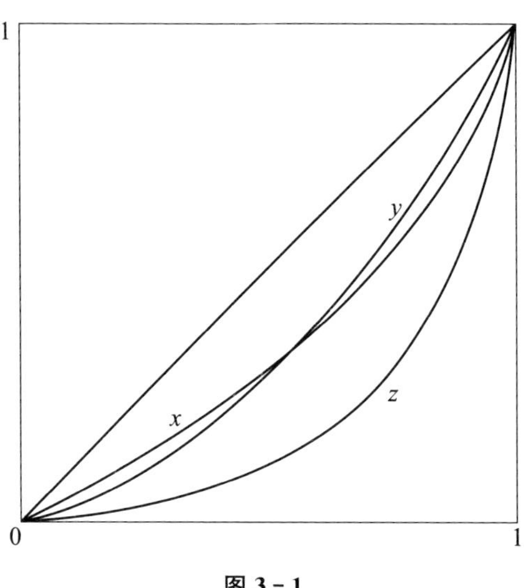

图 3-1

"是"，现在我打算更详细地讨论一下洛伦兹排序 L 的性质。然而，随后我们可以看到它确实遗漏了一些不平等概念的本质特征。

阿特金森（1970a）曾证明了一个关于洛伦兹排序的著名定理，他是用规范的方法来证明的。假设社会福利为个人福利函数 U 之和，并且 U 是收入 y_i 的严格凹函数，即边际效用严格递减。则有

$$W(y)=\sum_{i=1}^{n}U(y_i) \tag{3.1}$$

令分配状况 x 的洛伦兹曲线严格位于分配状况 y 的洛伦兹曲线之内，即 xLy。两种分配的收入总和相等。那么即使我们不知道所采用的 U 的准确形式，仍然可以说 $W(x)$ 大于 $W(y)$，其中 $W(x)$ 和 $W(y)$ 分别为 x 和 y 的社会福利水平。而且，反过来也成立，即不管采用何种个人效用函数 U（只要它是严格凹的），只要 $W(x)>W(y)$，那么 xLy。这样，只要 xLy，就意味着 $W(x)>$

$W(y)$，而不论选择哪一种具体的凹的效用函数；而且如果对于所有严格凹的效用函数 $W(x)>W(y)$，则有 xLy。

非可加性公式

阿特金森的测度方法其吸引人之处在于，它允许我们根据社会福利水平对不同分配方案的不平等水平进行排序，甚至在不知道准确的效用函数形式的情况下，仍然可以这样做。但是，既然社会福利被认为是功利主义可加的，那么该结果会被认为稍显狭隘。这不仅仅是因为通过对个体效用的简单相加而得出社会福利 50
是一个非常可疑的方法，而且因为需要相对较少假设的加性可分性也是受到限制的，正如前面所讨论的那样。

如果扩展社会福利函数系列使之也包括非可加性的社会福利函数，将会如何呢？我们可以把社会福利 W 简单地定义为一个关于个体福利大小的对称的凹函数，其中个体福利函数是严格凹的：

$$W=G(U(y_1),\cdots,U(y_n)) \tag{3.2}$$

我们有充分的理由认为，阿特金森测度方法也可以被扩展到这种情形。毕竟，如果 xLy，则有 $W(x)>W(y)$，那么当我们简单地加入个人效用以后，这种趋向必然由于 W 是个人福利水平的凹函数（对称性保持不变）——即随着个体的富裕程度的增加而赋予其越来越小的重要性——而得到加强。这只可能加强 $W(x)>W(y)$ 这一趋向。一个定义在个体福利水平上的凹的社会福利函数意味着更多的平等主义倾向，它加重了产生于凹的个体福利函数的平等主义色彩。这表明，阿特金森测度方法对于一个更广泛的社会福利函数系列来说，必须是可以加以一般化的，可加性方程只是其中的一个特例。

非个体主义的福利函数

从一个比阿特金森结果更一般的方面来看待这个问题或许对我们有所帮助。一种可能就是从非个体主义的方面来看待社会福利，即并不使社会福利与个体效用相联系。例如，可以将社会福利的定义直接建立在收入分配的基础之上，而无须以个体效用作为中介。这两种方法的差别见第 1 章的论述。根据这种定义，我们可以认为社会福利函数具有如下形式：

$$W = F(y_1, \cdots, y_n) \tag{3.3}$$

51 显然，给定个体效用函数 U，上个公式即公式（3.2）中的个体主义形式的社会福利函数 G 只是其中的一个特例。也就是说，即使当我们使用像 F 这样的函数形式时，只要我们愿意，仍然可以经由个体效用这个中介，但我们并不一定要这样做。

我们之所以倾向于接受这个更为一般化的函数形式 F，至少有以下两点理由。首先，计划制订者、社会评论家、政治领袖或任何做出分配决定的人，在特定的情况下，可能倾向于绕过个人偏好。也许这样做包含了“家长式作风”的因素，但这在政策讨论中经常出现。这样做可能出于如下考虑：个体“非理性”“短视”以及类似的理由，但是对于在何种程度上考虑这些可能性却仍然未有定论。其次，有时人们在做出分配决定时可能完全不知道关于个体效用函数的详细信息。在这种情况下，即使一个人想经由个体效用来做出决定，在实际施行的过程中也可能行不通。这样，在处理 F 这样类型的函数时，就有必要省却个体效用这个不可操作的中介。

我不打算争论这些理由如何令人信服。这个问题对于我们的目的无关紧要，因为考虑到 G 只是 F 的一个特例，那么如果在实际操作中选择 F 而不是 G，我们并没有什么损失。因此，接下来我将集中讨论这种更为一般化的函数形式。

凹性的弱化

对阿特金森理论第三个方面的扩展与强加于福利函数凹性之上的限制有关。可以想象，在阿特金森的理论构架中，社会福利函数既然被定义为严格凹的个人效用函数 U 之和（每个人的效用函数都相同），那么在转化为 F 形式的社会福利函数时，F 将是严格凹的。然而，为了在做出分配决定时体现出平等主义的倾向，考虑严格拟凹性就足够了。①

凹性和拟凹性的区别完全是一个技术问题，但有必要加以解 52
释。一方面，一个凹的福利函数 E 要求，与收入分配方案 x 和 y 相对应的社会福利水平的加权平均值小于或等于在同样的权数下与两种分配方案的加权平均值相对应的社会福利水平。即

对于任意 t（$0<t<1$），

① 事实上，稍微进一步弱化是可能的，即仅要求 S-凹性［关于这一点，可参见伯奇（Berge，1963)］，S-凹性已在由达斯格普塔、森和斯塔雷特（1972）提出的阿特金森定理的一个扩展形式中有所应用。

有 $tF(x)+(1-t)F(y)\leqslant F(tx+(1-t)y)$ (3.4)

另一方面，拟凹性则要求分别与 x 和 y 相对应的两个社会福利水平中的最小者小于或等于与两个分配方案的加权平均值相对应的社会福利水平。即

对于任意 $t(0<t<1)$，

有 $\min[F(x), F(y)]\leqslant F(tx+(1-t)y)$ (3.5)

对于严格拟凹性，“$\leqslant$”将为“$<$”所代替，结果是两个分配方案的加权平均值所对应的社会福利水平严格大于与 x 和 y 分别对应的两个社会福利水平中最小的一个。

实际上，严格拟凹性仅要求社会无差异曲线（对于多于两人的情形则为无差异曲面）必须是向内凹的，即呈曲盘状。这个直接源于定义的要求在图 3－2 中表现得很清楚，其中坐标轴 y_1 和 y_2 分别代表两人的收入水平。因为 x 和 y 位于同一条无差异曲线上，所以它们具有相同的社会福利水平，因此它们中的任何一个所对应的社会福利水平均可作为二者中最小的社会福利水平。z 是两个

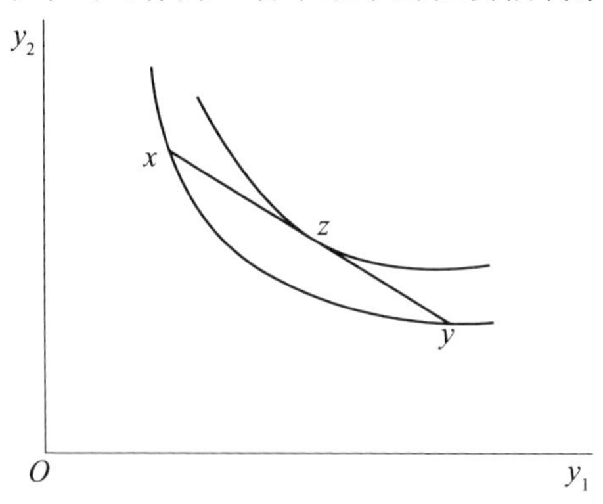

图 3－2

分配方案 x 和 y 的加权平均，严格拟凹性要求 z 所对应的社会福利严格大于 x 或 y 对应的社会福利。也就是说，通过 z 的社会无 53
差异曲线必须高于通过 x 和 y 的社会无差异曲线。这一点当且仅当社会无差异曲线向内凹时才能得到保证。严格拟凹性意味着，给定其他人的收入水平不变，当我们提高一个人的收入水平时，他的收入将具有越来越小的重要性。这是一个严格平等主义的特征，它正是在我们将平等主义意识构筑进我们的社会福利函数时所需要的一切。

一个一般结果

因此，考虑定义在个人收入上的社会福利函数 F，它并不需要经由个体效用这个中介，也无须使用功利主义的可加性框架，甚至并不需要严格凹性。令 F 仅仅是对称的和严格拟凹性的，则有下面的定理成立。

定理 3.1

令 F 是对称的和严格拟凹的，如果对于两个具有相同总收入 54
的不同分配方案 x 和 y 有 yLx，那么 $F(y)>F(x)$；如果 yLx 不成立，那么对于某些 F，$F(y)\leqslant F(x)$。

对该定理的证明使用了有关不等式理论[1]中的一些比较著名的

① 参见哈迪、利特尔伍德和波利亚（Hardy，Littlewood and Polya，1984）。出于词语上的巧合，他们的著作也叫 *Inequalities*。当然，“inequality”在他们的著作中指的是“<”和“⩾”（意即不等式）而非贫民窟与法国大革命时的“赤字皇后”玛丽·安托万（Marie Antoinetle）（意指不平等）。

结论，达斯格普塔、森和斯塔雷特（1972）对此有详尽阐述。[①] 尽管如此，要做一个简要概述也并不难。

对于两个向量 x 和 y，按升序重排每个向量中的元素，即

$$x_1 \leqslant \cdots \leqslant x_n \text{ 和 } y_1 \leqslant \cdots \leqslant y_n$$

哈迪、利特尔伍德和波利亚（1984）给出了如下四个等价条件：

（1）$\sum_{i=1}^{n} x_i = \sum_{i=1}^{n} y_i$，并且对所有 $k \leqslant n$，$\sum_{i=1}^{k} x_i \leqslant \sum_{i=1}^{k} y_i$，至少存在一个 $k<n$，有

$$\sum_{i=1}^{k} x_i < \sum_{i=1}^{k} y_i \tag{3.6}$$

（2）通过一个非空的有限序列进行如下变换，x 可以转化为 y：

$$x_i^{\alpha+1} = x_i^{\alpha} + e^{\alpha} \leqslant x_j^{\alpha}$$

$$x_j^{\alpha+1} = x_j^{\alpha} - e^{\alpha} \leqslant x_j^{\alpha}$$

其中 $i<j$ 和 $e^{\alpha}>0$，且若 $k \neq i$，j，有 $x_k^{\alpha+1} = x_k^{\alpha}$ （3.7）

（3）对于任何严格凹的实值函数 U，

$$\sum_{i=1}^{n} U(x_i) < \sum_{i=1}^{n} U(y_i) \tag{3.8}$$

（4）若 y 不等于 x，也不是 x 的一个排列，则存在一个双随机矩阵 Q，使得：

$$y = Qx \tag{3.9}$$

55 这些不等式理论中的标准结果对于定理 3.1 和理解洛伦兹不

① 事实上，在那篇论文中，我们只是假设了严格 S-凹性，对于一个对称的函数，它是严格拟凹性的一个特例。关于这一点，还可参见科尔姆（1969）、罗斯柴尔德和斯蒂格利茨（1973）。

完全严格排序的一般性质都是非常方便的。不难看出，条件（1）不过是 y 的洛伦兹曲线严格位于 x 的洛伦兹曲线内部的另一种表述。既然洛伦兹曲线通过收入最低的百分之 m 的人口的收入总额占全部人口总收入的百分比来加以估计，而且在两种情况下总收入水平是相同的，则这些不等式不过表明对于某些收入最低的百分之 m 的人口，他们所获得的收入份额在 x 中比在 y 中要低，而且对于所有的收入最低的百分之 m 的人口，在 x 中获得的收入份额并不比在 y 中高。

洛伦兹曲线排序条件等价于条件（2），这一点很好理解，因为当通过一个有限序列变换将收入从富人转移到穷人那里时，我们就从 x 到了 y（在个体之间进行排列之后这是成立的，因为 x 中的第 i 个人并不需要与 y 中的第 i 个人相同）。在一个拟凹的和对称的社会福利函数中，从富人向穷人的收入转移必然意味着 y 所代表的社会福利水平高于 x 所代表的社会福利水平，这一点不足为奇。

条件（3）使我们回到阿特金森的框架中，它表明，如果相对于 x，y 具有一个较高的洛伦兹曲线，那么对于任何基于相同的严格凹的个人效用函数的可加性社会福利函数，y 所对应的总的社会福利水平要高于 x。不仅如此，既然条件（3）和条件（1）互为充分必要条件，那么条件（1）不成立意味着条件（3）也不成立。因此，显而易见，定理 3.1 必然是正确的，即如果 yLx 不成立，那么对于某些严格凹的效用函数 U，$\sum_i U(y_i) \leqslant \sum_i U(x_i)$。因为这种阿特金森情形可以作为严格拟凹和对称的函数 F 的一个特例，所以很显然，如果 yLx 不成立，那么对于某些可接受的 F，$F(y) \leqslant F(x)$。这样只剩下定理的第一部分需要加以证明。

唯一含有技术性内容的是条件（4）。双随机矩阵是一个方阵，其所有的元素都是非负的，且每一行和列元素之和为 1。向量 x 乘以一个双随机矩阵 Q 得到另一个向量 y，该向量各元素之和与 x
56 中各元素之和相等。双随机矩阵的一个特例是排列矩阵，它仅仅是对一个向量中的各元素重新排列顺序，即对它们进行置换。众所周知，任何一个 n 阶双随机矩阵都是一组 n 阶排列矩阵的凸组合。[①] 令 P^s 为任意一个排列矩阵，我们通过以下方式从一组这样的排列矩阵中得到 Q：

$$Q = \sum_s a_s P^s, \sum_s a_s = 1, \text{且 } a_s \geqslant 0 \tag{3.10}$$

因此，y 位于 x 的排列的凸壳的内部，即对于所有 s，在集合 P^s 的凸壳之中。但 y 并不是该凸壳的边界点，这样 y 可以被视为 x 的排列的集合的一个凸组合。根据对称性，x 的所有排列都是社会无差异的。由此我们马上可以得出，对于任何严格拟凹且满足对称性的 F[②]，有

$$F(y) > F(x) \tag{3.11}$$

---

① 关于"伯克霍夫-冯·诺伊曼定理"，可参见伯奇（1963），第 182 页。

② 严格 S-凹性可以通过如下方式定义：F 是严格 S-凹的，当且仅当对于所有双随机矩阵 Q，$F(Qx) > F(x)$。其中 Qx 不等于 x，也不是 x 的一个排列。给定严格 S-凹性，公式（3.11）可以直接从公式（3.9）推出，在这里，严格拟凹性实际上并不是必需的。参见达斯格普塔、森和斯塔雷特（1972）。然而也应注意到，当 Q 不是一个排列矩阵时，Qx 可以是 x 的一个排列。

直观的解释

上一个结果表明，如果 y 具有比 x 更高的洛伦兹曲线，那么对于所有对称的和严格拟凹的群体福利函数，y 所代表的社会福利水平必然高于 x。证明的最后一部分，即唯一带有技术性内容的部分，可以通过一个三人例子很容易地加以直观理解。图 3-3 给出了这样一个图形，其三个坐标轴分别表示三个人的收入。把它视为一个三维图形（当然这需要一些空间想象能力的训练），则用阴影表示的科尔姆三角 ABC 可以被看作倾斜于三个坐标轴之上的一个平面的一部分。它具有这样的性质：其上任意一点所对应的三 57
个坐标值之和为 1（即所谓的“单位单纯形”）。

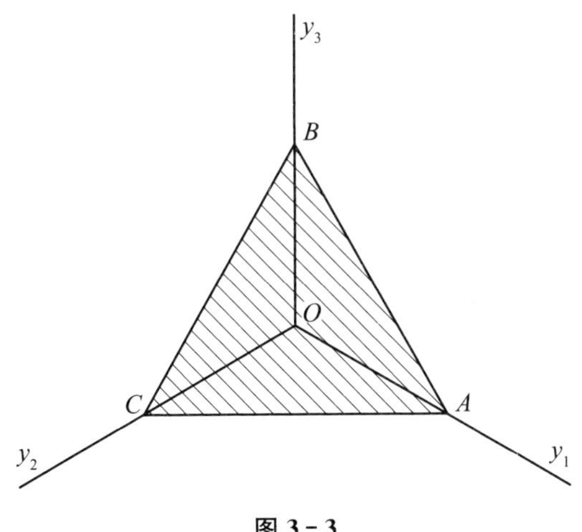

图 3-3

现在分析科尔姆三角 ABC（见图 3-4）。分配 x 为该科尔姆三角中的一点，假设待分配的总收入为 1，则 x 只是可供选择的多种分配方案中的一个。

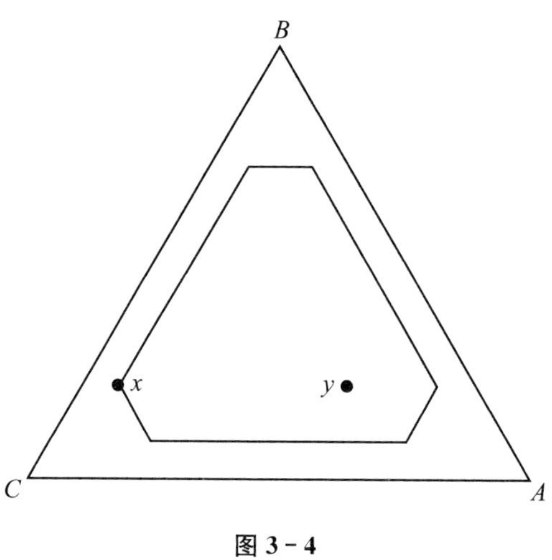

图 3－4

58 很明显，在这个三维的例子中，有六种收入分配方案恰可作为 x 的排列，它们由经过 x 的六边形的六个顶点所表示，点 y 位于该六边形内部。[①] 根据对称性假设，x 的所有这些排列必然具有相同的社会福利水平，而且 y 是这些排列的加权平均。因此，容易看出，由于福利函数 F 是严格拟凹的，所以 y 必然比 x 具有更高的社会福利水平。这实际上就是定理 3.1 的主要内容，因为它对于在总收入相等的情况下，较高的洛伦兹曲线和获得较高水平的社会福利之间的等价性进行了完整的阐述。不管选择什么样的

① 这等于说 y 是分配 x 的排列的一个凸组合，其中 y 可以通过 x 乘以一个双随机矩阵而得到。

福利函数，只要它是对称的和严格拟凹的，该等价性都成立。[①]

当人口数量发生变化

然而，我们有若干理由认为定理 3.1 的重要性是很有限的，因为它是以具有严格限定条件的模型作为基础的。其中一个限制条件显然源于我们做出的两个分配方案所涉及的人数恰好相等的假设。这样，不管我们是进行国家间的比较，还是一国内不同地区间的比较，或者是一国或一个地区不同时期之间的比较，这一点都很难成立。因此有必要将定理 3.1 中所提出的结果扩展到人 59
口数可以变动的情况。如果我们接受一个相对来说无可非议的假设，要做到这一点并不难。

现在分析恰好拥有相同人口数和收入分配政策的两个国家。显而易见，它们具有相同的社会福利水平和按人口计算的平均社会福利水平。现在如果我们把两个国家合在一起进行考虑，那么我们有理由认为它们必然仍具有相同的人均福利水平，因为除了合在一起而不是分开进行考虑之外，并没有什么变化。如果将这个推理加以一般化阐述，我们可以得出如下形式的公理。令一个 n

---

① 在进行国家间和不同时期间的比较时会出现不相交的洛伦兹曲线的情形。如果所有的分配都是对数正态类型的，那么事实就必然如此［参见艾奇逊和布朗（Aitchison and Brown，1957)］。对数正态形式对于许多国家都是适合的，但对于那些收入水平很高的国家来说，采用帕累托形式似乎是最好的［对于该领域的事实和理论的一个具有启发性的研究，参见莱德尔（Lydall，1966)］。然而，需要记住的是，从实际数据得出的洛伦兹曲线总是建立在群体组大小平均的基础之上，而在逐人进行比较的基础之上，定理 3.1 也适用于洛伦兹曲线。因此，在使用定理 3.1 意义上的一般洛伦兹曲线时，我们须谨慎行事。

人社会的社会福利函数为：

$$W = F^n(y_1, \cdots, y_n) \tag{3.12}$$

人口对称性公理（Symmetry Axiom for Population，SAP）：对于任意收入分配（y_1，…，y_n），考虑在 nr 个人中的分配 x，使得 $x_i=x_{2i}=\cdots=x_{ri}=y_i$，对 $1\leqslant i\leqslant n$，r 为任意整数，则有

$$F^{nr}(x) = rF^n(y) \tag{3.13}$$

该公理只不过要求，当拥有相同人口和收入分配的 r 个国家被当作一个整体来进行考虑时，整体的平均福利水平应该等于每个国家的平均福利水平。对此并不需要特别说明。

不过，在此公理下，洛伦兹曲线的结果可以被扩展到当人口数量发生变化时的情况。①

定理 3.2

令 y^1 和 y^2 分别是针对人口数为 n^1 和 n^2 的两个群体的平均收入相等的收入分配，且 y^1Ly^2。每一 F^n 都是对称的和严格拟凹的，且满足 SAP。则有（F^{n^1}/n^1）>（F^{n^2}/n^2）。如果 y^1Ly^2 不成立，那么对于满足 SAP 的某些对称的和严格拟凹的福利函数，（F^{n^1}/n^1）⩽（F^{n^2}/n^2）。

60 定理的证明并不难。假设有一个人口数为 n^1n^2 的国家，其收入分配状况与 y^1 相同，只是其中的每个成员的收入都乘上了 n^2 倍。

① 可以用严格 S-凹性代替严格拟凹性，参见达斯格普塔、森和斯塔雷特（1972）。

现假设另一个国家也拥有 n^1n^2 的人口，且和 y^2 具有相同的收入分配，只是其每个成员的收入都乘上了 n^1 倍。显而易见，第一个假定的国家和第二个假定的国家分别具有与 y^1 和 y^2 恰好相同的洛伦兹曲线①，并且如果 y^1Ly^2，那么第一个假定的国家也拥有比第二个假定的国家高的洛伦兹曲线。当然，这两个假定的国家具有相同的人口和总收入水平。因此，由定理 3.1，第一个假定的国家的社会福利水平将高于第二个假定的国家。由对称性公理可知，第一个假定的国家的平均福利水平必然等于实际中第一个国家的平均福利水平；第二个假定的国家的平均福利水平必然等于实际中第二个国家的平均福利水平。这样（实际中）第一个国家的平均福利水平必然高于第二个国家，这就证明了定理的第一部分。第二部分的证明基于同样的思路，并将再次用到定理 3.1。

当平均收入发生变化

定理 3.2 的扩展满足了处理不同人口数量问题的需要。在进行平均福利水平比较时，即使是人口数量不同，洛伦兹曲线排序仍有意义。然而，当平均收入发生变化时，问题依然存在。当然，我们可以循着与解决人口数量发生变化的情况下的问题相似的思路，通过建构一个相关的公理来解决这个问题。在我看来，尽管 SAP 很有说服力，但与收入相关的对称性公理却不能成立。因为

---

① 事实上，对于在离散情况下如何定义洛伦兹曲线，并无一个明确的结论。就我们的目的来说，我们可以先就离散的数字在图中描出洛伦兹点，然后用直线把它们连接起来。

福利可能并不是收入水平的齐次函数。显然，只有在即使个体收入乘上某个数值而分配的福利水平的相对排序仍不变时，才可以
61 说无论何种分配，其判定皆与收入水平无关。然而，我们无法做出这样的假设，因为在这种意义上，我们对社会福利的判定不可能是与收入水平无关的。因此，当平均收入发生变化时，洛伦兹局部排序是否继续适用，就是一个严重的问题，而这足以大大限制该方法的可用性。

因为应用经济学的技巧中经常含有折中成分，所以有时候还是有必要对平均收入不同的国家进行洛伦兹曲线意义上的比较。但是必须铭记，在碰到这种根据定理 3.1 和定理 3.2 而做出的含有福利意味的比较时，必须给出某种有关收入的对称性公理，而这或许并非特别无可非议。

非强迫性判断

人们通常把收入分配比较看成一种“非强迫性判断”，本节即讨论这个问题。非强迫性判断指这样一种信念：一个人有理由按某一特定的方式行事，且其行事看上去有充分的依据。但这并不是使人非相信不可的，因为我们可以提出相反的理由。[①] 如果一个分配方案的洛伦兹曲线高于另一个方案，则该方案有不证自明的合理性，因为从福利的观点看，前者是一个较好的分配方

① “强迫性”和“非强迫性”判断的区别是由森（1967b）提出的，并进行了具体分析。

案。当然，相反的论据也可能存在，平均收入水平发生变化时就是其中的一个反例。但是，如果有人据此反对洛伦兹结果，则我们有理由要求他必须详细说明，他所期望的平均收入的差异何以影响到福利视角下的分配判定。虽然洛伦兹排序本身并非强迫性的，但要想依据别的理由来反对这种排序，则必须对此予以充分论证。

描述性内容

应该说，为了维护洛伦兹判断，关于洛伦兹局部排序的纯粹描述性内容也同样不可忽略。首先，对于人口数和总收入都相同的简单情形，我们可以回想前面概括的条件（1）和（2）的等价性，它意味着 y 具有比 x 高的洛伦兹曲线，那么通过将收入从富人转移到穷人，我们可以从 x 转化为 y。分配 y 必然被认为比分配 x 更平等，在这个意义上是毫不含糊的。即使在不引入任何与福利有关的概念的情况下，从富人向穷人的收入转移必然意味着不平等程度的降低。这样，即使就纯粹描述性意义而言，较高的洛伦兹曲线也必然意味着较低的不平等程度。 62

同样的情形在图 3-4 中也明白地表示出来，其中 y 可以被看作严格位于经过 x 的对称的六边形之内。这是一个纯描述性特征，但也有规范性的含义：就不平等这个词的最常见的定义而言，说 y 比 x 的不平等程度要低，也是符合事实的。

同样的特征在人口数发生变化的情形下也存在，因为我们可以根据人口百分比进行分析，从而使得 y 比 x 的不平等程度要低这个陈述再一次变得有意义且是可以接受的。从实证的而不是规范的观点来看，把这种情形扩展到平均收入可变的情形可能并不会引起太多的反对。图 3－4 中的科尔姆三角表示总收入为 1，如果我们对平均收入不同的两个国家进行比较，仍然可以从相对的意义上认为 y 是比 x 具有较低不平等程度的分配方案。尽管我们对福利的判定在很大程度上取决于人均收入水平，但这并不会影响到 y 比 x 的不平等程度要低这个判断，因为这里我们所关心的
63 并不是其规范性特征，而是相对意义上的纯描述性特征。当然，就描述性的角度而言，y 是比 x 更为平等的相对分配，尽管如此，由于平均收入的不同，不平等程度更低的 y 的福利受到的相对影响要大于不平等程度更高的 x。因此，我们应将对不平等的测度与对不平等的福利方面的含义的判断分开。

如前所述，对收入分配的测度具有虽然不同但又互相联系的两个特征，说到不平等，即使是日常会话，也可见其规范和实证这两方面的特征。洛伦兹关系则兼具这两方面特征，但比较而言，其描述性特征更为明显，尤其是平均收入水平发生变化时。

不平等的拟序性

洛伦兹支配关系产生了一个局部的严格排序。在本章开头，我就提出在非常一般的情况下，我们应当采取拟序的形式来表达对于不平等的判断。在局部的严格排序与拟序之间有哪些明确的不同之处呢？答案是：不是很多，但是拟序是自反的，而严格的局部排序则不是：严格的局部排序是不对称的，而拟序则不是。

除去其技术性内容不谈，这大致意味着拟序有点像“至少和……一样不平等”，而严格的局部排序则类似于“比……更不平等”。[1] 当然，显而易见的是，只要将拟序稍作扩展，即可摆脱洛伦兹局部排序的限制。可能更令人感兴趣的是，在这个过程中加诸群体福利函数形式之上的种种条件将得到进一步放宽。

因为我们现在关注的是弱不平等关系“至少和……一样不平等”，所以我们期待的是一种福利上的排序“至少和……一样好” 64
而不是“比……更好”的关系，即我们所感兴趣的是 $F(y) \geqslant F(x)$ 而不是 $F(y) > F(x)$ 的条件。这允许我们将可供选择的群体福利函数集合从严格拟凹的情形直接扩展到仅仅是拟凹的情形（不管它们是否为严格拟凹的）。

令 yRx 要么表示 yLx（即 y 洛伦兹优于 x），要么表示 x 与 y 的分配状况相同。接纳了后一种关系就会使得 R 具有自反性，当然并不排除两个不同的分配被认为具有“同等的不平等”的可能性。

定理 3.3

如果 R 是拟序的，且 yRx，则对于所有对称和拟凹的 F，有 $F(y) > F(x)$。

---

① 请注意，前者是“自反的”，即任意分配 x 自然“至少与其本身一样好”，而非“不对称的”，即 x “至少和 y 一样不平等”并不排除 y 也“至少和 x 一样不平等”的可能性，因为这两种分配可能被认为是同样不平等的。对于“比……更不平等”，相反的情形亦成立。

显然，R 是自反的和可传递的。余下的证明将依据与前面证明定理 3.1 时所用到的条件（1）～（4）相应的等价不等式弱集合[①]，在此无须赘述。[②]

R 所提示的关于不平等的判定确实有广泛的基础。从纯粹描述性的观点看，如果 yRx，则经由个体间收入的重新排序，或者将其与从富人向穷人的收入转移量的排序相结合，就可以由 x 得到 y。它的规范意义上的合理性也基于非常温和的假设。如果从富人到穷人的收入转移并未使福利水平恶化（且不论是否有所提高），那么就满足拟凹性。这一点源于实证意义上的反平等主义价值观的缺失。当然，定理 3.1 和定理 3.2 的其他具有吸引力的特征被保留了下来，即我们无须假设功利主义的可加性，甚至也不需要加性可分性，至于那个“个体主义”的群体福利函数，亦在此列。

65 但就规范的意义而言，尚有很大差距。首先，社会福利仅是货币收入的函数的观点本身就有很大局限性。现在我们分析一下货币收入分配相同但价格发生变动的情形。因为考虑到个体偏好和货币收入水平的不同，价格的变动对不同的人有不同的影响，所以实际的购买力将发生变化。即使价格被定义为某种加权平均值，情况仍是如此。个体偏好的差异是相当明显的，而个人货币收入的不同也是显而易见的。甚至当每个人的偏好相同时，如果

---

① 其实，在哈迪、利特尔伍德和波利亚（1984）的最初版本里用的是弱不等式。

② 也应注意到定理 3.3 可以被扩展到 S-凹性而不需要拟凹性的情形，进一步讲，并不需要严格 S-凹性。对于任一双随机矩阵 Q，S-凹性被定义为 $F(Qx)\geqslant F(x)$。

食品价格上涨，那么穷人福利的下降将相对较多，因为食品支出在其预算中将占有更大的份额。

其次，如前所述，收入的变动将使得定理 3.1 和定理 3.2 的应用受到很大的限制。当人均收入发生变化时，应该如何进行比较呢？

最后，还有一个问题，那就是群体福利函数的对称性质与需求相同这个假设的适配性问题。由第 1 章可知，放宽这个假设将产生决定性的影响，而这一章中的几个定理却盯住这个公理不放。最后这个问题我将在下一章考察了应得和需求这两个概念之后再加以进一步讨论，现在只探讨前两个问题。

价格变动与不平等

我们首先着手分析由价格变动引起的复杂问题。毫无疑问这是一个重要问题，但是我们必须尽量避免被其虚无主义的借口所迷惑。事实上，价格变动的可能性在任何对两种不同情况的比较中都会存在，它经常被用来完全排除福利判断，并因此而成为威胁平等主义的一个有效方法。但实际上的分析框架绝非如此清晰判然。

考虑一个可观察到的情形，它包括货币收入向量 y 和价格向 66
量 p。每一序偶（y_i，p）表示个体 i 的货币收入和他在花费其收入时所面对的价格。显然，在不存在外部性的情况下，其福利可由一个基于（y_i，p）的个体效用函数给出，而且在更一般的情况下，即使当个体 i 受到其他人的福利和消费的影响时，也可以由一个关于（y，p）的函数来给出。社会福利可以直接或通过个体福利水平这个媒介对（y，p）进行定义。①

更一般地，社会福利的判定可以采取定义于序偶（y，p）的集合之上的排序关系 B 的形式。如果（y，p^1）被认为至少和（x，p^2）一样好，则有

$$(y,\ p^1)B(x,\ p^2) \tag{3.14}$$

关系 B 可以是自反的和可传递的，即是一个拟序。如果 B 也是完备的，那么社会福利排序将成为一个完全排序。如果这一点成立，再加上另外一些假设②，我们可以把社会福利 W 定义为一个实值函数 $E(y,\ p)$：

$$W=E(y,\ p) \tag{3.15}$$

如果由于价格比较的复杂性并不容易做出福利判断，那么 B 可能不是完备的。认为我们能基于 y 和 p 做出社会福利判断是一回事，认为我们会很容易地把这样的判定进行公式化则完全是另外一回事。通常我们很难做出这样的判定。③ 在某些情况下，对比
67 是很明显的，我们不难对其进行排序，但是在其他情况下可能并非如此。因此，比较稳妥的做法是把 B 当作一个拟序而不是假设

---

① 其正式表述为，如果有 n 个人和 k 种物品，每一个（y，p）都是 n 维货币收入向量集合和 k 维价格向量集合的笛卡儿积的一个元素。

② 参见第 1 章，第 4 页注②。

③ 对于在多种商品的情形中对分配决定的一般问题所做的透彻分析，可参见费希尔（1956）、科南和费希尔（Kenen and Fisher，1957）。注意，科南-费希尔的分析是在有 k 种商品和 n 个人（尚未直接用到价格信息）的 $k\times n$ 维分配矩形的基础上进行的。而这里所用的矩阵把分配决定与货币收入向量 n 和价格向量 k 联系在了一起（并没有关于物品在个体之内如何分配的信息）。

其为一个完全排序。

然而，我们常遇到的困难是，我们经常在缺乏有关价格向量的准确信息的情况下不得不做出福利判断。常见的情况是，在只有少量关于当期价格的信息的情况下做出分配决定。是否可以认为在缺乏有关价格的准确信息的情况下做出的这种决定必然是完全武断的？根本不需要这样做。即使并不知道确切的价格向量，但我们常常可以对价格向量的变动范围有一个合理的清楚的认识，而我们可以只对那些对于在此范围内的所有价格向量都成立的判断进行表态。

其形式化表述为：令 Δ 为可能的价格向量集合，则我们可以定义一个二进制关系 J：

$$yJx \quad 当且仅当对于\ \Delta k\ 中的所有\ p^1,\ p^2:\ (y,\ p^1)B(x,\ p^2) \tag{3.16}$$

下面的结果相当重要。

定理 3.4

如果 B 是可传递的，那么 J 也是。如果 B 是一个完全排序，那么作为单位集合的 Δ 是 J 成为一个完全排序的充分非必要条件。

这个结论很直观。如果对于在 Δ 中的所有 p^1、p^2、p^3、p^4，有 $(y,\ p^1)B(x,\ p^2)$ 和 $(z,\ p^3)B(y,\ p^4)$，那么，因为 B 是可传递的，所以对于在 Δ 中的所有 p^1、p^2，有 $(z,\ p^1)$ 和 $(x,\ p^2)$，因此 J 也是可传递的。如果 Δ 是一个单位集合，则 J 必然也是自反的。进一步地，一方面，因为如果 B 是一个完全排序，则

它是完备的，所以，如果 Δ 中仅有唯一的 p，J 显然必定也是完备的。另一方面，假设只有三个选择（x，y，z），而且对于所有在 Δ 中的 p^1、p^2、p^3、p^4，有（y，p^1）B（x，p^2）及（z，p^3）B（y，p^4），那么，尽管 Δ 不一定是单位集合，但（z，y，x）都是 J-有序的。

68 注意，J 并不必然是自反的，因此未必是拟序的。如果价格不同，两个货币收入完全相同的分配从社会的角度来说未必是一样的。其实，更有可能出现的情况是，两个货币收入完全相同的分配方案中，其排序有可能是不同的，这取决于每一个分配方案中居主导地位的价格，若价格信息未知，我们恐怕无从判断。另外，如果一个分配方案的集中程度比另一个高得多，那么，在一个相当大的价格变动范围内，我们都可以有把握地说前者的福利值要小于后者。

J 的传递性比较有意思。如果将 B 定义为不对称的——我们有充分的理由这样做——那么 J 将是一个“严格的局部排序”。当然，J 的适用范围的大小将不仅取决于由可能的价格向量集合 Δ 所定义的区间的大小，而且取决于关系 B。有关价格的信息越完全，B 的适用范围越广泛，那么 J 也越有可能有更大的适用范围。最重要的是要认识到这种选择并不是那种“要么全部，要么全不”（all or none）的类型，在关于价格的不完全信息的情况下，我们仍有可能基于货币收入分配做出系统的福利判断。

真正的麻烦在于如何定义*相同的*实际收入水平，从而将分配问题从总收入的问题中分离出来。这是一个老问题了，在福利经济学的文献中已讨论多次。[1] 当我们考虑价格不同而**货币**收入水平相同情况下的不同分配方案时，令人感兴趣的是区分导致福利差异的两个因素：（1）总实际收入不同；（2）对实际收入的分配不同。但是，并不存在唯一合适的方法来做此区分，在纯粹分配问题上的随意性恰好与已被反复研究过的在实际收入比较时的随意性如出一辙。

然而，对于任何**给定的**关于真实收入的定义，我们都可以在该框架下做出分配决定。如果 x 和 y 被认为是具有相同总实际收入的两个货币收入分配方案，那么 yBx 就意味着 y 是一个比 x 更好的分配方案。如果我们对价格向量并不确定，那么可以把分配 69
判断与严格的局部排序 J 联系起来。[2] 任何这样的分配判断都以某种实际收入比较的方法为条件，而绝不是以其他为条件。对于一个“给定”的实际收入的分配问题，显然必定依赖于实际收入的定义。

当平均收入发生变化

现在我们来看平均收入发生变化时的有关问题。描述不平等的常用方法——比如极差 E、相对平均差 M、变差系数 C、基尼系数 G 或对数标准差 H——都集中关注收入的相对变化。在第 2 章

① 参见萨缪尔森（Samuelson，1950b）。

② 在决定实际收入是否相同时，我们假设价格已知，而在使用福利判断 B 时却假设价格未知，这是否自相矛盾？不过，与这两种情况相关的价格是不一样的，实际收入的比较在一定程度上完全是一种惯例，而福利判断则需要每年的具体价格信息。

研究过的几种描述性方法中，只有方差 V 不是均值无关的。然而，在第 2 章中所提出的规范性方法都只在平均收入相同的情况下才起作用，而且 D、A 和 N 都被局限于这个狭隘的框架之中。这些方法可以均值无关吗？我们是否应该寄希望于此？

由于依赖于效用尺度的惯例，多尔顿方法 D 可能会被认为不如阿特金森方法 A。而 N 更具一般性，因为它并不以加性可分性这个限制性假设为基础。但是，出于同样的理由，它的一般性质比 A 更难加以详细地说明。事实上，N 不涉及平均收入且只依赖于相对的收入分配，这个条件并不会产生任何显而易见的福利函数形式，而在个体效用函数 U 完全相同的情况下，如果将同样的条件加于阿特金森方法 A 的可加性结构之上，则立刻会产生一个
70 明确的福利函数形式。不难证明，当且仅当个体效用 U 采取如下形式时[①]：

$$U(y_i)=k_1+(k_2/\alpha)(y_i)^{\alpha} \tag{3.17}$$

A 是收入均值无关的。其中 k_1 和 k_2 为常数，且对于凹的 U 函数，弹性系数 α 必须小于或等于 1。如果社会福利函数采用功利主义的形式，即对于相同的 U 函数是加性的，那么就必须采取这种弹性不变的形式。正如阿特金森（1970a）所指出的，虽然这是很强的限制，但群体福利函数仍可在 $\alpha=1$ 与 $\alpha=-\infty$ 之间任意取值：对于 $\alpha=1$，U 就是个体收入的线性函数，因而只需根据总收入即可

---

① 参见阿特金森（1970a），第 261 页。正如阿特金森所指出的，这个结果本质上是普拉特（Pratt，1964）、阿罗（1965）为建立风险规避理论而引入的一个结果的重新解释。对 $\alpha=0$，我们有 $U(y_i)=\log_e(y_i)$。

对分配进行排序；对于 $\alpha=-\infty$，则只需对个体收入最小值（而忽略其他人的收入）的分配进行排序即可。[①]

尽管公式（3.17）表现卓异，但仍有很大局限性。它恰具备加性群体福利函数的局限性（关于加性群体福利函数的不足之处，我在前面已讨论过）。然而，真正的问题恰出在这段表述上，即要求不平等测度方法与平均收入水平无关。有人认为，对不平等的测度更应对同等程度的**相对**变化予以关注，因为越是濒于饥馑，不平等就越会使多数人遭殃。另外，有人认为平等是一种"奢侈品"，只有那些富裕的经济体才能"消受得起"，虽然我不能完全理解这种观点，但无论如何，还是有很多人鼓吹这种观点。尽管我的分析思路与之相反，但这并不是要为不平等测度方法与平均收入水平**无关**做合理性辩护。

在这里，我们有点进退两难。使不平等测度方法与平均收入 71
无关的想法看来是要不得的，但关于平均收入与这些测度方法之间的关系的一般假设，目前还找不到其他方案。而且，对于不平等测度方法对平均收入的依赖程度所做的定量分析，甚至会使一个**仅仅**由于大家都相信这种依赖性**存在**而结成的阵营发生分裂。

描述和非强迫性判断

正如前面所讨论的那样，我们可以考虑的方案是，姑且承认有这种均值无关的不平等测度方法，当然，它是试验性的方法，

---

① 后者与罗尔斯（1971）提出的正义标准相一致。

需补充与平均收入水平系统相关的其他方面的考量。可以通过两种方案对其进行补充。第一种方案是，当根据某种均值无关的测度方法，分配状况 x 被认为比分配状况 y 更不平等，如果 y 的平均收入比 x 低，那么也许 y 才是更为“真实”的不平等。第二种可以考虑的方案是，就测度方法本身而言，它并不奢望规范的内容，而是将自身限定在均值无关的测度方法上，并且坦承，这样的不平等测度方法并没有规范程度较高的内容。有人会认为，只有在进行测度时才可以说 x 可能比 y 更为平等，而如果 y 的收入均值比 x 低，则就不平等对相对福利的**影响**而言，y 会比 x 更严重。

这两种观点的差异恰在于对不平等的测量值能在多大程度上反映相关的规范的价值观（而不仅只是实证的量度值），因为要做出规范的判断或许并不难。我在前面已经讨论过这种区别。

当然，尽管有一些局限性，但即使出于某些福利方面考虑而来的相对不平等的测度值仍有规范的内容。这反映了一种“非强
72 迫性”判断，即对福利的评估应只有一种结果。如果测度值既有规范方面的特征又有描述性的特征，那就很接近于通常所说的非技术性的不平等概念。

交集拟序

现在探讨描述性方面。有一点需要指出的是，这些备选指标之间往往有不一致之处，需要进一步证实。通过对选中的测度方法取交集，我们可以找到局部的一致之处。假设有 k 种标准，每一个 C^j 对 $j=1$，…，k 都产生一个完全排序，则我们可以定义它

们的交集 Q 为：

$$yQx \quad \text{当且仅当对任意的 } j=1,\cdots,k\text{：} yC^jx \tag{3.18}$$

定理 3.5

Q 是一个拟序。

这很容易验证，因为若每个 C^j 都是自反的，那么 Q 无疑也是自反的。如果每一个 C^j 都是可传递的，那么若对于所有 j 有 zC^jy 和 yC^jx，则对于所有 j 必有 zC^jx 成立，于是 Q 也满足传递性。

这样一种交集拟序具有如下优点：它可以不必依赖某一种测度方法，也不必依赖由这种测度方法而来的具有随意性特征的完全排序。另外，Q 可能是很不完备的，准确地说，它的不完备程度取决于不同的方法 C^j 之间互相冲突的程度。某些比较会产生明确的结果，但并非所有的比较均如此。我们可以通过一具体实例来证明 Q 的拟序性，即用三种测度方法（基尼系数、变差系数和对数标准差）来分析五个国家（英国、美国、墨西哥、斯里兰卡和印度）的收入分配状况（见图 3－5）。[①]

根据 Q，英国、美国、斯里兰卡和墨西哥可以被置于一个简单 73
的排序之中。但对于印度，则明显出现了不完备性，因为无法将其与美国和斯里兰卡进行比较，尽管印度的收入分配比美国更不平等而比墨西哥要平等一些。尤其是印度的基尼系数和对数标准

① 数据来源于阿特金森（1970a）表 1。

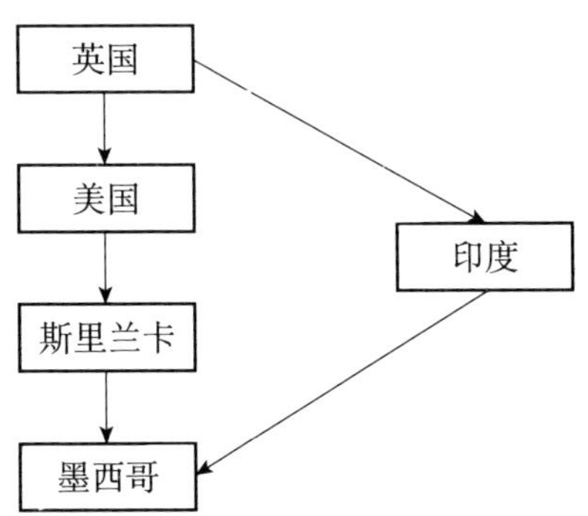

图 3－5 基于 C、G 和 H 的拟序

差比斯里兰卡低，而变差系数则高于后者；同样的道理，它相对于美国有较高的基尼数和变差系数，而对数标准差则稍低。

Q 比洛伦兹关系 L 或其弱形式 R 具有更广泛的含义吗？抑或恰恰相反？两者都有可能。显而易见，根据三种标准 C、G 和 H 一起进行测度而得出某种排序并不能保证洛伦兹关系也得出同样的排序。这显然是因为洛伦兹关系要求 n 个不等式同时满足，其中 n 为人口数。[①] 而另外三种方法 C、G 和 H 将只产生三个不等式，这几乎不可能涵盖洛伦兹关系的要求。

另外，洛伦兹关系也不能涵盖这三种描述性标准，因为它们
74 并不都具备所要求的凹性特征。变差系数 C 是凹的，但基尼系数 G 不是严格拟凹的，而只是拟凹的。然而，G 并不与洛伦兹关系冲突，对数标准差 H 却与洛伦兹关系相矛盾，这一点很容易验证。[②]

① 参见在证明定理 3.1 的过程中所用到的不等式（3.6）。

② 一方面，与 H 相对应的福利函数不是严格 S-凹的，它是洛伦兹排序成为 H 的一个子关系的充分必要条件。另一方面，G 是严格 S-凹的。

因此，以 C、G 和 H 的交集为基础的 Q 既不能涵盖洛伦兹关系，也不能为其所涵盖。

显然，Q 有较大的随意性，因为选取所用的集合 C^j 很可能是一种凭经验的做法，作为一种方法，交集拟序开启了各种可能性的新组合。由于避免了只依赖于一种测度方法和由此而产生的完全排序，Q 遏制了这些方法的随意性。这些可导出 Q 的诸多方法中的每一种固然有缺陷，但也具备其他方法所不具有的特点（见第 2 章），所以它们的交集 Q 组合了许多相关的特征，从而有助于将那些相对来说会引起较少争论的排序方法与那些比较含糊的方法区分开来。其实，就是本节提到的三种方法产生的一个拟序，这种拟序经证明还是极为有用的；阿特金森（1970a）通过对 12 个国家的数据进行分析得出如下结论：当我们把集合 C^j 扩展到包括阿特金森法的三种规范方法（“平等分配的等价量”）时，由对上面提到的三种方法取交集而得到的 Q **完全不变**，这一点，就分析方法而言，并不见得有多么重要，但却有实证上的意义。[①]

一个相对宽松的框架

我支持从多个角度出发弱化不平等量度的努力。第一，将部 75

---

① 然而，如果同时注意到那三种描述性方法，那么由这三种规范性方法所产生的拟序 Q 的应用范围将缩小。也就是说，这三种描述性方法的交集是阿特金森的三种规范性方法的交集的子集，但反之不成立。但需要注意的是，由阿特金森提出的这三种规范性方法都体现在公式（3.17）由于 α 值不同而产生的三种特定形式之中。如果考虑到更多的规范性方法，那么它们的交集将趋于缩小。

分描述性与部分规范性方法相结合，就可降低不平等指标的纯粹性。纯粹的描述性方法缺乏动力，而纯粹的规范性方法则会遗漏不平等这个概念的重要特征。可以考虑将二者结合的替代方案。

第二，即使作为规范性指标，不平等测度方法也最好是看成“非强迫性”判断：它只是提出一些建议，而这些建议并非具有强制性。这就意味着，我们可以把不平等的排序看作不证自明的论点，但在实际评价不平等时，还要考虑到一些特殊情况（如果需要的话）。

第三，对于把不平等排序视为拟序而不是完备的排序，我们已经提出了很多理由。其中之一就是在规范性方法中所使用的福利函数是不确定的。另一个理由是价格和实际收入的不确定性以及在多商品情形下形成分配决定时所遇到的一般困难。如果测度方法依赖于平均收入（当然，这并不是解决这个问题的唯一方法），那么我们就不得不接受不完备性：当平均收入的差别很大、很显著时，我们就不能指望对不平等进行排序。

即使是用到可产生完全排序的描述性方法，也可能产生不完全的拟序。这些排序方法的交集可将相对简单的比较和较为复杂的比较区分开来。

“不平等”这个概念看来具备这种拟序的框架。不平等这个概念并不是为了某种精细区分而产生的，而是在强烈对比中形成的。关于这一点，从第 1 章讨论过的不平等思想与社会抗议及社会反
76 抗倾向之间的关系中也可以看出。

把不平等视为拟序，无论是从规范性的视角还是从描述性的

角度看，都是值得考虑的方法。我想，如果舍弃传统理论中“要么全部，要么全不”的思维方式并避免惯常要求的完全排序，则该领域的实证研究就变得有意义了。无论是那些自恃对于每一对分配状况的不平等程度都能够做出完美比较的“辩者”，还是那些发现所有这些比较都是“武断的”的“智者”，他们都忽略了“不平等”这个概念的本质特征。

第4章 劳动、需求和不平等

77 在本书最后一章，我想探讨一些与经济不平等有关的更为广泛的问题。“不平等”有时是从相对的意义来看待的，即被视为是对某种适当的分配的偏离。对于收入分配中的“正当”（right）概念，有两种相互竞争的学说，它们分别以“需求”（needs）和“应得”（desert）为基础。如下的两个陈述显然是有区别的，即“甲应该得到比乙多的收入，因为他的需求更大”和“甲应该得到比乙多的收入，因为他付出了更多的劳动从而应该得到更多的回报”。因此，“不平等”不能仅被视为一种离中趋势的量度，还应被视为如下两种情形中的一种：（1）实际的收入分配状况与根据需求而进行的分配状况之间的差异的量度；（2）实际的收入分配状况与根据某种“应得”概念而分配的状况之间的差异的量度。我将依次对这两种思路加以讨论。

需求与福利

当然，相对需求这个概念与个体福利函数式及第1章所讨论的人际比较的类型密切相联系。然而，在从需求到福利的转化过程中会有一些陷阱。例如，有一种似是而非的看法：一个更为贫穷的人应从给定的收入总额中获得更多的份额，从而他从给定的收入 y 中获得的福利也一定比拥有同样收入但需求较少的人高。

但是稍加分析就可看出，不平等应指向相反的方向。显然，每个人都愿意成为一个拥有收入 y 但需求较少（如身体健康）的人，不愿成为一个拥有同样收入但需求较多（如肾脏功能有障碍）的 78
人；根据第 1 章提出的人际比较的框架（即根据 $\widetilde{R}$），这意味着第一个人比第二个人拥有更高的福利水平。

弱平等公理以及第 1 章中关于平等的其他讨论都会建议从总收入中拿出更多份额分配给那些福利函数一直较低亦即需求大的个体。接下来应该加以考虑的就是：这样的需求如何确定？更大的需求是否可以成为获得更多收入份额的基本理由？不管以何种方式，我们真的能辨识出更大的需求吗？

评估相对需求确实是一个非常重要的问题，其中还涉及需求能否被辨识这样的难题。然而，也存在坠入某种虚无主义的危险——这种虚无主义已经成为许多规范经济学的特征，我们在前面几章中一直对此持批判态度。这种虚无主义往往采取这样一种形式：以某种理由极为充分的方式指出某个困难，然而由此否定全部的理论框架。的确，较大的需求有时候难以识别，但有时也是非常清晰的。对于任何要做出判断的人来说，他反躬自问：对于给定的收入，我愿意成为个体甲还是乙？下面的例子可以使这一点更为清晰。

国民医疗服务制度与医疗保险

把医疗设施看作公益事业的理论在经济学中颇受争议。关于市场在提供针对医疗上的不确定性的保险方面的“失灵”问题，阿罗（1963）早已详尽剖析了。但正如阿罗本人所指出的那样，如果保险市场是完全竞争的，“那些具有较高发病率的人应该支付更多的保险费”。[①] 这意味着那些具有较高发病率的人在支付保险费后将获得较少的净收入。然而，这恰恰是运行独立于市场利益
79 的国民医疗服务制度所能避免的。但其理论基础是什么呢？理论基础正是我们一直在探讨的需求原则。一个生病的人显然有较大的需求，在他身上花更多的钱也就等于社会给予他更多的有效收入——这正好与第 1 章所讨论的弱平等公理相一致。

这里我不想就给病人现金补助还是向他们提供免费的医疗服务孰优孰劣进行评论，但我仍然要对该问题的一个方面做一个简短的评论，因为在我看来，它已触及相对需求能否被确认的问题。我不打算探究通过国民医疗服务网络提供医疗服务的组织上的优势及由此可能导致的大规模经济成本支出，但需要指出的是，这种提供现金补助的做法会使得人们假装有较大需求以骗取补助金的可能性增加，从而陷入难以确定谁真正有较大需求的问题之中。如果医疗服务通过实物形式提供，那么它与需求之间的联系将更为直接，而且在实践层面上出现的对需求的确认问题将大大减少。国民医疗服务制度有一个内在的要求，即要使支出与需求相匹配，而这显然与上面提到的两种补偿方法的优势对比有关。

福利的非收入决定因素

在群体福利函数采取 $F(y_1, \cdots, y_n)$ 的形式时，与社会福利

---

① 阿罗（1963），205 页。

有关的非收入方面的因素（例如工作的辛苦程度）可以仅通过函数 F 的形式而被包含在内。在个体主义情形下，社会福利是个体福利水平的函数，即 $W(U_1,\cdots,U_n)$，如果进一步指定每一个 U_i 仅是收入的函数 $U_i(y_i)$ 或更一般的 $U_i(y_1,\cdots,y_n)$，那么除了通过改变函数 U_i 的形式以外，显然没有引入类似于辛苦程度这样的变量的其他方法。这种函数上的变化从形式上反映了非收入特征不同的个人对收入的“需求”这个变量。

例如，现在有两套针对 n 个人的具有相同总收入的收入分配 80
方案 x 和 y，该 n 个人在所有的方面几乎完全相同，只是第 1 个人在较脏的煤矿工作，从而其工作条件比从第 3 个人到第 n 个人的都要差，而第 2 个人的工作条件比其他人要更舒适。令 x 为一完全平等的分配，而 y 则相对于其他人而言给予第 1 个人更多的收入，而给予第 2 个人较少的收入。可以想象，我们将偏好分配方案 y 而不是 x，因为对于同样的收入水平而言，相对于其他人，第 1 个人的福利要少些，而第 2 个人的福利要多些。弱平等公理使得选择某种 y 成为可取（并不是任意一个人都必然选择 y）从而满足这些不平等。如果我们由此而偏好 y，那么这种方法便是依据了如下判断：第 1 个人由于工作条件差，所以对收入有较大的需求；而第 2 个人由于非收入条件较好，所以对收入有较少的需求。[①] 根据

---

① 要解决这个问题，还有一种方法，那就是：不能只看到收入分配，也要看到效用（被定义为收入和工作努力程度的函数）的分配。例如，科尔姆即提出了“将闲暇换算为等值的收入”的方法［科尔姆（1969），第 181～182 页］。当然，还有与分配问题相关的其他方面的差异，如特征、文化倾向等。科尔姆（1969）还探讨了更为一般的情形下的分配问题。

我们关于人际比较的模型，在收入水平相同的情况下更愿意成为第 2 个人而不是第 1 个人，就等于说在收入水平相同的情况下第 2 个人拥有比第 1 个人更高的福利水平，也就相当于说第 1 个人比第 2 个人有更大的需求。①

因此，在对收入分配进行**评估**时，我们可能不得不抛弃对称性假设，这不仅因为可能存在一些与生俱来的需求差异（如一些人患慢性病或腿脚残疾），而且还可能存在非收入特征方面的差异
81 （如特定的工作条件）。要对这样的收入分配进行排序，就必须放宽视界，充分考虑到需求差异，而定义于收入水平的福利函数也应采取不同的形式。

不可识别特征的变动

关于福利以及需求的人际比较的困难，历史上即有争论。之所以有此争论，并不是因为这些看得见的需求特征差异（如腿脚残疾或工作条件恶劣），而是因为有些人际差异未必是可以客观确定的。罗宾斯（1938）在一篇关于人际比较的经典论文中引用了亨利·梅因先生（Henry Maine）讲述的故事：一个婆罗门遇到一个边沁主义者，婆罗门宣称："我获得幸福的能力十倍于贱民。"罗宾斯对此进行了反思，认为："我还是确信，如果我选择认为所有人获得满足的能力相同，而婆罗门根据等级制度而选择认为人

---

① 需要注意的是，如果第 2 个人拥有比第 1 个人多的财富，那么结论也同样成立，也就是说，在其他方面给定的情况下，可以认为第 2 个人对收入具有较少的需求。

获得满足的能力是不同的，那么我和婆罗门之间的分歧就不能通过运用相同的论证方法来加以解决，尽管这在社会判断的其他方面是可行的。”①

在这一系列争论当中，有两个截然不同的方面。第一，人际比较是否本来就是不可能的问题。为了支持自己的立场，罗宾斯引用了杰文斯（Jevons）的话：“我不知道可以通过何种方式来做这种比较。每个人的想法对于其他人来说都是一个谜，感情上的共同特征是不存在的。”② 在这里，我且不说这种观点的唯我论意涵，也不须详述一个不可争辩的事实：每个人的想法对其他人来说**并非**不可知（正如梅因和罗宾斯所证实的，即使是东方人，他们的想法也并非不可知），也无须详述伯纳德·威廉斯（Bernard Williams）曾分析的人类的“共性”与对社会安排的评估之间的关系。③ 就我们的目的而言，注意到下面这点就足矣：我们所说的福 82
利的人际比较，乃是基于一种选择，即我们宁愿成为甲也不愿成

① 罗宾斯（1938），第 636 页。

② 罗宾斯（1938），第 637 页。

③ “所有的人都是人类，这虽然有点儿同义反复，但对于提醒我们注意以下事实却很有帮助，即人类是一个从解剖学的角度来说属于智人的物种。人类是会使用工具，生活于社会之中，虽有种族差异却可以通婚的物种，在其他一些特定的方面也很相似，而这一点很可能被人所忘记。这些方面通常包括感知痛苦的能力，不管这种痛苦是来自直接的肉体痛苦还是各种各样的知觉和思想上的痛苦；也包括感觉到对他人的感情和这种感情的结果以及当这种感情失去目标时所导致的脆弱。宣称人类在具有这些特征方面是相似的，这点虽然无可置疑甚至可以说是必然正确的，却并不是无关紧要的。因为确实有一些政治的和社会的安排，对某种些群体中的人们所具有的这些特征故意不加理会，而对其他一些人在这方面的特征则完全加以关注；也就是说，在对待某一特定群体时，就好像他们不具有这些特征，对由这些特征而来的、必须加以承认的道德诉求视而不见。”［威廉斯（1962），第 112 页］

为乙。在此情况下，情感的共同点并不难找到，对此的系统思考看来是完全可能的。①

这场争论中的第二个方面并非来自人们所宣称的人际比较的不可能性，而是来自在事实上可能确实存在的如下可能性：梅因故事中的婆罗门获得幸福的能力的确十倍于其他人。这里有两个问题：一是为什么会这样？二是，如果确实如此，那又将如何呢？首先看第二个问题。如果梅因故事中的婆罗门是对的，并且他的话被解释为对于任何给定的收入水平，他的福利水平都确实十倍于贱民，那么根据弱平等公理，我们将立即得出如下结论：给予婆罗门的收入应该少于给予贱民的收入！梅因故事中的婆罗门的观点（如果他的观点是这样的话）之所以表面上看似成立，仅仅
83 是因为他所面对的是一个边沁主义者，而罗宾斯在对待个体效用时，只想到将个体效用进行相加，实际上是肯定了他的功利主义对手。

概率上的平等主义

但即使在功利主义框架内，即使注意到不同的人确实有不同的效用函数，我们仍然要问：为什么婆罗门比贱民更可能拥有更强的获得满足的能力？如果我们假设相反的情况也同样可能出现，

① 我并不十分确定“相同的论证方法”不适用于“在社会判断的其他领域是可行的”[罗宾斯（1938），第 636 页；强调的部分]。其中的差别并不特别清楚，尤其是在罗宾斯在其“以科学为基础”的框架中容纳了“观察”和“内省”后更是如此（同上，第 637 页和第 640 页）。

那将是怎样一种情形呢？接下来会发生什么事情？正是针对这一问题，艾比·勒纳（1944）开始着手研究社会主义经济中的分配问题。关于在这种情形下如何分配某一给定的总收入，勒纳认为正确的方案是平均分配。由于不时有人对勒纳定理的精确含义和正确性提出疑问①，因此有必要用形式化的定理来表示该结论。这并不很难给出，笔者在另一篇文章中已给出（森，1969b）。更重要的是，必须消除勒纳的结论对功利主义框架的依赖性，因为我们发现功利主义的框架是要不得的（见第1章）。我们要寻找这样一个定理，它不仅在功利主义的情形下成立，而且在其他情形下也成立。这样的一般化处理是可以实现的。②

假设4.1（总收入不变）：被用来在 n 个个体间分配的总收入 y^* 不变，即 $y_1+\cdots+y_n=y^*$。

假设4.2（群体福利函数的凹性）：社会福利 W，亦即个体福利水平的对称的增函数 $W(U_1, \cdots, U_n)$，是凹的。

假设4.3（个体福利函数的凹性）：存在 n 个个体福利函数 $U^1(y)$，…，$U^n(y)$，它们都是凹的。

假设4.4（等概率）：如果 P_i^j 是个体 i 具有福利函数 U^j 的概率， 84
那么在所有 j 内，对于个体 i 和个体 h，有 $P_i^j=P_h^j$。

---

① 见弗里德曼（Friedman，1947）、萨缪尔森（1964）、布赖特和小卡尔伯岑（Breit and Culbertson，Jr.，1970）。

② 我们坚持认为存在 n 种可能的个体福利函数。降低这个要求很容易［见森（1969b）］，但是勒纳问题的直觉方面的含义在于：虽然有 n 个人和 n 个个体福利函数，但谁具有哪一个福利函数并不清楚。

定理 4.1

在假设 4.1、4.2、4.3 和 4.4 同时满足的情况下，当收入被平均分配时，社会福利的数学期望最大。

借助于 W 的对称性，我们可以定义一个群体福利函数 $W=F(y^1, \cdots, y^n)$，其中 y^j 为第 j 种福利函数 U^j 的个体的收入份额。对于任意收入分配（y_1，…，y_n），某任意重新排序（y^1，…，y^n），就实质而言，就是对群体中个体进行个体福利函数的某种分配。对于任一分配向量 y，有 $n!$ 种这样的重新排序 $\tilde{y}(k)$，$k=1$，…，$n!$，并且对应于每一个 k，都有一个特定的社会福利值 $F(\tilde{y}(k))$。由假设 4.4 可知，每一个这种可能性都恰好相等，那么社会福利的数学期望 E 可以由下式给出：

$$E(y) = \frac{1}{n!}\sum_{k=1}^{n!} F(\tilde{y}(k)) \tag{4.1}$$

如果 x 是一个平均分配的向量，即 $x_1=\cdots=x_n$，那么显然有

$$E(x)=F(x) \tag{4.2}$$

由假设 4.1，显而易见：

$$x = \frac{1}{n!}\sum_{k=1}^{n!} \tilde{y}(k) \tag{4.3}$$

根据假设 4.2 和 4.3，$F(\cdot)$是一个凹函数，那么由式（4.1）、式（4.2）和式（4.3），有

$$E(y)\leqslant E(x) \tag{4.4}$$

85 由于式（4.4）对所有的 y 都成立，所以定理 4.1 显然成立。

注意，这个结果与米尔顿·弗里德曼对勒纳的福利函数所做的批判无关。在那个批判中，弗里德曼考虑了一种众所周知的情形：

> 而且，我们还可以做这样的假设：美国有 100 个人是比其他人更为高效的享乐机器，结果他们中的每一个都要被给予 1 万倍于排名第 101 位的享乐机器所获得的收入，以使总效用最大化。勒纳愿意接受这样一种最优的收入分配结果吗?①

还好，勒纳未必要表达这种意愿。事实上，他甚至可以把自己的观点仅限于凹的群体福利函数的情况以满足弱平等公理，而这将排除弗里德曼所指出的那种可能性，并且可以保证分配给更为高效的享乐机器的收入反而**更少**。甚至在一种无知的状态下，正确的分配方式也应是平均分配。勒纳的概率上的平等主义理论并不需要以功利主义框架为基础（尽管在该框架下它也正好成立）。②

使最小值实现最大化的平等主义

等概率假设受到了许多人的严厉批评。确实，无法确定谁拥有什么效用函数，与每个人都等概率地拥有某效用函数，并不是一回事。也许下面这个假设比假设 4.4 更有趣。

---

① 弗里德曼（1947），第 310～311 页。

② 也许有人会对在非功利主义情况下使社会福利的数学期望最大化是否并非毫无意义提出疑问。但事实并非如此。举一个最简单的情形的例子：一个非功利主义的 F，它仍然是加性可分的——例如，对个人效用进行严格凹变换，然后把它们相加。

假设 4.4*（福利函数共享集）：对于任意个体 i 和任意效用函数 j，i 拥有 j 都是可能的。

由于这里并未给出有关概率的任何信息，所以我们不再定义
86 社会福利的数学期望。但是还存在其他可以使用的准则，特别是"使最小值实现最大化"策略，也就是使最低的社会福利水平实现最大化。为了保证对于每一个函数指派来说都存在最小值，我们还需要其他假设，为此，我们提出一个简单的要求（尽管不一定是很强的要求）。

假设 4.5（有界的个体福利函数）：每一个个体福利函数 U^j 都有下界。

"使最小值实现最大化"策略是怎样一种分配策略呢？正如森（1969b）指出的，在功利主义情形下，答案仍然是平均分配，但是这个结果很容易加以一般化，使得它对于所有凹的群体福利函数都成立（事实上它对于所有拟凹的函数也成立）。

定理 4.2

给定假设 4.1、4.2、4.3、4.4* 和 4.5，要想使社会福利的最小值实现最大化，方法就是将收入平均分配。

考虑集合 $\tilde{y}(k)$。由于 F 是拟凹的，且 x 是所有 $\tilde{y}(k)$ 的加权平均，因此显然有

$$F(x) \geqslant \min_k F(\tilde{y}(k)) \tag{4.5}$$

由于 x 是一个平均分配向量，因此对于个体福利函数在个体间的不同排列，$F(x)$ 都不变，于是就证明了该定理。

这样，在等概率假设下，如果我们处于一种无知的状态而又想使社会福利的数学期望最大化，那么平均分配就是一个最优政策。不仅如此，即使对于与相对概率分配完全无关的“使最小值实现最大化”策略而言，平均分配也是最优的。[①] 由于有一些人似
乎很喜欢悖论，所以我想给他们如下一个悖论以供其深思：一个 87
诸如“使最小值实现最大化”的“保守”政策竟然产生了一个类似绝对平均的收入分配这样“激进”的结论。不过，也许这只是我的“推销”，因为我并不能把这个悖论讲得绘声绘色。

看来在对相对需求（从而对个体福利函数）一无所知的情况下平等主义或许是最优选择，在完全知晓每个人所拥有的相同福利函数的情况下更是如此。定理 4.1 和 4.2 给出的结果与我们观察到的可识别的福利函数方面的差异——例如腿脚残疾的情形——形成了对比。虽然根据弱平等公理以及类似的要求，我们确信，不同的需求必然促使我们依据不同的相对需求进行不平等的收入分配，但是当我们尚不能确定相对需求时，这些公理并不能为我们偏离平均分配提供一个正当的理由。我们从勒纳在该领域内做

---

① 避免在以下两方面之间产生混淆是很重要的：一是罗尔斯（1971）的“使最小值实现最大化”标准，即在关于谁具有哪一种福利函数方面不存在不确定性的情况下，应使境况最差的那个人的福利水平实现最大化；二是定理 4.2 中所说的“使最小值实现最大化”策略，即在不知道谁具有哪一种福利函数的情况下，使最低水平的社会福利实现最大化，其中社会福利函数可以是关于个体福利的任何凹函数。由于罗尔斯的“使最小值实现最大化”准则产生了一个凹的群体福利函数，因此，它可以被定理 4.1 和 4.2 所涵盖，而且这两个定理中的结果适用于罗尔斯的关于社会福利的“使最小值实现最大化”概念，它们也适用于在该概念的意义上使用“使最小值实现最大化”策略的情况。把这两种标准结合起来，我们仍然会得到一个平均分配的政策。

出的开拓性成果中导出两个一般化定理，从而将勒纳的平均主义结论和弱平等公理以及其他对平等性的要求结合了起来。

需求原则抑或工作原则

前面我曾经提到两种分配原则（即依据“需求”进行分配和按照“应得”进行分配）之间的差别。对“应得”的通常解释依据是对所做工作的价值的某种看法。马克思主义理论中的“剥削”概念是以“剩余价值”概念为基础的，后者指新增价值与所支付的工资之间的差额，剩余价值与工资的比率即为剥削率。作为一个一般化的方法，这显然是以“应得”而不是以“需求”为基础的。

尽管“剥削”是马克思主义经济学的重要概念，但如果由此认为在马克思关于分配的分析当中，应得原则优于需求原则，或者认为马克思没有对二者做出清晰区分，则是错误的。事实上他
88 对二者做了明显的区分，并且接受了需求原则的最终优先性。在1875年的《哥达纲领批判》中，马克思严厉地批评了混淆这两种原则的德国工人党。马克思指出了《哥达纲领》里提到的两个原则之间的不一致之处：第一个原则是，工人有权获得“不折不扣的劳动所得”；第二个原则是，对于社会产出，应“按照平等的权利属于社会一切成员”。然后，马克思把这两个原则与社会主义的两个不同阶段联系起来。由于这一分析已经成为许多社会主义文献中争论的出发点，并且正如我将在后面加以论述的那样，由于同样的争论在关于资源的最优配置的文献中又大量出现，这里我

将不惮其烦地引述马克思的一些观点：

> 我们这里所说的是这样的共产主义社会，它不是在它自身基础上已经**发展了的**，恰好相反，是刚刚从资本主义社会**中产生出来的**，因此它在各方面，在经济、道德和精神方面都还带着它脱胎出来的那个旧社会的痕迹。所以，每一个生产者，在作了各项扣除以后，从社会领回的，正好是他给予社会的。他给予社会的，就是他个人的劳动量。例如，社会劳动日是由全部个人劳动小时构成的；各个生产者的个人劳动时间就是社会劳动日中他所提供的部分，就是社会劳动日中他的一份。他从社会领得一张凭证，证明他提供了多少劳动（扣除他为公共基金而进行的劳动），他根据这张凭证从社会储存中领得一份耗费同等劳动量的消费资料……
>
> …………
>
> 所以，在这里**平等的权利**按照原则仍然是**资产阶级权利**，虽然原则和实践在这里已不再互相矛盾，而在商品交换中，等价物的交换只是**平均来说**才存在，不是存在于每个个别场合。
>
> 虽然有这种进步，但这个**平等的权利**总还是被限制在一个资产阶级的框框里。生产者的权利是同他们提供的劳动**成比例的**；平等就在于以**同一尺度**——劳动——来计量。但是，一个人在体力或智力上胜过另一个人，因此在同一时间内提供较多的劳动，或者能够劳动较长的时间；而劳动，要当做尺度来用，就必须按照它的时间或强度来确定，不然它就不

成其为尺度了。这种**平等的**权利，对不同等的劳动来说是不平等的权利。它不承认任何阶级差别，因为每个人都像其他人一样只是劳动者；但是它默认，劳动者的不同等的个人天
89 赋，从而不同等的工作能力，是天然特权。**所以就它的内容来讲，它像一切权利一样是一种不平等的权利**。权利，就它的本性来讲，只在于使用同一尺度；但是不同等的个人（而如果他们不是不同等的，他们就不成其为不同的个人）要用同一尺度去计量，就只有从同一个角度去看待他们，从一个**特定的**方面去对待他们，例如在现在所讲的这个场合，把他们**只当做劳动者**，再不把他们看做别的什么，把其他一切都撇开了……

…………

但是这些弊病，在经过长久阵痛刚刚从资本主义社会产生出来的共产主义社会第一阶段，是不可避免的……

在共产主义社会高级阶段，在迫使个人奴隶般地服从分工的情形已经消失，从而脑力劳动和体力劳动的对立也随之消失之后；在劳动已经不仅仅是谋生的手段，而且本身成了生活的第一需要之后；在随着个人的全面发展，他们的生产力也增长起来，而集体财富的一切源泉都充分涌流之后，——只有在那个时候，才能完全超出资产阶级权利的狭隘眼界，社会才能在自己的旗帜上写上：各尽所能，按需分配！[①]

---

① 马克思（1875），第21～23页。

马克思加以比较的这两种原则对应于评价收入分配的两种不同方式，对“剥削”的分析涉及“应得”原则，而对平等的分析和对“狭隘的资产阶级权利观”的超越则与“需求”概念有关。社会主义的两个阶段有各自不同的分配原则，这两个阶段的前后顺序是历史演进的结果，这一论断成为关于社会主义发展的标准理论。中国最近尝试在社会主义初级阶段建立以需求原则为分配依据的公社*，可以说是对这个标准理论的挑战。中国对此的争论我将在后面加以评论，在这里我想首先探讨一下上述理论与有关资源最优配置的学术文献之间的关系。

兰格-勒纳体系

大多数关于最优配置的文献仅关注是否达到帕累托最优（从
而回避了分配问题），而奥斯卡·兰格和艾比·勒纳的著作探讨的 90
是资源配置权下放问题（从而引领了关于价格机制最优化问题的研究），它们更关注正当的分配问题。他们是如何看待马克思所描述的这两个原则之间的冲突的呢？

兰格注意到如下两个条件的对比：（1）满足基于相对需求的分配，即“不同的消费者有相同的需求价格，这表明他们对需求的迫切程度是一样的，分配即应如此”；（2）满足效率要求的条件，即“使得不同职业的劳动的边际产品价值的差异等于工作中的边际负效用的差异”的效率要求（第101页）。但兰格认为这两

---

* 该书初版于1973年，其时中国各地已普遍建立了人民公社。——译者注

个原则之间的任何矛盾都“仅仅是表面上的”。前者要求：若需求相等，则收入也应等分；但如果注意到“任何工作的负效用都可视为机会成本”，则对于后者而言，该要求同样成立。

兰格隐隐假定教育和培训机会的平等，这可以在很大程度上解释不同的人在生产能力方面的差别。就“不世之才”而言，他们形成了一种“自然垄断”，因此兰格认为“给予他们远低于他们的服务所产生的边际价值的收入并不会影响他们对这种服务的供给”。[1]

尽管最后这个观点具有某种重要性——我们将在本章的后半部分重新回到这个问题上——但我认为兰格大概是把一个复杂的问题看得过于简单化了。正如多布（Dobb，1933）在对市场社会主义的早期批评中所指出的，在任何给定的市场均衡中，均存在相对匮乏的问题，以及“在相同的市场定价体系中，成本和需求不可能同时兼顾”（第 37 页）。兰格绝不赞成多布认为的这些状态相互矛盾的观点（第 102 页），但他的市场均衡看来建立在如下假设的基础上：（1）短期内不会出现匮乏；（2）教育和培训的机会是完全平等的（包括对教育和培训机会的选择过程中的完全平
91 等）；（3）教育结构中不存在不可分性；（4）成功地避免向天才支付任何“租金”。他还大大忽视了对于高强度工作所需要的努力的激励问题，而这正是困扰马克思的问题。

兰格（1944）不再像以前那样乐观了，他意识到“平等原则

[1] 兰格（1936—1937），第 101～102 页。这些评论的最后一部分是对多布（1933）所提出的批评的回应。

必须与可提高用于分配的总收入的激励原则相妥协”（第 36 页）。但是应该妥协到什么程度呢？这无疑是社会主义计划所面临的一个基本的问题，即公平与效率的冲突问题。

税收对于解决这个冲突会有所帮助吗？这个问题已经以不同的形式多次出现过了。特别是有人曾问，是否可以使一个人的税前收入与效率相符而使税后收入与需求相一致？答案是：他确实能做到，但为什么他应该根据他的税前收入而不是税后收入来做出有关工作和闲暇的决定呢？毕竟，税前收入只是表面现象，而税后收入才是真正重要的。[①] 于是我们再次回到公平与效率的冲突——它现在只与税后收入有关。

认识到这点，我们就可以去寻找一种“非扭曲性”税收。这样一种税收存在吗？[②] 从原则上来说，“定额税”（lump-sum tax）似乎能够做到这一点。定额税与收入、工作、支出消费、储蓄或任何其他的因人而异的东西均无关。因此，从结构上说，定额税不可能“扭曲”收入分配。这是无稽之谈吗？为了讨论这个问题，我想先迂回一下，即先讨论收入税的问题出在什么地方。

收入税

下面的问题可以通过一个非常简单的模型来加以解释，在该 92

---

① 如果税前收入具有某种“声望价值”，那么事情会更复杂，但由于人们并不只生活在声望当中，所以税后收入将继续影响个体决策。

② 这是公共财政学中的一个古老问题，而且人头税问题已探讨过了。关于人头税在社会主义的资源配置和收入再分配中的应用，参见萨缪尔森（1947）、多布（1969）的文献。

模型中仅包含一种商品，即收入是同质的。下面是在模型中用到的一些变量表示法：

$y_i(t)$ 表示个体 i 在税收制度 t 下的税前收入；

$y_i(0)$ 表示个体 i 在无税的特殊情况下的税前收入；

$y_i^*(t)$ 表示个体 i 的税后收入。

在兰格-勒纳体系中，在不存在外部性、递增报酬等情况下，$y_i(0)$ 将与每个人的经济资源对生产的边际贡献相一致。税收制度可能会影响个人对工作、闲暇等方面的决定，而在有税收和补助金制度的情况下，由于税收所体现的薪酬制度的扭曲，税前收入 $y_i(t)$ 就表示与 $y_i(0)$ 所反映的均衡有所不同的另一种均衡。另外，税后收入 $y_i^*(t)$ 将大致反映计划经济体制下人们对于需求及其他分配方面的价值评估。

令 ω_i 为工人 i 从一单位劳动中获得的边际收入，他对这一单位劳动的艰辛程度估价为 α_i 单位的边际收入。令 β_i 为工人 i 用他自己的收入单位去测度分配给他人的单位收入值。在不存在税收的体制下，工人付出努力的程度是：

$$\omega_i=\alpha_i \tag{4.6}$$

但是如果存在收入税，每单位税收的边际税率为 $t(0<t<1)$，那么他将建立如下等式：

$$\omega_i[(1-t)+t\beta_i]=\alpha_i \tag{4.7}$$

当且仅当

$$\alpha_i=0 \text{ 或 } \beta_i=1 \tag{4.8}$$

式（4.6）与式（4.7）为等价的。

这些条件分别与如下情形相对应：（1）人们并不吝惜他们的辛勤与汗水；（2）个人对他人与对自己的边际收入的评估相同。 93
只有在这两个条件中的任何一个得到满足的情况下，收入税才是非扭曲的。但如果 $\alpha_i>0$ 且 $\beta_i<1$，那么收入税将使得分配发生扭曲。

定额税

这个问题可以避免吗？是否存在不产生这种扭曲影响的税收方法？首先让我们考虑一下相对简单的情形，在该情形中，一个人对于收入和闲暇的相对偏好并不受他的总财富影响，虽然工作报酬率的不同显然会影响他的工作决定。

现在假设有一个固定的税收 t_i，即不管个体 i 干什么（工作或不工作，吃得多一点或少一点，等等），他都必须缴纳 t_i 的税收：

$$t_i=\left[\sum_i y_i(0)/n\right]-y_i(0) \tag{4.9}$$

由于这种税是固定的，所以即使工作量发生变化，个人也不会得到什么收益。既然个人对收入—闲暇的偏好并不受财富多寡的影响，那么这种定额税不会对工作和产量产生任何影响。但是这种税收（或补助金，因为 t_i 可以为正、为负或为零）将使得分配制度由依据于工作转向依据于需求。

计划者必须估算集合 $y_i(0)$，这就涉及估算每个人的真实能力。这里有两个问题：（1）收集此类信息的成本；（2）个体 i 可能会故意向计划者传递错误的信息。前者可能是一个非常严重的问题，它与最优化过程中致力于获取经济信息的制度有着特别的相关性。兰格-勒纳式的权利下放制度就是要最大限度地减少详细信息的传递，同时通过反复试错来达到最优化。这个问题在人们对于收入—闲暇的偏好不依赖于他们的净财富的假设不成立时将变
94 得更加严重。此时，定额税仍具有非扭曲性，但根据公式（4.9）计算 t_i时，我们不应视 $y_i(0)$ 为在不存在任何税收的情况下它应该具有的值，而应注意到，通过使每个人在闲暇—收入无差异图中的位置发生变化，定额税已经对 $y_i(0)$ 产生了影响。由公式（4.6）所给出的边际均衡将仍然成立，而且定额税并不会对我们的效率产生影响，但是由于 α_i将依赖于缴纳定额税后的收入水平，因此对公式（4.7）和公式（4.9）的计算将变得尤为复杂。

第二个问题是一个同样严重的困难。从自身利益出发，每个人都会假装只具备较低的生产能力从而轻易地获取收入。自己少生产一点儿，总产出只会缩减一个相对很小的数量，而这对每个人净收入的平均影响是微不足道的。

因此，定额税所产生的扭曲并不以在*给定的*税收制度下工作努力程度不足的形式出现，而是体现为每个人都本着对自己有利的原则向计划者传递关于自己的生产能力的错误信息，从而影响了税收制度本身。如果个体 i 能使计划者相信他是微不足道的并且没有能力付出更多的努力，那么 t_i将相对变小，从而使得他能够少付出许多原本必须要付出的努力。这种故意传递错误信息的行为将严重扰乱兰格-勒纳的反复试错程序。在基于个人所得的方法中，这个障碍并不易清除。

对劳动的激励

下面的内容恰好是马克思所关注的对劳动的激励问题。马克思认为在社会主义的早期阶段并不能回避这个问题，因为在这个阶段，社会和人民“在经济、道德和精神方面都还带着它脱胎出来的那个旧社会的痕迹”，这个问题的最终解决办法将在“随着个人的全面发展”，“劳动已经不仅仅是谋生的手段，而且本身成了 95
生活的第一需要”之后产生。[①] 然而，正如我们注意到的那样，马克思认为这只是一个远景。

在苏联的工资制度下，工资主要是劳动报酬和带有激励性质的支付[②]，这正是马克思所讲的与社会主义的第一阶段相对应的报酬制度。当然，也有背离该原则的特例[③]，人们很容易想到中国在农村公社上的尝试。在这场运动中，中国想人为地实现马克思在对远景的预见中所描述的情形。中国在这方面的经历值得结合劳动原则和需求原则这对相互冲突的主张加以研究。

在中国 1958 年发动的所谓“大跃进”期间，有一种强烈的采用非物质激励的倾向，尤其在农业领域更是如此。根据付出的劳动进行分配的比例大大降低，而“在供给方面”，即根据某种非劳

---

① 马克思（1875），第 21～23 页。

② 参见多布（1951）、诺夫（Nove，1961）、怀尔斯（Wiles，1962）、伯格森（1964）、埃尔曼（Ellman，1971）。

③ 在一个医疗服务、教育机会、社会保障及其他服务均免费并且对住房进行补贴的制度中，需求原则得到直接的实施。

动标准——包括对“需求”的考虑——进行分配的比例则相应上升。有时甚至净产出中的80％～90％被作为供应品加以分配。[①]

在一个像中国这样的经济体中实行以非劳动标准为基础的支付制度具有如下优势：首先，正如在关于经济发展的文献中被广为认可的那样，对剩余劳动力的利用的一个重要障碍是工资制度，因为工资制度要求未被充分利用的劳动在被动用之前就要先供给工资品。[②] 非工资制度将减少对工资品优先结余的需求，而劳动会依据一段时间的生产之后的劳动成果被给予报酬。中国那时正在实行一项庞大的劳动动员计划，其中包括数量巨大的物质流动和人口迁移。

96 其次，根据中国革命的性质和居于支配地位的价值观，“物质激励”制度被认为是很值得怀疑的，而苏联所集中实行的激励性报酬制度则成为中国人大加挞伐的对象。这样从哲学上来讲，本着有效利用剩余劳动力的原则，中国已经为向依赖于“非物质激励”的制度的转变做好了准备。于是在1958年，“大跃进”开始了。

在1958—1960年，人们怀着巨大的热情进行了这场运动，除了上面所分析的特征，还有一些其他方面的特征也能体现出这是一次“跃进”。众所周知，从整体上来讲，这场运动遇到了几个严重的问题，但是很难把由于实行非物质激励手段而产生的困难和那些源于“大跃进”的其他方面特征的困难分离开来。当然有一

---

① 参见霍夫曼（Hoffman，1964，1967）、里斯金（Riskin，1971）。

② 参见纳克斯（Nurkse，1953）、罗宾逊（Robinson，1956）、森（1964）、马格林（Marglin，1966）。

点是值得注意的，即当这场运动接近尾声时，根据劳动进行分配的比例大幅度上升，人们承认，使用“需求”原则还为时过早。[①]然而，对非物质激励的强调并没有被完全放弃，并且在后来得到了部分的恢复。[②] 事实上，中国经济的一个引人注目的特征就是使用了许多非物质激励手段。

关于劳动激励问题的博弈论描述

曾经困扰马克思的激励问题无疑与中国的试验有关。事实上这是资源集体主义配置的一个基本问题。这个问题的逻辑可以通过一种被称作非零和博弈的基本博弈类型来加以分析。如果将诸如“囚徒困境”这样的博弈以及其他一些在某些本质方面有所不同的博弈（如“保证型博弈”[③]）进行比较，我们可以获得既有趣又有深度的见解。[④] 虽然用博弈论来分析这样的简单情形有点小题 97
大做，但我认为这样做有很大的优势，因为我们可以在分析过程中找到明显的对比，从而准确地抓住劳动激励的不同之处。

假设合作社的成员考虑如下两种选择，即努力工作（I_1）和不努力工作（I_0）。对合作社中的其他成员，他可以做两种假设，

---

① “但是它们（公社）已经非常仓促地建立起来了；并不是在每个地方都为此进行了必要的精神上的准备，而且一些极端的想法，比如取消自留地和按需求而不是工分来分配食物，看来是过于超前了。在困难时期进行了一些整顿并且取缔了一些最极端的政策。”［罗宾逊（1969），第 35 页］

② 参见里斯金（1971）。

③ 参见森（1967a，1969a）。

④ 参见鲁斯和莱法（Luce and Raiffa，1957）。

即他们将努力工作（R_1）或不努力工作（R_0）。现在假设是基于需求（而不是工作）进行分配的制度，在该制度下人们主要关心自身的福利。于是对选择方案的常见排序可以用如下形式来表示（根据偏好的递减顺序）：I_0R_1、I_1R_1、I_0R_0、I_1R_0。合作社的成员即使努力工作，他的收入也只会增加很小一部分，因为分配的原则是基于需求而不是基于工作，但是他还要为此付出艰辛的劳动。在其他成员的行为既定的情况下，每个成员都偏好于不努力工作，也就是说，都会偏好于 I_0 而不是 I_1，不管其他成员选择 R_0 还是 R_1。但同时每个成员都偏好于大家都努力工作而不是大家都不努力工作，因为后者对于所有成员都是灾难性的。然而，在此情况下，根据理性的计算，每个人都会选择不努力工作，也就是说选择 I_0。这是一个严格占优战略。但是每个人本来都偏好于所有人都更加努力地工作。个体的理性计算看来将把所有人引向灾难。

此类博弈——即“囚徒困境”——近年来被大量用于解释在税收、集体储蓄等领域出现的串谋、内外勾结等现象。① 然而，由于对劳动付出而言，很难设计出一种附带强制执行条款的集体合约，因此，就要借鉴另一种思路。对劳动进行监督以保证遵守“诚实劳动”的合约涉及很多方面②，这恰恰是具有激励作用的工

① 参见鲍莫尔（Baumol，1952，1970）、森（1961，1967a）、马格林（1963）、艾尔曼（1966）。

② 这种对劳动的监督可能也会出现一些最令人不快的“异化”特征——这是马克思主义者关注的一个重要话题——从“为别人”而劳动和处于他人的监督和命令之下这个意义上来说，的确如此［曼德尔（Mandel，1968），第 680 页］。

资制度的优势所在。[①] 能否将按需分配与对劳动进行有效的监督相结合？我对其可行性深表怀疑。

正是在此背景下，劳动激励的文化取向问题变得具有决定性 98
意义。因为囚徒困境中的偏好顺序反映了一种特定的文化模式。现在假设对备选方案的排序做如下变动：I_1R_1、I_0R_1、I_0R_0、I_1R_0。这就产生了另一个博弈（“保证型博弈”）。在该博弈中，如果能够保证其他人会努力工作（R_1），那么每个个体都会努力工作（I_1）；但如果其他人不努力工作（R_0），那么每个个体也会偏好不努力工作（I_0）。这里的基本原则是“互惠”。该博弈能够在相互信任的条件下达到一个最优解。如果人们的偏好具有更多的“社会意识”，也就是说，他们实际上偏好去做正确的事情，而不管他人是否也同样这样做，例如对选择做如下的排序：I_1R_1、I_1R_0、I_0R_1、I_0R_0，那么每个人将自行其“职”，而监督甚至信任问题将不复存在。

如果人们拥有不同的偏好，那么囚徒困境将不存在，这点虽然正确，但却没有什么意义。然而，如下事实却很值得注意：即使局中人继续保持他在囚徒困境中的偏好，但只要在行动上表现出在“保证型博弈”中的偏好类型（或者更进一步，表现出具有上述那种“社会意识”的偏好），那么**即使就他们的真实偏好而言**，也将得到改善。在这里我们恰好可以引入文化取向问题，如

① 然而在一个纯粹根据工作原则进行分配的制度中也会存在配置问题，关于这一点，参见沃德（Ward，1958）、多马（Domar，1966）、森（1966）。

果我们这样做了，那么就可能会产生这样一种社会状况：即使个人福利函数保持不变，但由于受到社会所鼓励的价值观的影响，个人也会对他的选择和行为进行重新定位。从某种意义上说，这是一个道德问题，当然在生活的许多其他领域，社会也试图通过其道德价值观的影响将选择与个体的理性计算分离开来。事实上对于诸如诚实、守信等“朴实的美德”来说，这是一个非常普通
99 的现象，但是在这里重要的是认识到所有这些与劳动激励问题相关联，因而也与收入分配相关。

“文化大革命”的经济根源

选择与偏好（及福利）之间的对立和“显示性偏好”（revealed preference）理论令人困惑地牵连到一起，并且和“道德行为”理论具有某种联系。在这里我不打算对这两点加以探究。① 与本节所讨论的问题相关的是其与按需分配原则和按劳分配原则之间的冲突的关系，特别是，中国在“大跃进”结束不久又专注于对文化进行重新定位*，上述问题或可为此提供一些解释线索。

中国“文化大革命”的经济根源需要加以仔细研究。当然，是各种因素的共同作用才促成了那场运动，但在这场讨论（和宣传鼓动）中必定有一种因素与可供选择的分配原则和劳动激励问题密切相关。关于这一问题，中国官方的宣传解释是：“无产阶级

---

① 在为讨论“实践理性”的布里斯托尔会议而准备的论文中，我曾对后一个问题进行了探讨，参见森（1972）。

* 即中国的“文化大革命”。——译者注

文化大革命，就是为的要使人的思想革命化，因而使各项工作做得更多、更快、更好、更省……无产阶级文化大革命是使我国社会生产力发展的一个强大的推动力。”① 这让人联想到马克思对《哥达纲领》的批判，即认为《哥达纲领》无视在一个“在经济、道德和精神方面都还带着它脱胎出来的那个旧社会的痕迹”［马克思(1875)，第 21 页］的社会主义经济的早期阶段存在的劳动激励问 100
题，“文化大革命”声称要进行一场教育“用无产阶级自己的新思想，新文化，新风俗，新习惯，来改变整个社会的精神面貌”②。

将选择从个人主义的偏好和个体福利中分离出来，这在相当大的程度上似乎已成了中国在劳动激励方面所做的尝试和“文化大革命”的中心问题。③ 对“不进行得失计算”的再次强调和固执地非难对个人利益的追求都与此有关。这正是一个囚徒困境式情形的特征：每个人都根据他的真实偏好和个体福利来理性地行事，但却产生了一个对每个人来说都很差的社会结果，而如果依据于一种道德教条行事（**仿佛**个人的偏好是不同的，不管它们是否确实如此）则会产生一个对所有人来说都较好的结果（甚至从个体福利函数方面来说也是如此，不管它们是否关注他人的福利）。

上述分析思路已概括了“文化大革命”的一个方面的特征，不仅

---

① 《中国共产党中央委员会关于无产阶级文化大革命的决定》，即所谓“十六条”，1966 年 8 月 8 日正式通过，摘自罗宾逊（1969），第 95 页。此处译文参见《人民日报》1966 年 8 月 9 日版。

② “十六条”，见罗宾逊（1969），第 93 页。此处译文参见《人民日报》，1966 年 8 月 9 日版。

③ 参见里斯金（1971）。

将其与“大跃进”期间以及后来中国在分配方法上所做的尝试联系起来，而且还将其与从马克思（1875）到勒纳（1944）各个著作者对社会主义应采取按劳分配还是按需分配的争论的主流观点联系起来。

在这里我并不想评价中国在试图将分配原则的重点从按劳分配转向按需分配时所做的尝试的成败得失。对于我们的目的来说，重要的是把这场试验放置在一个思想链的视角下去审视，即把对
101 社会主义分配问题的马克思主义的分析与关于最优配置和分配的文献联系起来的思想链。显然这和社会主义社会中有关经济不平等的所有问题都是相关的，而中国的试验不过是将它的一个重要方面的具体化而已。

“应得” 和生产率

我想以对“应得”这个概念本身的评论来结束本章的讨论。在经济学文献中可以找到若干种关于应得的解释。边际生产力理论有时被看作一种应得理论。例如，克拉克（Clark，1902）的著作对此有明确的讨论，而其他有关收入分配问题的文献对此也有间接涉及。[①]

与此形成对照，马克思的剥削理论提供了另一种应得理论，根据该理论，劳动对净产出拥有全部的权利。马克思方法的规范方面的特征在某种程度上为关于其描述性特征的争论（例如所谓

---

① 保罗·萨缪尔森注意到：“令我感到惊讶的是，大家并没有普遍认识到克拉克关于竞争所决定的报酬的应得性的看法具有随意性。”［萨缪尔森（1950a），第1577页］

的“改造问题”）所掩盖，但无疑，马克思认为他的理论的价值部分来自它是应得理论这样一个事实。[①] 该理论并非建立在对“机器具有生产性”的否定的基础之上——在很大程度上，正好相反——而是基于如下的观点，即劳动表现为一种直接的**附加**，它作为“全部价值的最终源泉”应该享有全部净产出，而利润不过反映了对生产资料私人所有权的特定的社会安排。[②]

琼·罗宾逊（1933）提出的“剥削”概念不再把边际产品的竞
争性价值作为剥削的象征，而是区分了以下两种情况：（1）“卖方垄 102
断的剥削”，指边际产品收益与边际产品的竞争性价值之间的差异（反映了产品市场中的卖方垄断因素）；（2）“买方垄断的剥削”，指的是工资率和边际产品收益之间的差异（反映了劳动力市场中的买方垄断因素）。这里的应得概念是边际生产力理论的一个变种，它是在该理论的框架中提出的，当然后来她否定了这个理论。[③]

有时，应得是从与最优规划“相关联”的价格的角度来看待的。在如下的意义上我们可以说这些价格“维持”了该最优规划：每个人都根据这些价格对各自的最大利益进行计算，然后做出最适合该最优规划的选择。[④] 这个“被关联的”价格未必总是存在，即使关于目标函数和限制条件的最优解存在，它主要依赖于经济假设的

---

① 主要参见《资本论》第Ⅰ卷第三篇（马克思，1887）。

② 然而，马克思把“自然界”也视为价值的一个最终来源［见马克思（1875），第 17 页］。

③ 罗宾逊（1956，1960）。

④ 参见多弗曼（Dorfman）、萨缪尔森和索洛（Samuelson and Solow，1958）、阿罗和赫维奇（Arrow and Hurwicz，1960）、马林弗德（Malinvaud，1967）。

性质（例如，是否存在规模报酬递增、外部性等）。

这样的最优化中的一个特殊情形是实现帕累托最优。在一定的假设条件下，产生于竞争性均衡的任何一组价格都会使得经济达到帕累托最优。[①] 由于在新古典框架中，各种生产要素的竞争性价格分别等于它们对于生产的边际贡献，这就为我们把边际生产力看作对应得的一种解释提供了另一种方法。然而，帕累托最优是一个非常有限的目标（见第 1 章），因此即使在新古典框架中，这种方法在规范方面也可能没有多大吸引力。[②]

生产率和能力

比与最优规划“相关联”的价格内容更为充实的应得概念是
103 以“能力”概念为基础的。我们要注意的是，这个应得概念与以生产率为基础的应得概念之间有两点区别。首先，生产率观点与所有生产要素都相关，而能力概念本质上只与劳动相联系。我们可以说土地很“肥沃”，但不能说它很“能干”，我们也从没碰到过“能干”的机器。因此，以能力概念为核心的框架不能被直接应用于资产收入问题。其次，即使就劳动而言，生产率和能力也可以照此进行区分，因为：（1）在一个特定的条件下，对于个人能力的发挥机会可能并不会出现；（2）“天生的能力”可以和后天取得的能力区别开来，后者反映了一个人所受的教育、培训和所

---

① 参见德布勒（1959）、阿罗和哈恩（1972）。一个具有启发性的非形式化描述，可参见科普曼斯（1957）。

② 参见米德（Meade，1965）。

获得的学习机会。

正是这最后一点区别在最近强调“机会平等”的文献中成了人们主要关注的焦点，而“机会平等”事实上是一个基于应得的概念。尽管在现代西方社会，教育的普及常被视为促进机会均等的证据，但也有大量的研究对教育领域的成就提出了严重的质疑。[①] 在这里我不打算探究这一论点在经验上的正确性，而只是把这种方法看作一种以应得为基础的规范理论。

以能力为依据的报酬制度和对应于与最优规划“相关联”的价格的报酬制度之间的区别也值得注意。天生的才能是一个与激励问题相关的因素，因为在对价格进行分解时，我们不能对它应得的份额置之不理。假设才能的供给是固定的，那么将不存在与之相关联的**唯一**“最优”价格，因为在不同的报酬率下可以得到相同的才能供给。[②]

要论证基于效率而向个人才能支付报酬的合理性并不容易。在这里我们发现两种应得概念相互冲突。基于“绩效”的应得概念主张对天生的能力给予较高的报酬，而对反映了社会安排的后 *104*
天习得的能力的权益主张则不予接受。另一种应得概念则主张对

① 尤可参见经济合作与发展组织（OECD，1971）、鲍尔斯（Bowles，1972）。也可参见克拉波尔茨（Klappholz，1972）。

② 在短期做出供给不变的假设显然是可以的。从长期看，人口数量的变化就可能影响该假设的成立，而且，如果（1）对天才给予较低的报酬将降低人们生育天才的倾向，以及（2）天才的父母生育天才子女的概率大于平均概率，那么就会有反向激励效应。由于在今天（2）似乎还是人们讨论的热点，所以只有当（1）也成立时，上面的论证才成立，但事实上几乎没有什么证据能够支持它。

后天习得的能力支付的报酬（基于“激励”），却没有给对天生才能支付报酬留有余地。当然它们都与需求概念相冲突。

“应得” 和需求

在本书中我把重点主要放在了需求方面，这里所提供的分析框架也倾向于强调需求。这样做有很多理由。首先，正如我们刚刚看到的那样，对于应得概念，有着若干种不同的解释，且这些解释之间亦有不同之处。而在解释需求概念时似乎具有更多的一致性。

其次——在这里要表明我的立论基础——对我来说，需求应该比应得更适合作为包含“不平等”概念的“分配”判断的基础。当然，正如我在前面所论证的那样，对不平等的评价涉及非强迫性判断，但在分配领域，应得概念不见得比需求概念更合适。

(1) 我们先看基于激励的应得概念。激励制度看来是达到目的的手段而不是目的本身，而需求的实现本身就是很好的事情。一方面，如果要为以激励为导向的不平等分配（它与需求无关）辩护，那么也只有在非分配的背景（如总收入大小）下才可以实现，才有一定的合理性。另一方面，如果相对需求明显不同，并且建议根据可识别的需求差异而来的不平等的分配方案，那么对这一观点的辩护看来只能是基于“分配的”背景本身。

(2) 现在我们来分析基于绩效的应得制度。给予天才的人更多的收入当然也就相当于给予那些不是天才的人较少的收入。后者包括由于人为原因而导致的畸形儿（他们在以后会成为成年人)、由于自然衰老而失去才能的老人和体弱多病的人，当然，也包括那些有先天缺陷的人。一个基于需求的制度或许更需要我们称之为人性的复杂思想。即使有限运用绩效原则——给予有特殊 105
才能的人高于“标准”的收入但给精神有问题者的收入也不低于“标准”——我们也可以证明在不同的文化中对绩效的测度标准是不同的。或许我们中的很多人都愿意生活在这样的社会中，即认为演讲是一种能力而大声擤鼻涕不是一种能力，然而我们也可以就各种可能的社会形式做长篇阔论：后者也可以是我们更想要的德行。就起源而言，绩效具有偶然性，不仅如此，就其被视为绩效而言，绩效也具有偶然性。

(3) 通过将人们的关注点转到由于对生产资料占有的阶级差异而产生的不平等，马克思主义的以劳动价值论为基础的应得原则曾经有力地推动了人类社会的发展，但是——正如我们所看到的——马克思把这种对劳动“成果”的所有权看作一种“资产阶级权利”，并认为当时机成熟时它将被需求原则所代替。作为对资产收入的一种批判，劳动“获得它所创造的价值”的观点具有显而易见的吸引力，但即便可行，我们也很难把它作为一种与需求原则相对的“原则”来辩护。而且可行性问题又将我们带回到激励、文化价值和在“非分配”背景下容忍不平等等问题上。这些问题在本章的前半部分已经讨论过了。

(4) 正如我在前面指出的那样，要想把新古典边际生产力理论解释为一个规范的理论并不容易，如果我们一定要这样做，那么只能认为它是与对应于最优规划的价格相一致的激励制度的一部分。但即使在新古典模型中，“竞争性价格”所能保证的也仅仅是达到帕累托最优，而后者实质上是一个非常有局限性的目标。此外，正如前面的分析所表明的，在向更有才能的生产人员支付的高工资中的“租金”因素也使得激励问题变得不那么明确。

106 在本书里，正是从这种一般的观点出发，我主要从需求而不是应得的角度集中分析了对不平等的评价问题。尽管相对而言我们并没有从福利经济学——包括旧福利经济学和新福利经济学——的主要分析手段中获得多少帮助，但还是使用了一个涉及人际比较（其形式为 $\tilde{R}$）的宽泛的框架，并且以此为依据对不平等的评估原则和统计方法进行了分析。由于不平等这个概念含有描述性的和规范性的两方面内容且具有内在的不完备性，所以对不平等的评估都是从非强迫性的、被称为拟序的评估判断的角度去看待的。我们所探究的这些可供选择的方法都在这个一般框架之内。

Ⅱ　25 年后再论经济不平等

詹姆斯·福斯特　阿马蒂亚·森

A. 1
回顾和动机

A. 1. 1 序　言

在本书 1973 年版（以下简称 *OEI-1973*）的开篇我就指出，不 109
平等是一个“既十分简单又十分复杂”的概念，虽然当人们感觉到存在严重的不平等时，他们便“往往不假思索地立即呼吁”，但对不平等的评估却包含了许多经济的、社会的、政治的和哲学的复杂性。因此在该书中我试图对这些复杂性加以分析，并且把它们和具有直观意义的原则问题联系起来。

增订内容目的有二：一是使本书在分析上更具时代性并且范围更加广泛，二是使本书更及时地回应人们一直关注的现实问题。我们将讨论一些 *OEI-1973* 出版以来在对不平等的评估和相关的福利经济学分析方面的重要进展。我们也将解决一些新的问题，它们都是在当代与政策相关的实践争论以及政治哲学和政治经济学方面的讨论中的重要问题。

稍后我们将讨论这些发展，但在本节，不妨先简单回顾一下 *OEI-1973* 的主要内容，这样可将本书的动机和观点与当代文献中在分析方法上的关注点和内容上的关注点联系起来。本增订版的页码不仅完全承袭 1973 年版的页码，而且由于原有的章节几乎未作变动（除了对少量打印错误作了更正），所以此增订版（不包含此部分）的页码与1973年版的页码位置几乎完全一致。[*]

A.1.2 1973年版的主题

110 以下是我从*OEI-1973*中挑选的几个问题，当然这几个问题不足以概括全书内容（我也无意以此概括全书内容），只是这几个问题更能凸显与本书观点相左之处及一些争论，而这些争论与*OEI-1973*出版后该领域的一些文献密切相关。[①]

（1）福利经济学和功利主义的不足。在该书1973年的版本中，我首先指出，在对经济不平等进行评价时有必要运用福利经济学，并且指出了系统对待分配中的价值判断的必要性。事实证明，传统的福利经济学并不能对不平等的评估提供多少指导（见第1章和第2章）。曾经是福利经济学主流方法的功利主义明确地把焦点放在了个体效用上面（并且赋予它压倒一切的重要性），从而对不平等漠不关心。功利主义者真正关心的是效用总和，而不涉及分配问题。

即使每个人的效用函数相同，也会有这个问题，但当一些人相对其他人来说是更好的“效用制造者”时，它尤其与直觉相矛盾。功利主义的计算并不考虑每个人所享有的总效用，而只考虑对边际效用的影响，结果是，从总福利或总效用方面来说，境况

---

* 这里所说的页码指的是英文版页码，即本书的边码。——译者注

① 较有代表性的当代文献有：拉弗和沃尔夫森（Love and Wolfson，1976）、卡克瓦尼（1980a）、艾科恩和格里克（Eichhorn and Gehrig，1982）、阿特金森（1983，1989）、福斯特（1985）、杰金斯（Jenkins，1989）、兰伯特（1989）、查卡莱瓦蒂（1990）、考埃尔（1995）、西尔伯（Silber，1996）。

非常差的人并不会因此而得到特别的关照。事实上，效用**大小**及其在个体间的对应性可以被任意地改变——例如，给其中一个人的效用函数加上一个常数而其他人的则保持不变——采用诸如此类的方式并不会改变功利主义的社会排序（*OEI-1973*，第 43～46 页[*]）。其结果是，如果不同的人具有不同的效用函数，那么在分 111
析分配中的不平等问题时，功利主义的排序往往有悖常情。功利主义的目标是效用最大化，因而会歧视那些在将收入转化为效用的过程中有障碍的人（因为他们产生效用的能力很低，从而被看作“低效”的效用制造者）。给一个人以较低的收入会使她产生效用的能力进一步恶化：除了单位收入带来的效用会更低之外，她所获得的总收入也会下降。功利主义的逻辑则基本不关注这个事实（第 15～23 页）。①

简单的功利主义有三方面的要素特征：①“结果主义”（仅仅根据事件结果的好坏去判断诸如行为、规则或制度等可选变量）；②“福利主义”（仅仅根据效用信息来对事物的好坏做出判断）；③“总和排序”（对于一个给定的人口数，只根据效用之和来对效用信息做出判断）。② 对效用分配的漠视，应归因于第三个要素

* 增订部分提到的 *OEI-1973* 页码，指原书页码，即本书之边码。——译者注

① 事实上，在将不同人的效用加总而对平等只具有较低偏好的各种方法中，功利主义是一个极端的例子。如果我们采取一种更为一般的形式，即把对各人效用的凹变换加总起来（这一点将在后面加以讨论），那么所能达到的对平等的偏好程度取决于该变换的凹性大小。功利主义形式对应于不存在严格凹性的情形，即线性的情形。

② 对功利主义的“因式分解”的更为全面的讨论，参见森（1973a）、森和威廉斯（1982）。

（总和排序）。根据本书的理路，我们完全可以做到既基于效用又超越功利主义，那就是不再依赖效用总和。这种放弃总和排序但保留结果主义和福利主义的可能性在 *OEI-1973* 中已有论述（主要见第 15～23、43～46、77～87 页），方法是，在判定“社会福利”（或好的事物状态）时，不妨也考虑进对个体效用集的分配状况，并建立在这个基础之上。[①] *OEI-1973* 还用到了一个更宽泛的框架，
112 用来评估诸如以下几类问题：①运用对效用差异反应极为敏感的“平等公理”来评估经济不平等（第 18～22 页）；②对阿特金森式的不平等评价方法加以一般化，使之明确关注未必是加性框架下的效用分配中的不平等（第 38～42 页）；③使对洛伦兹占优的福利经济学解释涵括对效用分配的关注（第 49～56 页）；④将在勒纳的“概率上的平等主义”框架中体现出的关于效用不平等越小越好的偏好包括进来（第 83～87 页）。

在 *OEI-1973* 中对功利主义的批评主要限于总和排序，尽管在当时对福利主义和结果主义的批评已经出现在有关社会选择的文献中［森（1970a，1970c）］，当然，也出现在有关伦理学和道德哲学的文献中［对此最有力的批评主要见罗尔斯（1971）、威廉斯（1973）、诺齐克（1974）、斯坎伦（Scanlon，1975）等］。在后来的有关对经济不平等的评估的讨论中，福利主义几成众矢之的。特别是，人们提出了如下问题：依据任意一种标准（愉悦、幸福、

① 参见米德（1976）对“公平经济”的本质的深入探讨中提出的平等主义的福利经济学框架。还可参见鲍莫尔（1986）、扬（1994）。

愿望的实现、选择的二元关系）而得出的个体“效用”的解释是否构成评判个体的全部优势的基础？该问题在 *OEI-1973* 中只是进行了简单的分析（第 77～79 页），其专题讨论详见森（1979a，1980），在最近的关于正义和公平的文献（见本增订部分之第 A.7 章）中也有对此问题的具体分析。

（2）人际比较的必要性。自莱昂内尔·罗宾斯（1932，1938）等从方法论的角度对功利主义提出批判以来，人们对人际比较是否科学提出了质疑，功利主义在新古典福利经济中风光不再。由于彼时的“人际比较”仅仅被归结为效用的比较，所以对效用的人际比较的回避的结果就是放弃了所有的个体间优势比较。[①] 113

“新”福利经济学理论完全回避了个体在福利（或机会、自由）方面的差异。不管是个体优势大小的人际比较，还是个体优势得失的人际比较，都将不复存在。这样，当人们对效用的人际

---

① 在 *OEI-1973*（第 12～13 页）中，罗宾斯的立场并没有得到完全精确的表述。罗宾斯并不认为我们应当完全“回避”人际比较，而只是认为这样的比较不可能是科学的。鲍莫尔（1975）在其对 *OEI-1973* 的评论中指出了这一点。由于福斯特对 *OEI-1973* 不负有责任，下面的评论完全由森负责：“我在第 12～13 页所做的对罗宾斯关于效用比较的重要而有影响力的观点的概述，显然是错了，其原因正如鲍莫尔所指出的（即使第 81～83 页提出的批评成立，也不应该使用那么多充满火药味儿的词语）。罗宾斯指出效用的人际比较的困难，正好给我们做了一个重要揭示：将对不平等的比较建立在非效用的信息的基础上。我之所以主张转向非效用信息，正是由于基于效用的分析方法有所不足，而不是如罗宾斯本人强调的效用比较存在认识论上的随意性［这在森（1980，1992）和本增订部分第 A.2 章中有所讨论］。然而，在罗宾斯对功利主义的早期批判与我所主张的由效用域转移到生活内容和能力的非效用（包括对基本能力的平等性进行的评价）之间确定存在互补性。的确，罗宾斯为减少教育机会的不平等而做的坚定辩护恰好符合‘基本能力平等’这种一般情形［关于相关的问题，亦可参见马宗达（Majumda，1983）］。在关于英国高等教育的重要而激进的‘罗宾斯报告’中，其背后的理念就明显体现了这一点。因此我在 *OEI-1973* 第 12～13 页中对罗宾斯的批评不仅是错位的，而且很不公正。”

比较提出批评时，标准的福利经济学的回应就是：提出比功利主义更不关心分配问题的各种规范性方法，这就好比是坚定地跳出煎锅又跳入烈火。

我在 *OEI-1973* 中运用了一些公理，从而证明：假如有一种福利经济学规则是基于个体偏好的、要求弱的社会偏好的完备性和严格的社会偏好的传递性但又不承认人际比较，则这样的规则将使**所有**帕累托不可比状态之间都是社会无差异的［*OEI-1973*，定理 1.1，第 7～12 页；亦可参见森（1970a）第 8 章和第 8* 章］。例如，在这种规则下，在一组喜爱蛋糕的人中对一块蛋糕所进行的**任何一种**分配
114 都必然被认为是恰好一样好的（从社会的观点来看）。对于一个对不平等进行评论的理论来说，这很难说是一个好的起点。[①]

因此，在对不平等进行评价时，以功利主义视角为基础［正如庇古（1912）和多尔顿（1920）很早就提出的］反而可以创获甚多。这其中阿特金森（1970a）的那篇经典论文起了重要推动作用。[②] 事实上，*OEI-1973* 的重要内容就是受了阿特金森的启发。虽然功利主义的福利经济学具有很大的局限性，但其形式可以加以扩展，这也是一般化过程中所要解决的问题（保留福利主义和结果主义但不再依赖未经变换的效用的简单加总）。我们将在第 A.2 章和第 A.3 章中详述这些问题。

---

① 我们可比较一下关于“公平”的论述的文献中所提出的建设性方法。主要参见弗利（Foley，1967）、瓦里安（Varian，1975）、鲍莫尔（1986）、莫林（Moulin，1988）、扬（1994）。也可参见乔根森、劳和斯托克（Jorgenson，Lan and Stoker，1980）及乔根森与施莱斯尼克（Jorgenson and Slesnick，1984）。

② 科尔姆（1969）也提出了类似的方法，并且有一定的影响。

（3）**社会福利泛函和分配判定**。肯尼思·阿罗开拓了经济学新的研究主题，即社会选择理论，该理论的新近研究文献提出了将效用的人际比较加以概念化的多种方法，以用于社会总计和公共决策。阿罗的“社会福利函数”（SWF）中的社会选择问题，其原初表述承认效用的人际比较是不可能的，就这一点而言，可谓与主流的“新”福利经济学同病相怜。的确，阿罗的“不可能结果”建立在不存在人际比较的基础之上［关于这一点，参见森(1970a)］。阿罗承认效用的人际比较是不可能的，这反而在很大程度上激发了许多学者去探索运用各种类型的人际比较的可能性及结果。社会福利函数的格式可以适当扩展，使之可为系统地运用人际比较留有余地。在“不变性条件”（反映了人际比较的各种 115
可能）下，我们可用效用函数的组合（严格说来，是 n 元组合）来定义“社会福利泛函”（SWFL）。[①]

不同类型的效用比较（如效用大小的比较、效用差数的比较、基数的充分可比较性、定比的可比较性），其差别与评估不平等的方法的选取有明确的关系。例如，功利主义要求效用差异而不是

---

① 关于 SWFLs 的基本结构，参见森（1970a），在这里，森还提供了一个对可应用于社会选择问题的人际比较的分类。还可参见哈蒙德（1976），达斯布里蒙特和格弗斯（d'Aspremont and Gevers，1977），阿罗（1977），森（1977），罗伯茨（Roberts，1980a，1980b），布莱克比、唐纳森、韦马克（Blackorby，Donaldson and Weymark，1984），达斯布里蒙特（1985）等文献。只要可以将“局部比较”的程度进行量化，我们还可以表示出各种中间类型的人际比较［参见森（1970a，1970b）］，关于这一点，也可参见布莱克比（1975）、K. 法恩（Fine，1975）、巴苏（Basu，1981）、奥斯马尼(1982)。

效用大小的比较，而要使处境最小利者实现最大利益的理路［罗尔斯（1971）］则要求进行福利大小而不是福利差异的比较。[①] 我在 *OEI-1973* 关于评估不平等的章节里（第 22～23，43～46 页）对这些不同之处做了剖析，而这些隐含的差别对于不平等评估方法的选择至为重要。即使 *OEI-1973* 中的论证是**在一个一般化的**“**福利主义**”**框架**中进行的，所讨论的大部分内容都可以转换为评判个体优势的其他方法（在目前更多采用这些方法）。

（4）**不良分配与不平等**。如前所述，*OEI-1973* 主要受到以下文献的影响：阿特金森（1970a）、庇古（1912）、多尔顿（1920）、科尔姆（1969）。然而，庇古和多尔顿在福利经济学中使用的是纯粹的功利主义方法，因此他们并不关心效用分配中的不平等；他们在收入分配上的兴趣和他们关注的焦点（即效用总和最大化）
116 有关。这样他们对他们称为“不平等”的评价实际上只涉及对“不良分配”的评价，而“不良分配”又是从总效用的损失（无论分配状况如何）来判定的。

阿特金森的方法并不完全是功利主义的，尽管其框架是加性可分的，即将个体的 u_i 相加得到总社会福利（u_i 未必是个体效用值）。本增订部分（尤其是第 A.2～A.5 章）中的一些讨论将广泛运用阿特金森的方法。因此，记住这一点是很重要的：尽管该方

---

① 关于这些差异所涉及的分析思路问题，以下文献对此有广泛的讨论：森（1970a，1974，1977，1979b），哈曼德（1976a，1976b，1977），达斯布里蒙特和格弗斯（1977），阿罗（1977），布莱克比和唐纳森（1977，1978，1984），格弗斯（1979），罗伯茨（1980a，1980b），布莱克比、唐纳森和韦马克（1984），达斯布里蒙特（1985），埃尔斯特和罗默（Elster and Roemer，1991）等。

法在形式上有加性可分这样一个限制条件，但我们没有必要把 u_i 看作个体效用，不能认为它是完全功利主义的。把 u_i 看作个体效用，这只是一种可能的解释，从更一般的意义上来说，u_i 代表与个体 i 相联系的社会福利的个体组分。[①]

在 *OEI-1973* 中，我明确提出：对社会福利值的判定应考虑进个体效用在分配上的不平等，因而把收入不平等视为“不良分配”以及对于给定的总收入应有更为平等的分配，有如下两方面理由：

①收入不平等在形成总效用方面的无效率性（反映了由于个体收入的不平等而造成的总效用损失）；

②收入不平等在导致效用不平等方面的不公平性（反映了与收入不平等相联系的个体效用不平等而造成的社会福利损失）。 117

功利主义只关注前者，而像罗尔斯（1971）的“差别原则”这样的“福利主义者”的解释则倾向于关注后者。*OEI-1973* 主要是想说明，对不平等的评价可以建立在对这两种考量都加以完全注意的基础之上，且这两方面的考量都可包括于阿特金森提出的测度不平等的一般方法中（当然，要对公式进行适当变换[②]）。

---

① 事实上，每个 u_i 都可以看作对个体 i 的效用的一个凹变换［这是与阿特金森（1970a）的分析相一致的框架，该思路是米利斯（Mirrlees，1971）明确提出的，罗伯茨（1980b）对此又有新的推进］。亦可参见乔根森、劳和斯托克（1980）与乔根森和施莱斯尼克（1984）。如果对所有个人的效用进行相同的严格凹变换，那么对集合 u_i 进行加总而得到的总和形式在效用域中也是偏好平等的。用更为技术性的术语说就是，在将社会福利定义于个体效用之上时，如使用等弹性函数［正如在米利斯（1971）和 *OEI-1973* 第 1 章中所示，就要求个体效用必须要么全为正数，要么全为负数。关于这一点及与其相关问题的分析，参见阿南德和森（Anand and Sen，1996）］。

② 布莱克比和唐纳森（1977，1978）对公式的变换做出了更多具有权威性的开拓性研究。还可以参见增订部分的第 A.4 章以及近来布莱克比、博塞特和唐纳森（Blackorby，Bossert and Donaldson，1995）对关于对不平等的规范性分析所做的概括。

（5）描述性特征与规范性特征。*OEI-1973* 认为不平等具有描述性和规范性两方面的特征（第 2～3、61～65、71～76 页）。对这两方面特征的差异，可用看待不平等的标准测量的不同方法来解释（见第 2 章和第 3 章）。测度不平等的具体方法（如基于洛伦兹曲线的关于收入分配的基尼系数法）既可以主要从描述性方面来审视，也可以主要从规范性方面来审视。

就连洛伦兹占优的基本标准也可以做到要么从明确的规范性的角度看待，要么主要从描述性的视角看待。现在假设在既定人口中对于既定的总收入所进行的分配 A，对另一种分配 B 存在洛伦兹占优（即 A 的洛伦兹曲线高于 B）。依据第一种解释思路，我们发现，任何一种关于个体收入严格拟凹（即在个体收入的边际替代率递减）的对称的社会福利函数，在分配状态 A 的情况下所产生的社会福利值要大于在分配状态 B 的情况下的社会福利值。[①] 以社会福利泛函为基础，可以在收入分配的性质之间建立若干种
118 不同的关系，这样，在对各种分配方案做出规范的社会判断时，就会用到洛伦兹比较（第 45～58 页）。此外，如果不平等被等同于某个既定总收入的社会福利损失（庇古的分析理路），或被等同于某既定社会福利的等价收入损失（阿特金森的分析框架），那么，从众多的社会评价标准来看，较高的洛伦兹曲线可以看作代表了较小的不平等程度。

---

① 事实上，这里所要求的条件可以弱化为严格 *S*-凹性（*OEI-1973*，第 55～56 页），后者是一个非常弱的凹性类型（而且一般来说不需要边际替代率递减）。

然而与此同时，我们也可以主要从描述性意义上认为，具有较高洛伦兹曲线的 A 比 B 的不平等程度要小，这样做也更为简单。比如说，如果将收入从富人转向穷人，则曲线 B 就会向 A 的方向移动（见第 55～58 页）。这两种理路之立论基础分别是：前者是通过运用规范性的价值观以避免社会福利损失；后者则是一种描述性特征，描述的是降低富人和穷人之间的收入差距的程度，这为我们看待洛伦兹比较和对不平等的评估之间的联系提供了两种不同的方式。这两种理路并非相互排斥、非此即彼的。①

虽然对不平等的规范性比较和描述性比较在很多情况下是一致的，但这并不意味着二者总是一致。例如，不妨设想一个给定的不平等的收入分配向量和一个所有人都相同的个体效用函数，该效用函数在不同的情形下，参数有所不同。如果我们采用“规范性”的理路来对不平等加以测度，即对由不平等造成的总效用损失（或用阿特金森的等价收入损失量度）加以计量，结果会怎样？随着个体效用函数——每个人的效用函数都是相同的——的严格凹性的加强（保持平均效用不变），个体间的效用差距将缩小，而社会福利损失——对于既定的收入分配由总效用损失给出——将增加。这样，如下的变动将同时发生：

①效用不平等**减少**；

②收入不平等**不变**；

---

① 对于任何宣称不平等的比较要么是“完全评价性的和伦理上的”，要么是“完全描述性的和可观察的”的观点，还有其他的反驳理由。关于这一点，参见 *OEI-1973* 第 3 章。

③运用基于福利总损失的阿特金森型的规范性标准评价得出的不平等指数**上升**。[①]

119 当然，由这两种理路得出的结论并不是在任何情况下都不一致，但通过上例的分析可以看出，我们在标准的描述性意义上对不平等的理解可能与不平等的“规范性量度”颇不一致。我们确信，即使规范性方法对于政策的制定而言自有其正确性，我们仍会有这样的疑问：与不平等所造成的**损失**相比，这是不是“测度”不平等的好方法？

这就传递出一个最起码的信息，即如果我们并不假设必须把描述性方法以某种方式**纳入**标准的规范性尺度的伦理观之中，那么我们是否还会对不平等比较中的描述性内容保持严肃的认识上的兴趣。

（6）**公理化分析**。*OEI-1973* 在评价不平等时广泛使用了形式化的公理，这部分是受了社会选择理论的影响。公理化方法有一些缺点，尤其是某些公理的背景难免使人茫然不知。[②] 另外，当某些评估原则晦而不明时，这种方法可提高这些评估分析的准确程度。例如，该方法既适用于洛伦兹比较的各种解释，也适用于如

---

① 参见森（1982a），第 416～422 页。与关于不平等的伦理指标相“对立”的指标由 B. 汉森（Bengt Hansson，1977）提出并做了精辟的分析，森（1978）又做了进一步的发展。

② 参见雷（1981），与此问题相关的讨论，可参见亚里和巴希尔（Yaari and Bar-Hillel，1984）、特姆金（1986，1993）、布鲁姆（Broome，1987）、勒格朗（Le Grand，1991）、埃米尔和考埃尔（Amiel and Cowell，1992）、菲尔茨（1993）、滕戈登（Tungodden，1994）、福斯特（1994a）、汤姆森（Thomson，1996）等。

下种种分析结果：由于缺乏人际比较而使评估一筹莫展（定理1.1）；由于某种类型的信息缺漏而得出的平等主义的结论（定理4.1和4.2）；以及介于这两种情形的种种情形。

“弱平等公理”（WEA）是我们曾用到的一个公理，该公理指以某种特别的方式，在总效用水平层面上，把减少分配上的不平等置于优先地位（第18～22、43～46页）。如果对于每一个给定的个人收入水平，个体甲的总效用都小于个体乙，那么WEA要求 120
在一个针对n个人（包括这两个人）的对于给定总收入的最优分配中，甲应该拥有比乙更多的收入。在某种程度上，这是一个非常强的要求，因为它是迈向效用上的平等主义的一个步骤，而不考虑在增加总效用过程中收入分配的效率方面的问题，这在某种程度上走到了与功利主义恰好相反的方向，后者只关注产生效用的效率（而完全无视实际存在的个体效用的不平等）。WEA与功利主义可谓针锋相对，这正是其价值所在。①

---

① 毫不奇怪，对WEA的批评主要来自功利主义者［例如，勃兰特（Brandt，1979）、格里芬（Griffin，1981，1986）］。这些批评固然动听，但都明显曲解了WEA的要求——他们所说的反例实际上并不合适。例如，格里芬和勃兰特都认为WEA适用于特定资源（如专业化的医疗服务）的分配问题，并且都十分明确地反对给予对医疗服务具有较少需求的人以该种服务（尽管一般说来这些人受剥夺程度更大）。事实上，WEA适用于对总收入（一个一般化的资源）的分配，它并不要求给予拥有较少某种特定资源（如医疗服务）的人更多的该种资源，即使从更广泛的意义上说他的境况更差。补偿问题是说应当给予从总体上来说生活条件更差（对每一给定水平的收入份额）的人更多的收入（一个一般化的资源，或者用罗尔斯的术语说，就是“基本善”），更不是给予他更多的某种特定资源，因为其他人可能更需要这种资源［对此问题的进一步讨论，参见森（1981）］。关于与此相关的公平补偿问题，参见罗默（1993）、弗勒贝（Fleurbaey，1994，1995a，1995b）。

（7）**局部排序**。虽然通过公理化方法可以对任何一种对不平等的评估方法所暗含的原则进行精确的公式化，但也可能暴露各种不同原则之间的冲突。在 *OEI-1973* 中广泛运用的一个步骤是寻找不同原则或方法的部分一致性，然后将所有的比较都限制于以这种部分一致性为基础的“交集”排序。这个步骤倾向于追求一个局部排序（或“拟序”）。洛伦兹比较——包括由阿特金森开创性研究中所提出的方法——本身就可以看作属于此类，但“交集”方法也可以用于解决许多其他方面的问题。*OEI-1973* 的许多分析
121 讨论中，一个共同的特征就是寻找诸如此类的“共享的背景”，就连 *OEI-1973* 的结尾还提到了这一点（第 106 页）。近期关于不平等的评估问题的著述中，有相当大一部分依据了局部排序，在后面的章节中，我们将对这类文献加以关注。

我们可以从实用主义角度来为这种方法论的观点辩护：我们需要“往前推进”，而不是坐等所有问题都得以解决（这些问题或许本来就很难出现，甚至根本不可能出现）。但在这里有一个关于描述性方法论的更大的问题，这个问题在 *OEI-1973* 有所涉及，对此的全面讨论可参见森（1992，第 46～49 页）。如果一个概念具有某种基本的模糊之处（正如构成“不平等”这个概念的思想所显示的那样），那么对这个模糊的概念所做的**精确**阐述必然会**保留**这种模糊之处，而不是试图通过某种带有随意性的完备排序把它消除。由于在对不平等进行评价时需要“**描述上的准确性**”，因此认识到上面这一点很重要，而且我们需要将这种对准确性的要求同明确坚持完备排序（而不顾基本概念本身所具有的模糊性）的

主张区分开来。[①]

（8）**激励与不平等**。赞成容忍不平等的人通常以激励为理由。*OEI-1973* 第 4 章对这个问题有所讨论。通过将对该问题的分析与关于各种“分配原则”的政治文献［马克思（1875，1887）］联系起来，我在 *OEI-1973* 第 4 章讨论了激励问题和个人动机的性质之间的关系。我还分析了基于激励的不平等与基于应得的不平等之间的区别（第 102～106 页）。[②] 在本增订部分中，我们不再把这个一般性问题看作一个特定的研究专题。

（9）**不同的人口数量与福利标准**。当我们对不同国家的不平 122
等程度进行比较时，常见的情形是各国人口数往往不同。然而，有关不平等评估的标准理论所援引的标准福利经济学理论仅适用于人口数既定的情形，说得更宽泛一些，至少适用于人口数不变的情形。因此在福利比较的标准上，我们应当放弃人口数不变的假设，而代之以考虑到人口数发生变化的情形。当然，最简单的情形是人口数中立，即在对人口数量进行倍乘时，福利标准不变，这在 *OEI-1973*［以及达斯格普塔、森和斯塔雷特（1973）］中有所应用。人口对称性公理对此加以公理化，依据该公理，通过对不同的人口数进行适当的倍乘以使倍乘后的人口数相一致，可以使得对应于不同人口数的不同福利标准（以及由此而得出的对不平等的测度方法）有比较的可能（*OEI-1973*，第 59～60 页）。这些

① 最新的一些研究将模糊集合和模糊偏好应用于对不平等的测量和评估中，正体现了这种一般的方法论理路，参见巴苏（1987b）、欧柯（Ok，1995）。

② 森（1992）对这些区别以及相关区别做了进一步的研究。

做法使得原来适用于人口数不变的福利经济学结果可以扩展到人口数发生变化时的情形。

对不平等的评估和对社会福利的评估并不是对称的，这是需要加以特别说明的。因为不平等是一个相对概念，所以如果我们将一个三人社会倍乘 100，从而得到一个 300 人的社会，在该社会中 100 个人的境况和初始社会中一个人的境况相同，那么我们有充分的理由认为在该过程中不平等程度不变。但是如果我们假设社会福利也未发生变化就太不合适了。当然，与平均效用最大化者相对立的“总和功利主义者”［如边沁、西季威克、埃奇沃思（Edgeworth）以及庇古］将会发现，倍乘是一件很好的事情（如果效用总和是正数的话），但他们并不是仅有的几个发现人口数中立的假设有很大问题的人。任何对整体的人类经验和生活感兴趣的人——而不仅仅是总效用最大化者——都会发现这其中的重大问题。

123 这样，人口数变动（尤其是倍乘的情形）对社会福利评估的影响与对不平等的评估和对不平等的规范性测度的影响之间存在着某种不对称性。看来这确实是一个需要认真思考的问题，因为对阿特金森的分析理路和 *OEI-1973* 孜孜以求的对不平等评估的规范性要求来说，对不平等的评估和对福利的评估之间的紧密联系是极为重要的内容。在 *OEI-1973* 中，由于考量的是“平均福利”（第 59 页）和“福利标准”（理路与对“生活标准”的分析相同）而不是社会总福利，从而使得对社会福利的评估与对不平等的评估结果一致。做出如下假设比较合理：如果不改变人口的内部结构而仅将人口数进行倍乘，则“福利标准”将不受影响，正如不平等指数保持不变一样。①

A.1.3 需进一步研究的问题

当然，在前一节里列出的在 *OEI-1973* 中受到关注的问题清单是极不完整的，但的确抓住了有关不平等研究的焦点所在。然而，在 *OEI-1973* 中，有些问题只是提出来了而未及深入探讨，甚至有些重要问题都未及提出。本增订部分的一项重要任务就是致力于探究自 *OEI-1973* 出版以来这些领域的新发展。这些新问题包括：平均收入的变动对评估不平等的影响（这一点在 *OEI-1973* 第 36～37、60～61 页只是有所提及）；对转移敏感性的要求（在 *OEI-1973* 第 27～33 页对此只进行了一般化的讨论，而没有把它放在一个公理化系统中加以分析）；对分解性与子群一致性（subgroup consistency）的要求（在 *OEI-1973* 第 31～34、39～41 页中简要地提到了这一点，但并未展开）。这些问题不仅就其本身而言很重 124
要，而且也与 *OEI-1973* 中所提出的评估不平等的一般策略有关。在第 A.2～A.5 章，我们将联系 1973 年以来的相关文献的一般讨论来对这些问题加以考量。

---

① 只要一想到如下两种类型的功利主义的对比，即：(1) 使总效用最大化；(2) 使人均效用最大化，我们可不必先为这个有争议的问题表明态度而后才能运用关于倍乘的“福利标准”的不变性。追求总和的功利主义者将福利标准和人口数的乘积视为社会的最大化目标，而追求人均的功利主义者则把福利标准本身视为一个恰当的最大化目标。当然也可能存在各种“中间”状态。

还有一个相关主题是对贫困的评价问题，在 *OEI-1973* 中对此并没有进行深入研究，尽管关于不平等的测度和评估的讨论与对贫困的研究有明显的联系。森（1976b）将 *OEI-1973* 中关于不平等研究的一些思路应用于对收入贫困的测度和评估，同时，在现代贫困研究这个一般性领域中，人们还做出了许多有趣且重要的贡献。在第 A. 6 章，我们将对这些文献的主线索进行分析。

还有一个重要问题只是受到了间接关注，这就是不同个体的需求差异问题。这个问题在 *OEI-1973* 中经常出现（见第 16～23、77～91 页），但还没有对仅在收入域或效用域中评估不平等做出重大转向。此外，要描述需求的特征，就要超越基于效用的框架，而 *OEI-1973* 则或多或少地仍局限于这个框架。特别是，到底应在哪个“评估域”中对不平等进行评估，就是一个需要加以考虑的重要问题。

这些问题与正义和平等这两个概念密切相关，而且和对不平等的规范性测度有非常紧密的联系。在当代关于“正义”的理论中，判定个体优势的方法，除了收入，其他方法（包括“基本善”“资源”“生活内容”“能力”“福利机会”等）也受到了极大的关注，它们与对不平等和贫困的评估之间的联系将在第 A. 7 章加以讨论。

A.2
不平等与福利

A.2.1 作为测度不平等的基础之一的福利

以福利经济学的传统工具为基础对不平等做出判定，这是在 125
OEI-1973 中所使用的两个主要方法之一。[①] 正如前面提到的那样，这种“规范的”研究思路是由阿特金森（1970a）在他的经典论文中首先提出的。[②] 阿特金森的方法中有两点重要认识。第一个是关于洛伦兹占优的“阿特金森定理”，该定理说明了在一系列假设条件下，洛伦兹排序是如何被解释为关于收入分配的一个福利排序的。这一系列假设包括：总收入不变、每个人的需求以及其他非收入特征相同、社会福利函数是加性可分的、个人效用函数是严格凹的——从而个体效用函数之和也是严格凹的（最后两个条件可以在相当大的程度上得到放宽，关于这一点，见 *OEI-1973* 第 3 章和本增订部分第 A.3 章）。

阿特金森方法的第二个成就是运用直观的方法将福利函数转

---

① 另一个方法是根据对不平等的传统理解寻找在描述意义上具有说服力的说法，比如，他们注意到从穷人到富人的收入转移必然会提高收入的不平等程度，在这里无须考虑到福利。这两种方法之间的区别和一致之处见 *OEI-1973* 第 61～63、71～72 页和第 A.1.2 节的第（5）点。

② 科尔姆（1969）也提出了一个相似的方法，不过，科尔姆更关注正义而较少专注对不平等的测度。

化为对不平等的测度，以及反过来，将对不平等的测度转化为福利函数。这种密切的一致性不仅有助于我们构建新的对不平等的测度方法，而且对于揭示那些无须任何福利假设即可使用的不平
126 等指标所暗含的价值判断也会有所助益。由于这个重要的关系对于该领域的研究至关重要，所以我们应当在这里稍做停留，把这个关系解释清楚。

通过一个并不复杂的图示，我们可以获得对阿特金森的研究方法的一个直观理解。不妨举只有两个人的情形的例子。在图 A.2-1 中，甲和乙这两个人完全相同，共同分享一个给定的总收入 OJ；JK 线代表对于给定总收入的所有可能分配，C 点代表平均分配，CE 为平均收入。每一条社会无差异曲线，比如 I^1、I^2 和 I^3，代表具体的社会福利水平，社会福利函数对个体收入是递增和对称的，但其边际替代率是递减的（或社会福利函数是严格拟凹的）。① 如果实际的收入分配是图中的 A 点（个体甲和乙分别得到
127 OF 和 AF），那么从社会福利方面来说，A“等价于”每个人获得相同的收入 BD，因为 A 和 B 位于同一条社会福利无差异曲线上。因此，BD 是实际收入分配 A 的“平等分配的等价平均收入”［对应于 *OEI-1973* 第 42 页的式（2.16）］对实际平均收入 CE 与平等

① 实际上，这对应于一个未必是加性的社会福利函数，因此它代表了更为一般的情形，即公式（2.16）和（2.17）（见 *OEI-1973* 第 42 页），而不是阿特金森的原始形式，即式（2.14）和式（2.15）（第 38 页）。还应注意的是，无差异图代表的是社会福利关于个人收入严格拟凹的情形；事实上在一个更为一般的情形中，我们可以使用更弱的条件，即严格 S-凹性［关于这一点，见达斯格普塔、森和斯塔雷特（1973）、*OEI-1973* 第 56～58 页］。

分配的等价平均收入 BD 之差进行适当的归一，我们就可以得到关于不平等的一个一般化的阿特金森测度方法，其指数化形式就是 $1-BD/CE$，正好对应于 *OEI*－*1973* 中的式（2.17）。

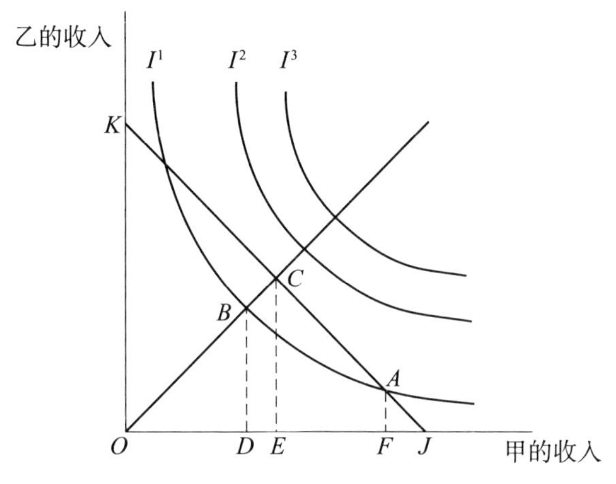

图 A.2－1

因此，这一类测度不平等的方法完全取决于社会福利函数（由各自的无差异图给出）。不难看出，相反的过程也是成立的，也就是说，如果我们知道了每一对收入（比如点 *A*）所对应的不平等水平，那么可以立即推出平等分配的等价平均收入，以此为基础，就可以画出完整的社会福利无差异图。这样，这种规范性方法就把关于不平等的测度问题和对福利的评估问题紧密地联系在了一起。我们在这个两人情形的图形中所要说明的结论也适用于 n 个人的情形。

不过，需要注意的是，对社会福利的测度与对不平等的测度方法之间并不存在一一对应的关系。例如，如果每个人的收入都翻倍，那么由于不平等基本上是一个相对概念，不平等程度很可能保持不变；对于大多数描述性测度方法（如变差系数或基尼指数）来说，该结论是肯定成立的，而且如果社会福利函数是位似函数，那么该结论也同样适用于规范性测度方法（关于这一点，我将在第 A.2.2 节中详细讨论）。另外，我们可以合理地假设，当每个人的收入全面提高时，社会福利水平会**提高**一些。一一对应的关系只适用于平均收入既定的情形（即在图 A.2-1 的两人情形中沿分配线 JK 移动）。

A.2.2 从福利到不平等

128 等价的收入函数具有**线性齐次性**——如果所有人的收入都加倍，那么等价的收入也将加倍——无论何时，初始的福利函数都是**位似函数**。[①] 从直观上来说，位似性要求不同无差异曲线之间是“辐射状复制的”（向外或向内发散）。在这种情况下，对不平等的测度方法必定是均值无关的。[②] 阿特金森注意到，在存在位似性的情况下，可加性把我们的思路局限在了单参数族之内：

$$A_\varepsilon(\mathbf{x}) = \begin{cases} 1-\left[\dfrac{1}{n_x}\sum_{i=1}^{n_x}\left(\dfrac{x_i}{\mu_x}\right)^{\varepsilon}\right]^{1/\varepsilon} & (\varepsilon \leqslant 1 \text{ 且 } \varepsilon \neq 0) \\ 1-\prod_{i=1}^{n_x}\left(\dfrac{x_i}{\mu_x}\right)^{1/n} & (\varepsilon = 0) \end{cases}$$

① 如果一个函数是一个线性齐次函数的单调递增变换，那么它是位似的。注意，福利函数和与它等价的收入函数彼此互为对方的单调递增变换。

② 如果 x 中的每一个收入都加倍，那么 $I=(\mu_x-e_x)/\mu$ 将不变，因为 μ_x 与 e_x 都将翻倍（其中 μ_x 与 e_x 分别是平均收入和等价收入）。有趣的是，当福利本身是线性齐次的时，多尔顿（1920）的方法（见 *OEI-1973* 第 37 页）产生了一个和阿特金森方法相同的测度不平等的方法。

这就是著名的阿特金森族。[①]

如果福利不是位似的，将会如何呢？在规范的不平等测度中，均值无关性将不复存在，而且按照普遍的看法，“不平等”本是个相对的概念，如今却有了“绝对主义的”因素。布莱克比和唐纳森（1978）提出了一个可供选择的步骤，对于非位似的社会福利函数，该步骤提供了一个测度相对不平等的方法。

回想一下，非位似函数的福利无差异曲线并不都是互相辐射状复制的。布莱克比和唐纳森（1978）构造了一条“参考”曲线，借以生成一个“代用的”（或一个“拟构的”）线性齐次的福利函 *129*
数。通过运用阿特金森变换，我们就得到一种相对的测度方法，或者更准确地说，一种对于每一个福利参考值均不同的相对的测度方法。如果初始的社会福利函数是位似的，那么代用的福利函数和相对不平等测度方法都将是“无须参考的”，这样我们就回到了阿特金森的初始思路。

布莱克比和唐纳森提供了另一种变换，很好地扩展了阿特金森的分析思路。然而，在这个一般化过程中也不可避免地有一些代价。正如布莱克比和唐纳森指出的那样，由此得出的不平等指标虽然是相对的，但未必具有“规范意义上的重要性”。除了参考值，代用的和真实的福利函数可能会不一致。结果，一个特定的收入再分配可能会同时导致更高的不平等程度和更高的（实际）

---

① 正如在 *OEI-1973* 中所讨论的那样，去掉可加性这个要求会有效地扩展基于福利的对相对不平等的测度方法的范围。

福利水平，从而破坏了暗含于经典的阿特金森方法之中的与此相反的关系（对于既定的平均收入而言）。在不存在位似性假设的情况下，通过社会福利方法，布莱克比-唐纳森的计算结果可识别出测度“相对不平等”过程中所蕴含的折中。

A.2.3 从不平等到福利

在进行均值不变的比较时，为了对某个不平等测度方法所暗含的价值判断有所认识，我们可以对不平等值进行任意的负变换，甚至只是简单地取不平等测度指标本身的相反数。但是为了使福利比较适用于不同均值的情况，我们必须采取一种把不平等测度方法 I 和不同的平均收入联系起来的特定变换方式。当指标 I 在 0—1 取值时，一个显而易见的选择是阿特金森变换的反向变换。对于均值无关的 I，我们由此可以得到线性齐次的福利函数：

$$W=\mu(1-I)$$

该变换实际上是非常自然的，由此而得到的福利函数可以从直观上解释为经由不平等程度 $1-I$ 向下修正过的总额 μ 的大小。

130 这个关于 W 的公式和基于基尼系数的福利指标 $\mu(1-G)$ ［由森（1976a）得出］具有明显的相似性，但后者使用了一种极为不同——特别是针对多种商品情况——的方法。[①] 在那种对多种商品

① 其相关的结果，还可参见费希尔（1956），格拉夫（Graaff，1977，1985），哈蒙德（1978），布莱克比和唐纳森（1978，1984），乔根森、劳和斯托克（1980），罗伯茨（1980c），奥斯马尼（1982），乔根森和施莱斯尼克（1984），卡克瓦尼（1986）等。

情况的分析中，对于任何商品分配向量（指定给予每个人的每一种商品的数量），根据 $\mu(1-G)$ 的值都可以得到一个位于商品分配空间的“约束超平面”。在该超平面之下社会福利明确小于在 x 中的社会福利，但在该超平面之上情况则不明确（基本上取决于无差异曲面的确切斜率，而对于无差异曲面，我们只知道它们是凹的；也就是说，社会福利函数是拟凹的）。这样，在如下两点之间就不存在准确的一致性，而只具有值得注意的相似性：

（1）在单一商品情形中（具有齐次性收入），通过阿特金森变换的反向变换来得到福利函数 $\mu(1-I)$；

（2）把 $\mu(1-G)$ 作为一个超平面来使用，该超平面非对称地形成了优集的边界，并由此确认一个对于社会福利的不完全严格排序。

二者的区别并不仅仅在于后者使用了一个特定的不平等指标（即基尼系数 G）而前者则包含了对任何不平等指标 I 的参数使用；事实上，后者的分析过程可以被扩展到包括除了 G 以外的其他不平等指标。主要的区别在于在后面这种方法中使用了一般性的凹性（或者准确地说，拟凹性）方法，从而可以对一个多商品情形进行分析。由后面这种方法所产生的不完全严格排序避免了单一商品情形这个不合理的简化假设，而且不需要武断地指定一个特定的基于商品的效用函数。[①]

与阿特金森的分析相接近，布莱克比和唐纳森（1978）对于

① 关于这一点，参见森（1976a）、奥斯马尼（1982）的相关著作。

每一个普遍使用的不平等测度指标 I 构造了一个福利函数 $\mu(1-$
131 $I)$。他们通过在一个总收入固定的涉及三人收入的简单图形中描绘出无差异曲线，阐明了每一种情形所暗含的价值判断（见 *OEI-1973* 第 56～58 页）。[①] 从这些简单的图形中我们可以获得大量关于不平等测度方法的信息，而且由于布莱克比和唐纳森的分析，我们对社会福利和对收入不平等的福利测度之间关系的理解大大加深了。[②]

① 我们可以把这个涉及三人收入的单纯形称为"科尔姆三角"，因为科尔姆最早使用了这种描述［科尔姆（1969），第 190 页］。

② 其相关问题还可参见布莱克比和唐纳森（1980a，1980b，1984）。

A. 3
福利函数：一致性与占优

A. 3. 1　局部排序与交集拟序

所有关于收入不平等的具体统计量度（如基尼系数、变差系 132
数或泰尔的熵测度方法）都会产生一个“完备”的排序，即要求对所有收入分配数对都可以排序。对于定义于收入向量域的清晰而完备的福利函数来说，也是如此。相反，像洛伦兹关系这种局部排序关系对许多收入分配数对束手无策，除非是明晰无误的比较结果。以洛伦兹曲线为例，这种比较是建立在曲线甲上的所有点都高于（或至少不低于）曲线乙的点的基础上，这就有可能形成一个不完备的排序关系（取决于要比较的洛伦兹曲线是否相交）。

与有意设计的局部排序相比，如果我们以不同的完备排序的**叠合**规则（如由收入不平等的不同统计量度而来的清晰而完备的排序的“共享”部分）为基础来进行排序，那么同样也可能得到一个局部排序。*OEI-1973* 主要关注的是基于各种完备排序的“交集”的不完备关系——我们称之为“交集拟序”（第 72～74 页）。交集拟序是建立在某个标准集的一致的基础上的，或者说，是基于由这些不同标准而来的排序的交集。如果这些标准是福利函数（或不平等量度），则交集拟序的结果与选取哪个可行的福利函数无关（如果这些标准是不平等量度，则结果与从可接受的不平等指标中选取哪个不平等量度无关）。

133 本节提到的“交集方法”都是基于福利函数的背景进行讨论的，而后文即第 A.4.2 节中的“交集方法”则是基于不平等的相对量度。

对于均值不变的比较而言，关于洛伦兹占优的“阿特金森定理”本身即可视为打通了两种交集拟序。确实，洛伦兹占优反映了不平等比较的交叠情况，这恰与由可行的福利函数集而来的交集拟序一致（举个例子，如果所有人的效用函数都是严格凹的，则所有人的效用总和即是这种情况，而这正是阿特金森的思路）。[①]接下来的工作就是要解决这些拟序的重要方面的问题，尤其是这些拟序如何解决不同均值的比较问题以及如何使这些拟序向“更为完备”的方向努力。例如，我们知道，洛伦兹排序是由所有“相对的”不平等测度方法产生交集拟序，福利交集拟序拥有自己的“广义”洛伦兹曲线，该曲线表明了该交集拟序何时成立。

阿特金森定理中的可加性的福利函数式如下：

$$W(\mathbf{x}) = \frac{1}{n_x}\sum\nolimits_{i=1}^{n_x} u(x_i)$$

对于任意长度 n_x（即人数为任意值 n_x）的收入分配向量 $\mathbf{x}$，$u'>0$ 且 $u''<0$。这组福利函数中的任何一个显然都具有如下性质：(1) 对称

① 这种基于个体效用之和的加性情形是对所有个体 i 的 $u(y_i)$ 之和的一个特殊应用，其中 u 函数是严格凹的，它并不一定代表个体效用函数。阿特金森本人所关注的正是后面这种广义情形。可以证明，从其他的非加性社会福利函数集也可以得到同样的结果（关于这一点，参见 *OEI-1973* 第 3 章）。

性；(2) 倍乘不变性；(3) 单调递增性；(4) 严格凹性；(5) 可加性。[1] 阿特金森的计算结果表明，对于所有满足这些性质的福利函数，如果 $\mathbf{x}$ 的洛伦兹曲线高于 $\mathbf{y}$，那么（对具有相同平均收入的分 134
配而言）$W(\mathbf{x})$ 大于 $W(\mathbf{y})$。对于这样的比较，洛伦兹占优就相当于产生于这些福利函数的排序的交集。

OEI-1973 第 3 章中所提出的定理足以表明：为了得到前面的结果，可加性并不是必需的，而严格凹性可以放宽为严格 S-凹性。[2] 这样我们就可以把阿特金森结果中的福利函数集一般化为一个更为宽泛的福利函数集，因此，对于该集合而言，洛伦兹排序就是决定性的。[3] 这个由洛伦兹排序所产生的**充分性结果**显然是阿特金森定理的一般化结果，而相反的结果，即昭示了洛伦兹排序所引发的结果的**必要性结果**则可以纳入阿特金森定理之中。如果先检验所有的严格凹的福利函数是否都有相同的排序，然后宣称是否存在洛伦兹占优，则是没有必要的，因为一个范围更小的、严格满足可加性和严格凹性的函数群所具有的一致性足以确保该

---

① 严格凹性、单调性和可加性是以向量作为自变量的实值函数为人们熟知的一般性质。倍乘不变性在前面讨论过了，它要求如果通过一个任意倍数的复制可以由 $\mathbf{y}$ 得到 $\mathbf{x}$ [从而 $\mathbf{x}=(\mathbf{y}, \cdots, \mathbf{y})$]，那么有 $W(\mathbf{x})=W(\mathbf{y})$。这有效地确保了 W 反映的是人均福利。最后，对称性要求如果 $\mathbf{x}$ 是 $\mathbf{y}$ 的一个（重新）排列，那么，$W(\mathbf{x})=W(\mathbf{y})$。

② 在对称性情况下，无论对于严格凹性还是严格拟凹性，严格 S-凹性都是一个较弱的要求。事实上，严格 S-凹性是我们所能给出的最弱的条件；在存在对称性的情况下，它等价于庇古-多尔顿转移条件。当任何从穷人到富人的收入转移都会降低社会福利 W 时，庇古-多尔顿转移条件得到满足。

③ 这里所涉及的许多福利函数在 *OEI-1973* 中并没有明确加以讨论，例如，由韦马克（1981）以及唐纳森和韦马克（1977）所提出的广义基尼方程，也可以被看作不可预期的效用 [参见亚里（1988）]。

结论，即它是洛伦兹占优的一个具体表现（见 *OEI-1973* 第 54～55 页）。这也意味着：范围更小的、可加的、严格凹性的福利函数群的一致性足以确保范围更大的、更一般化的函数（无须具备可加性，只需具备严格 S-凹性）的一致性。结果，对于针对不同福利函数的一致的福利判断这样一种特殊情形而言，可加性和严格凹性根本不意味着一种额外的限制。

A. 3. 2 广义洛伦兹占优

135 阿特金森定理中提出的均值不变的比较并非这些福利函数能够达成一致的唯一一种比较类型。肖罗克斯（Shorrocks，1983）提出了一种广义洛伦兹（generalized Lorenze，GL）曲线，即经均值 μ 按比例调整后的洛伦兹曲线 L［也就是说，对于每一个人口份额 p，$GL(p)=\mu L(p)$］。[①] 借助于 GL，我们可以对上面的分析思路加以扩展，从而得到一个对“福利一致性”拟序的性质的完整描述。广义洛伦兹占优的定义与洛伦兹占优相似：如果 GL_x 位于 GL_y 之上（或至少在某些地方高于且在任何地方都不低于 GL_y），那么根据广义洛伦兹标准，$\mathbf{x}$ 支配 $\mathbf{y}$，记为 $\mathbf{x}GL\mathbf{y}$。图 A. 3 - 1 说明了这种广义洛伦兹曲线的比较。

肖罗克斯（1983）证明了，对于所有满足前面提到的条件的福利函数 W，$\mathbf{x}GL\mathbf{y}$ 等价于 $W(\mathbf{x})>W(\mathbf{y})$。[②] 因而对于这组福利函

---

① 虽然肖罗克斯是第一个对 GL 的条件和作用机制做出准确描述的人，但在他之前的一些人尤其是布莱克比和唐纳森（1977）对这个一般问题已有论述。

② 实际上，肖罗克斯结果涉及的是广义洛伦兹支配的弱定义，因此他得到的福利占优的不平等程度较弱。还可参见马歇尔和奥尔金（Marshall and Olkin，1979），第 109 页。

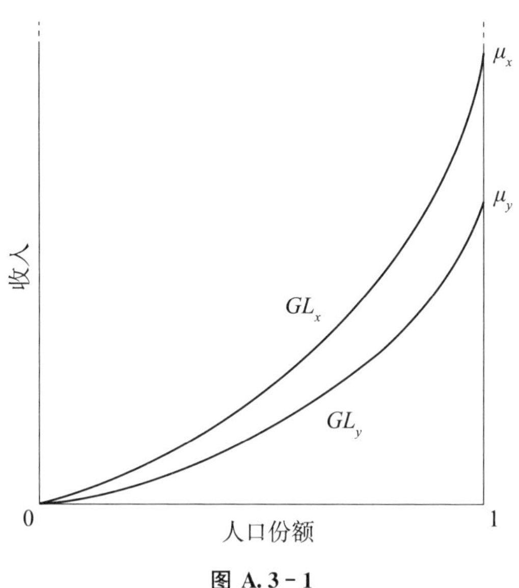

图 A.3-1

数而言，如果均值不同，*GL* 就是一个可以表征一致的更高的福利 136
的恰当指标。在均值相同的特殊情形中，**x***GL***y** 与 **x***L***y** 一致，这样我们就回到了阿特金森的洛伦兹定理及相关结果（见 *OEI* - *1973* 第 3 章）。

尽管通过取消均值"不变"这个要求，广义洛伦兹排序可大大扩展福利比较的范围，但它仍是不完备的（和纯粹的洛伦兹方法一样）。例如，如果 **x** 具有较高的均值，而 **y** 中的最低收入高于 **x** 中的最低收入，那么根据 *GL*，不能对 **x** 和 **y** 进行排序。然而，肖罗克斯等提供了大量经验性例子，在这些例子中，*GL* 可以适用，并且福利函数相一致。事实上，这个扩展更多地具有实践上的重要性。

肖罗克斯（1983）的结果为我们描述满足前面要求的性质的

福利函数的特征提供了一种可供选择的方法，即 *GL* **一致性**（因为在应用中，这些福利函数与广义洛伦兹排序相一致）。此外，它还提出了一种特定的 *GL* 一致的福利函数，与对基尼系数的洛伦兹解释相类似，该福利函数也集中关注洛伦兹曲线以下的面积。这样我们就可以把它和森（1976a）提出的对在“调整后的分配的真实国民收入” $\mu(1-G)$ 中存在的不平等进行的基于基尼系数的“校正”联系起来。[①] 令 W 为广义洛伦兹曲线以下图形
137 面积的 2 倍。W 在 0（当 *GL* 接近水平轴时近似于 0）到 μ（当 *GL* 接近代表完全平等的对角线时近似于 μ）之间取值，显然它是 *GL* 一致的。不难证明，W 就是 $\mu(1-G)$，它恰好与森（1976a）所使用的基于基尼系数的社会福利指标相一致。[②] W 可以用简单的图形来加以说明，并且可以被解释为经基尼系数向下修正后的平均收入，这两点使得它作为一个直观的和有用的福利指标更具吸引力。

---

① 事实上，正如前面所论述的那样（见第 A.1.2 节），$\mu(1-G)$ 并不是福利函数本身，而只代表森（1976a）所分析的多商品空间中的一个支撑超平面，该超平面给出了优集的下边界。然而，与前面的分析相一致，在单一商品情形（或具有固定的替代率从而可以被视为单一商品情形）和个人权重为线性的特殊情形中，$\mu(1-G)$ 也可以作为福利函数来使用。正是以那种较简单的方式，$\mu(1-G)$ 在国家间比较这样的实际经验工作中得到了最多的使用，例如，参见联合国《人类发展报告：1990 年》[联合国开发计划署（1990），第 11～13 页]。关于这种方法以及相关测度的方法的使用，还可以参见森（1973b）、卡克瓦尼（1980a，1981，1984b，1986）。

② 需要注意的是，尽管 $\mu(1-G)$ 是完全 *GL* 一致的（事实上它对应于广义洛伦兹曲线以下面积的 2 倍），但并不是所有使用其他的不平等测度方法 I 的形式为 $\mu(1-I)$ 的福利函数都是 *GL* 一致的。反例参见布莱克比和唐纳森（1978）。

A.3.3　随机占优

各种一致的拟序被广泛应用于对风险行为的分析，且该方法与评估不平等和福利时所使用的不同排序的交叠颇为一致。在对风险的分析中，如果对于一个给定集合中的所有效用函数，一个分配都会产生高于另一个分配的期望效用，那么我们就说前者随机占优于后者。

有三种普通的随机占优关系——“第一、第二和第三顺序”——分别表示为 FSD、SSD 和 TSD。当所有拥有正的边际效用的人都偏好分配甲胜于分配乙时，FSD 关系成立；SSD 适用于所有拥有正的和递减的边际效用的人具有相同的偏好排序的情况；TSD 要求所有具有正的、递减的和凸的边际效用的人的偏好相一致。① 当我们按照从 FSD 到 SSD 再到 TSD 的顺序来考察随机占优关系时，我们所面对的是越来越小的集合，也就是说，这三种一致的拟序是套在一起的。由最不完备的排序 FSD 可以推出 SSD，138
由后者又可以顺次推出 TSD。

通过将期望效用适当地重新解释为群体福利，这三种关系也可以被解释为福利的交集拟序。事实上对于所有对称的、倍乘不变的和单调递增的福利函数，FSD 都是一致的。FSD 加上庇古-多尔顿转移条件就得到了 SSD，即初始的福利交集拟序（或广义洛

① 每一种关系都可以由一个关于累积分布函数（cdf）的简单条件得出，该条件指出了收入不大于 s 的人口在总人口中的比例 $F(s)$。在那个代表性框架中，FSD 直接对 cdf 进行比较；SSD 对 cdf 的积分进行评估价［罗斯柴尔德和斯蒂格利茨（1970）的积分条件与此相对应］；而 TSD 使用 cdf 的二重积分。可参见巴瓦（Bawa，1976）。

伦兹占优）。[①] SSD 再加上“转移敏感性”条件（不久我们就将论述包含该条件的一组性质），我们就得到了 TSD。该条件要求在收入水平较低的情况下，一定量的收入转移对社会福利应该具有更大的影响。

当 SSD 和 TSD 用于标准化的分配（平均分配收入）时，会产生两种重要的不平等拟序，在第 A.4 章中我们将对它们做进一步的研究。正如在第 A.6 章中要论述的那样，在对贫困的分析中，随机占优关系的应用也被证明是颇有成效的［参见福斯特和肖罗克斯（1988a，1988b）、阿特金森（1987）］。另外，随机占优关系已经被应用到多个变量的分配情形。阿特金森和布吉尼翁（Atkinson and Bourguignon，1982）在对多维度的福利比较的支配方法的研究中充分利用了这些结果。[②]

① 积分条件要求沿收入轴对 cdf 积分；广义洛伦兹曲线通过对 cdf 的反函数沿人口数轴进行积分而构建。简单改变一下变量就可以把积分条件转变为广义洛伦兹支配。参见福斯特和肖罗克斯（1988a，1988b）。

② 关于多维度的不平等和福利比较的不同方法，参见科尔姆（1977）、马苏米（Maasoumi，1986，1995）、达丹诺尼（Dardanoni，1992）、崔启源（Tsui，1995）等。特别是福斯特、马宗达和米特拉（Mitra，1990），他们在市场背景下对阿特金森定理重新进行考察，说明了对于支出分配的广义洛伦兹比较（特别是包括对国民收入的希克斯比较）为什么可以作为较高总效用的标志。

A.4

相对不平等：测度方法与拟序

A.4.1 相对不平等测度方法集合

在这一章，我们将关注不平等测度方法和拟序的一致特征。 139
我们将特别关注不平等比较的相对方面。大多数普遍使用的对不平等的数值测度方法都是倍乘不变的和均值无关的。也就是说，当人口数或平均收入发生变化时（这并不会影响相对分配），由这些方法进行测度所得到的结果并不发生变化。洛伦兹比较也具有这些不变性特征。例如，当分配 $\mathbf{x}$ 中的收入水平被任意复制以得到（$\mathbf{x}$，…，$\mathbf{x}$），或者被同比例地扩大（或缩小）k（正数）倍以得到分配 $k\mathbf{x}$ 时，洛伦兹曲线并不会发生变化。①

满足如下条件的不平等测度方法被称为**相对不平等测度方法**（或简称为**相对测度方法**）：（1）对称性；（2）倍乘不变性；（3）均

---

① 这有依赖于加斯特沃斯（Gastwirth，1971）的标准定义，对于离散分配如 $\mathbf{x}$，该定义相当于根据最穷的 l 个人的人口份额（对于每一个 $l=0$，1，…，n_x）和收入份额进行描点，然后用线段把这些点联结起来。更一般地，如果 F 是任意累积分布函数[表示收入不高于 s 的人在总人口中所占的比例 $F(s)$]，并且 F^{-1}是它的反函数（如果 F 有跳变的话，则为“广义”反函数），那么对于 $0 \leqslant p \leqslant 1$，$F$ 的洛伦兹曲线可以定义如下：

$$L(p)=\int_0^p F^{-1}(q)\mathrm{d}q/\mu$$

其中，$\mu=\int_0^1 F^{-1}(q)\mathrm{d}q$ 为 F 的均值。

值无关性［这三个条件分别表示（重新）排列时的不变性、人口倍乘不变性和标量相乘不变性］；（4）庇古-多尔顿条件（从穷人到富
140 人的收入转移的结果使不平等的程度提高）。① 其中有代表性的方法有变差系数 C、基尼系数 G 和泰尔测度方法 T，它们在 *OEI-1973*（第 27～36 页）中都有介绍。

另外有两组方法也同样值得考虑，它们分别是泰尔测度方法和基尼测度方法的一般化。第一种测度方法集合是**广义熵**方法，对于 α 不等于 0 和 1，它被定义为②：

$$I_{\alpha}(\mathbf{x}) = \frac{1}{\alpha(1-\alpha)} \frac{1}{n} \sum\nolimits_{i=1}^{n} \left[1 - \left(\frac{x_i}{\mu}\right)^{\alpha}\right]$$

当 $\alpha=1$ 时，为泰尔测度方法：

$$I_1(\mathbf{x}) = T(\mathbf{x}) = \frac{1}{n} \sum\nolimits_{i=1}^{n} \frac{x_i}{\mu} \ln\left(\frac{x_i}{\mu}\right)$$

当 $\alpha=0$ 时，为泰尔“第二”测度方法，或曰平均对数离差：

$$I_0(\mathbf{x}) = D(\mathbf{x}) = \frac{1}{n} \sum\nolimits_{i=1}^{n} \ln\left(\frac{\mu}{x_i}\right)$$

注意，I_2 是变差系数的平方 C^2 的倍数。

将泰尔测度方法加以一般化或许显得多此一举，因为该方法本身“并不具备充分的直观性”（*OEI-1973* 第 36 页）。I_{α} 的合理性与下一节将要讨论的分解性特征有关。此外，I_{α} 还有其他方面的长处。例如，当 $\alpha<1$ 时，它可以被看作多尔顿指标——测度的是由

---

① 阿南德（1983）研究了这些测度方法的共同特征，并把它们称为不平等指标的洛伦兹集合（第 339～340 页）。

② 参见肖罗克斯（1980）、考埃尔（1980）、考埃尔和库戈（Cowell and Kuga，1981b），他们定义了这样的集合，布吉尼翁（1979）做了几乎相同的工作。

于不平等而损失的社会福利占总福利的百分比——其中社会福利是功利主义的，而个体效用函数则具有不变的相对风险规避系数［阿特金森（1970a）提出的“弹性不变”］。[①] 事实上，在该值域（$\alpha<1$）内的每一个 I_α 都是阿特金森测度方法的单调变换，而参数 141
α 可以被看作一个“不平等规避”指标（α 越小就越趋于规避不平等）。[②] 参数 $\alpha=0$ 还提示了不同收入之间的收入转移的敏感性。对于每一个 I_α，从富人到穷人的很小数量的收入转移的影响，不仅取决于转出者和接受者的收入以及平均收入，而且取决于参数 α［考埃尔（1995）给出了一个公式，对这个明确的关系进行了分析］。例如，I_2 表现为“转移中性”，因为无论高收入还是低收入，在收入差距不变的两人之间进行一定数量的收入转移都具有同样的影响。T、D 以及 $\alpha<2$ 时的所有测度方法（包括那些 $\alpha<1$ 时满足阿特金森条件的测度方法）都支持在分配中的较低收入水平间进行的收入转移。[③]

第二组测试方法，即**广义基尼系数**测度方法，也具有在分配的不同部分表现出不同的转移敏感性的优点。为了理解这一点，不妨回想一下，未经修正的基尼（系数）具有如下的性质：两人

---

① 布吉尼翁（1979，第 913 页）对此做了概述。当需要取绝对值时我们必须小心，因为在公式成立的情况下，效用和由此的社会福利可以是负的。考埃尔（1995）把 I_α 解释为对实际情况与完全平均分配之间的差距的测度。

② 关于对这一解释的一个富有启发性的论述，见阿特金森（1983）。

③ “对转移反应敏感”的特征将在第 A.4.3 节详述。当 $\alpha\neq2$ 时，这些测试方法强调发生在较高收入水平间的转移，即表现出一种“反向敏感性”，这使得人们对在该范围下 I_α 的适用性提出了质疑。需要注意的是，所有广义熵方法都具有如下的性质：两人之间收入转移的影响与其他人的收入分配无关——这是对在判断分配上的变化时所使用的信息的一个很强的限制条件（后文详述）。

间的收入转移的影响取决于这两个人的相对排序或相对位置，而与他们的实际收入无关。事实上，由于对基尼（系数）的影响只取决于排序上的差异，或者说，取决于收入介于两人之间的人数，而不取决于他们的具体排序，所以基尼（系数）表现出一种较为特别的“位置转移中性”的特征。

我们可以保留位置的重要性而不必要求基尼系数的严格（位
142 置转移）中性。例如，为了强调在较低收入水平间的收入转移，我们可以在基尼系数的定义中改变收入的权重［见 *OEI-1973* 中的式（2.8.3）］。另一种可供选择的思路是，对用于计算基尼面积的洛伦兹距离［$p-L_x(p)$］中不同的 p 赋予不同的（正的）权数 θ（p），从而得到广义基尼集合，肖罗克斯和斯洛特杰（Shorrock and Slottje，1995）对此给出了如下的定义：

$$G_\theta(\mathbf{x})=\frac{\int_0^1[p-L_x(p)]\theta(p)\mathrm{d}p}{\int_0^1 p\theta(p)\mathrm{d}p}$$

需要注意的是，分子是 45°线和洛伦兹曲线之间的加权面积，而分母是 45°线以下的加权面积，因此当 $\theta(p)$ 为一常数时，$G_\theta(\mathbf{x})$ 便成为标准的基尼系数。例如，通过选择一个递减的权数方程 $\theta(p)$，我们可以保证给定“距离”（即收入介于两个人之间的人数不变）的两个人之间的收入转移在收入分配中的低端时，（也就是说，涉及收入转移的两个人都很穷）具有更大的影响。结果，通过选择特定的权数方程，我们可以使 $G_\theta(\mathbf{x})$ 与“位置转移敏感性”以及我们所期望的其他形式的位置敏感性相一致。① 同样应该注意的是，两个人之间的一个较小数量的收入转移的影响与其他人的收入分配无关——只要这两个人在排序中的位置保持不变。这是对可用信息类型的一个限制条件。但是它不同于广义熵方法所强加的信息不变性限制。

A.4.2 洛伦兹占优与相对不平等

虽然基于单一不平等测度方法的分配判断在公共辩论中经常用到，但是由于另一种测度方法可能会导致完全不同的结论，因此从这个意义上来说，这些分配判断可能有很大的随意性。正是出于这样的考虑，笔者在 *OEI-1973* 中指出：我们不应依赖那些 *143*
产生于单一不平等测度方法的排序，而应根据各种不同的测度方法——它们每一种都在某一方面有所偏重并都有一定道理——的交集来进行排序（第 72～76 页）。如果根据**任何一种**可行的不平等测度方法，某个分配状况 A 在不平等方面的排序都高于另一个分配状况 B，那么事实上我们有充足的理由认为 A 比 B 更为不平等。这种交集方法已经受到了人们的关注，在本增订部分的第 A.3.1 节中，我们就是从福利目的出发寻找一个与所有福利函数一致的不平等排序。现在我们将就具有特定性质的各种不平等测度方法来对交集方法进行检验——这里并不直接涉及任何福利

① 关于基尼系数的一般化阐述的文献包括梅兰（Mehran，1976）、派亚特（1976，1987）、唐纳森和韦马克（1980）、卡克瓦尼（1980a，1981）、韦马克（1981）、尼加德和桑德斯特罗姆（Nygard and Sandström，1982）、伊特扎奇（Yitzhaki，1983）等，虽然从前面定义的意义上来说这里所考虑的指标并不都是“相对”的。

函数。

交集方法在实践中的可用性取决于检验各种可行的不平等测度方法是否具有一致的可能性和便利性。当这样的测度方法所构成的集合很小时，对此直接加以检验是很简单的（见 *OEI-1973* 第 72～73 页），但是当该集合非常大，尤其是无限大的时候，直接检验就是不可行的了。另一种可选择的策略是找出暗含于可行的测度方法集合之中的分析要求的一般思路，然后据此得出一个对一致性或构建交集拟序本身方便的检验方法。

现在我们考虑"相对"不平等测度方法集合：这些方法都满足四个基本公理所要求的对称性、倍乘不变性、均值无关性和庇古-多尔顿条件。该集合会产生什么样的交集拟序呢？福斯特（1985）认为，答案恰好是洛伦兹拟序，它展现了那些相对不平等测度方法能够取得一致的所有比较的特性。[①] 如果我们根据某一相对测度方法认为 **x** 比 **y** 更为不平等，那么用洛伦兹标准加以检验，
144 便可进一步确定该判断是对所有相对不平等测度方法都成立还是仅适用于这种特定的方法。如果洛伦兹占优成立，那么所有相对测度方法会一致地得出该原始判断；否则，根据某种相对测度方法，我们可以得出与原始方法不同的排序。这也给我们提供了另

---

① 还可参见阿南德（1983），阿南德证明了所有相对测度方法都是洛伦兹一致的。他还强调该结果所表明的各种对不平等的洛伦兹比较除了规范方面的相关性以外，还有"在实证的或描述的意义上"的相关性（第 339～340 页）。关于相关结果还可参见菲尔茨和费（Fields and Fei，1978）、斯特凯特和温希普（Schokkaert and Winship，1980）。肖罗克斯和斯洛特杰（1995）对相对测度方法的"子集"是否有可能产生洛伦兹拟序进行了研究。他们证实了如下的结论：广义基尼方法可以产生洛伦兹拟序，而广义熵方法则做不到。

一种描述相对测度方法集合的方式，即，它们恰好是**洛伦兹一致的**（也就是说，它们与洛伦兹拟序相一致）。

这些描述性结果可以通过一个三人收入单纯形的图形来加以说明（正如 *OEI-1973* 第 56～58 页所示）。在图 A.4－1 中，根据洛伦兹标准，比 **x** 更平等的分配集合（即图中的阴影部分）位于根据这里所描述的所有三种相对不平等测度方法（即两个泰尔方法和变差系数）而得出的比 **x**“更为平等的”分配集合的内部。这说 *145*
明了这些特定测度方法的洛伦兹一致性。当我们继续使用另外一种“相对”测度方法时，不仅比 **x** 更平等的洛伦兹集合位于每一个新的“更为平等的”集合之内，而且对于所有“相对”测度方法“更为平等的”集合的交集倾向于收敛到洛伦兹“更为平等的”集合，这就说明了为什么我们可以把洛伦兹支配视为相对测度方法的一致拟序。

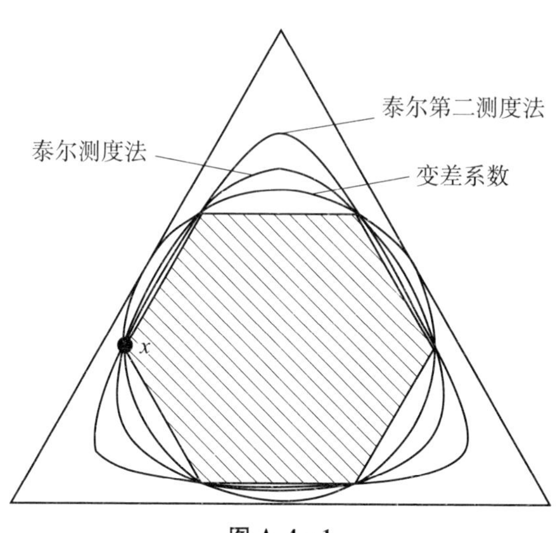

图 A.4－1

A.4.3 转移敏感性

庇古-多尔顿转移原则是平等主义的，因为任何从穷人到富人的转移都被看作不平等程度的增加和境况的恶化。但是该条件并没有告诉我们发生在收入分配向量的不同部分的收入转移所产生的影响的相对大小。一些洛伦兹一致的测度方法对发生在分配中的较高收入水平部分的转移更为敏感，另外一些方法则正好相反，而变差系数则是一个“剑锋”测度方法——也就是说，发生在收入分配的不同部分的收入转移具有相同的影响。①

阿特金森（1970a，1973）认为，发生在收入较低者之间的收入转移，其影响更大，从直接的和直观的意义上来说，这个要求看来是很合理的。毕竟，同样数量的一笔收入转移，发生在两个百万富翁之间与发生在两个穷人之间的影响是不同的，更不能说前者的影响大于后者。其实，该要求的特殊影响更主要地取决于如何将这种直观表述为分析上的要求，例如，取决于它是“基于收入”还是“基于位置”（关于二者的区别，下文将详述）。虽然
146 这个额外要求是一个开放的问题，但是弄清楚该要求的精确分析形式以及容纳阿特金森式的敏感性要求的特定含义，仍然很重要。

肖罗克斯和福斯特（1987）借助于他们称之为“起促进作用的合成转移”的变换，对这种观念进行了公式化阐述。该变换由

① 当然，除了这个分类，还有其他相对测度方法。它们之所以被排除在该分类之外，或者是因为它们对于转移的敏感性不是单调的，或者是因为在转移的影响大小和其位置之间没有清楚的联系。

收入分配中的低收入水平下的改进性转移和较高收入水平下的等额的倒退性转移组成（亦即由两个收入再分配组成，它们的转移金额相同，只是一个是由富人转向穷人，一个是由穷人转向富人，且前者发生收入转移的两个人的收入要低于后者的两个人）。[①]“对收入转移反应敏感的”不平等量度必定会把这种“起促进作用的合成转移”的方法看作降低不平等的方法。如果发生在较低收入者之间的收入转移的影响更大，那么发生在相对较穷的个人之间的改进性转移所产生的减少不平等的作用，应该超过发生在相对较富的个体之间的倒退性转移所产生的增加不平等的作用，其结果是，从总体上看，不平等程度降低了。

这个公理如果被无条件地加以实行，将有大量的测度方法被排除在我们的考虑之外，包括 $\alpha \geqslant 2$ 时的广义熵方法以及所有广义基尼（系数）方法。但仍有相当多的具备转移敏感性的相对测度方法被保留下来。肖罗克斯和福斯特（1987）研究了由相对测度方法的子集（被保留下来的那些方法）产生的交集拟序，并且得出了对相应的排序的特征概述。回想一下，对于均值不变情况下的比较，洛伦兹占优等价于第二随机占优，结果根据洛伦兹曲线的均值无关性，任意分配间的洛伦兹占优即为应用于标准化分配（收入被平均分配）的 SSD。根据洛伦兹一致的测度方法的对转移反应敏感的子集，我们可以得到一个新的且更完备的拟序。它可以

---

① 其正式表述为，一个起促进作用的合成转移包括一个数量为 $a(a>0)$、从个体 j 到个体 i 的收入转移，以及一个数量为 $b(b>0)$、从个体 k 到个体 l 的收入转移，其中 i、j、k 和 l 的收入依次递增，并且在转移前后总体方差不变。

147 表示为应用于标准化分配的第三随机占优。我们所取得的这些认识恰好反映了对均值不变情况下的比较而言，TSD 相对于 SSD 在范围上的扩展。当洛伦兹曲线只相交一次时（因此洛伦兹标准不再适用），我们可以给出非常明确的充分条件：如果 **y** 的洛伦兹曲线在初始阶段高于 **x** 且 **y** 的变差系数不大于 **x**，那么对于所有对转移反应敏感的测度方法而言，都必然有 **x** 比 **y** 更为不平等。①

我们在可比较性问题上所取得的实际进展可以通过收入单纯形的科尔姆三角来加以说明（见图 A.4-2）。需要说明的是，与 **x** 具有相同的变差系数的分配集合在图中用经过 **x** 的圆来表示；与 **x** 具有相同的最低收入的分配集合（其洛伦兹曲线的起点是重合的）在图中用经过 **x** 的等边科尔姆三角来表示 。和以前一样，四个阴影区域
148 代表洛伦兹可比较的点的集合，另外六个非阴影区为在新的拟序下的可比较的区域，它们包括那些位于虚线科尔姆三角之外并且在圆上或圆外的分配（如 **y**），还包括那些位于虚线科尔姆三角之内并且在圆上或圆内的分配（如 **y**′）。加上转移敏感性这个要求，就会使得前述不可比的洛伦兹排序的部分集合具备了可比较性。

这些研究结果在分析上和实践上都很重要，特别是由于转移敏感性作为一个一般原则对许多人有明显的吸引力。但是，在坚持使用具有转移敏感性的测度方法之前，有一些问题必须做到心中有数。这种基于收入的要求的实质拒斥了那些满足“对收入愈少者反应愈敏感”的直观要求和测度方法，如权重递减函数的广义基尼测度法。

---

① 戴维斯和霍伊（Davies and Hoy，1995）把这一结果推广到洛伦兹曲线有多个交点的情形。

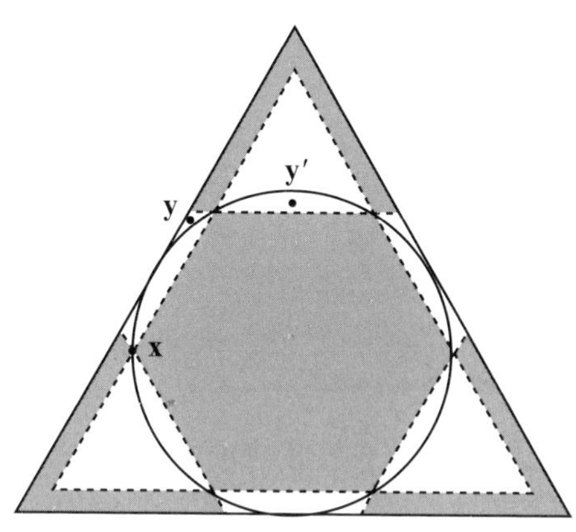

图 A.4－2

事实上，根据转移敏感性公理，我们可以立即排除所有广义基尼测度方法，不论它们是否具有相对敏感性。这是因为对于这类方法，收入转移的影响取决于位置而不是收入。这样，在重视个人相对位置的基尼观点和基于转移参与者的收入水平的转移敏感性原则之间就存在着方法上（而不是相对敏感性本身）的冲突。

同样应当清楚的是，对较高等级比较（判断两个“大小相同”的转移的相对影响）的依赖使得转移敏感性在某种程度上比其他基本公理（如庇古-多尔顿转移原则，它评价的是单一转移的直接影响）的可信性要小。关于这一点，笔者在 *OEI-1973* 中也曾提及：在转移敏感性方面，虽然我们有可能对此加以论证，但“到目前为止，在我们所研究的领域内，对不平等的直观看法还是相对模糊的”（第 28 页）。所以，我们最好还是把转移敏感性看作一个“锦上添花”的性质，而不是把它视为一个对测度不平等的基本要求。

A.5
分合性与一致性

A.5.1　可分解性

149 *OEI-1973* 在论述测度不平等的泰尔的熵方法时（第 35～36 页）曾经提到了人口子群的总和性质。对于加性可分性这个一般性质，在之后关于福利测量的内容中也有所论述（*OEI-1973* 第 39～41 页）。在那里我们还特别注意到由滨田（1973）模型引出的无关性原理。在对不平等的分析中，无论是从理论方面还是从实际应用方面来说，这两类条件，即“可分解性”和“子群一致性”，都将发挥更重要的作用。[①] 这些条件也已经被用来对各种不平等指标依据其合意性进行分类。一些对众所周知的不平等测度方法的基本描述正是以这些要求（被视为公理）为基础的。其他测度方法，包括最著名的基尼系数（也是在实践中应用最为普遍的不平等测度方法），由于不能满足这些要求而受到了批判。现在

① 例如，可以参考下列作者的方法上的探索：布吉尼翁（1979）、考埃尔（1980，1988a，1988b）、肖罗克斯（1980，1984，1988）、考埃尔和库戈（1981a，1981b）、福斯特（1983）、坎伯（1984）、拉塞尔（Russell，1985），以及如下作者所做的经验研究：穆柯吉和肖罗克斯（Mookherjee and Shorrocks，1982）、阿南德（1983）、考埃尔（1984）。我们还可以构造一个根据收入来源（例如，赚得的和非赚得的收入）来对不平等进行分解的有说服力的例子。肖罗克斯（1982）提供了一个对可选择的方法论的权威性研究。

我们来看一下对此的研究进展。[1]

不平等测度方法的可分解性的主要思想可以追溯到方差分析（analysis of variance，ANOVA）。这是一种传统的分析方法，用来计算某一变量（如收入）的变动“有多少”可以由相关特征 150
（如年龄、性别、种族、教育程度或工作经历）来“解释”。ANOVA 的主要公式把总收入方差与“组际”和“组内”方差联系在一起。如果我们用每一组的平均收入来代替该组内的每一个观察值，从而只关注各组之间的差异，那么此时与各组之间的差异所对应的就是“组际方差”B。“组内方差”W 指每一组内部方差的加权平均值，其中权数为“人口份额”或对每一组所做的观察次数在总观察次数中的份额。在只有两组的情形中，我们有如下的公式：

$$V(\mathbf{x},\ \mathbf{y})=[W]+[B]$$
$$=[\omega_x V(\mathbf{x})+\omega_y V(\mathbf{y})]+[V(\bar{\mathbf{x}},\ \bar{\mathbf{y}})]$$

其中，$\omega_x=n_x/n$ 和 $\omega_x=n_y/n$ 为“人口份额”权数（即每一组人数在总观察人数中所占的份额），$V(\cdot)$ 为各个收入分配向量的总方差，而 $\bar{\mathbf{x}}$ 和 $\bar{\mathbf{y}}$ 代表“平滑后”的各组收入分配（各组内的每一个成员都拥有该组的平均收入）。于是，组际方差与总方差的比率 B/V 就可以被解释为分组（或作为分组的基础的特征）对总方差的

[1] 阿南德（1983）在他对马来西亚的经济不平等和贫困问题所做的经典研究中给出了一个很好的例证，以此来说明对不平等的分解分析在传统的描述性研究中所具有的说服力。这本专著还包括一组关于“收入不平等测度方法”的非常有用的附录（第 302～354 页），大大便利了我们的引用。

贡献；类似地，W/V 可以被解释为组内方差对总方差的贡献。[①]

然而，应当注意的是，方差是对离中趋势的一个绝对度量，而不是一个**相对**不平等指标（*OEI-1973* 第 27 页）。事实上，如果每个人的收入都加倍，那么总体方差将变为原来的 4 倍。一般说来我们可以通过两种方式将方差转化为均值无关的测度方法：取收入对数的方差，或借助于变差系数。[②] 这两种方式都可以被解释
151 为如下的程序：先对收入进行**变换**，然后再求其方差，从而使得结果成为均值无关的。

对数方差可以通过如下方式求得：先取收入的对数，然后再求此收入对数分布的方差。事实上，按照明瑟（Mincer，1958，1970）颇有影响的著作的思路，在工资决定模型中已经出现了大量对数形式的收入变量。由此而得到的“半对数”回归方程产生了一个 ANOVA 分解，它包括一个以人口份额进行加权的组内项（如方差）和一个完全不同的组际项。[③] 然而，对数方差和方差本

---

① 例如，在一个简单回归模型中，如果每一组都拥有相同的独立变量值，那么 R^2 测度的是组际贡献，而 $1-R^2$ 则是未被解释的比例，它对应于组内贡献（也就是说，在选定的独立变量值相同的情况下，其他变量的变化的贡献）。阿南德（1983，第222～223 页）对回归分析的类推做了进一步的论述。

② 关于变差系数和对数标准差（对数方差的平方根）的定义，见 *OEI-1973*（第 27～29 页）。

③ 为了保证正确的分解，在平滑后的分配中，我们必须使用几何平均值（m 个收入之积的 m 次方根），而不是算术平均值。在组际项中我们还可以使用“代表性收入”的概念，布莱克比、唐纳森和奥尔斯伯格（Blackorby，Donaldson and Auersperg，1981）与福斯特和什尼耶罗夫（Foster and Shneyerov，1996b）对此进行了论述。后面这篇文章描述了一个加性可分的测度方法的双参数族，包括对数方差和所有广义熵方法。

身一样，并不是洛伦兹一致的。对数方差满足均值无关性，但不满足基本的庇古-多尔顿条件。虽然只有在涉及相对较高收入的情况下才会出现不满足庇古-多尔顿条件的情况（*OEI-1973* 第 28～29 页）[①]，但这并不意味着该问题微不足道。正如福斯特和欧柯（1996）所证实的那样，出现这种不满足庇古-多尔顿条件的可能性是值得注意的，而对数方差与洛伦兹标准之间的不一致程度或许是惊人的。[②] 这些困难并不足以使我们将对数方差排除在考虑之外，但却足以激发我们探索其他的可能性。

另一种程序是将方差应用于**规范化**的（或单位均值的）收入
分配，以得到变差系数的平方 C^2。C^2 是洛伦兹一致的和均值无关 152
的，而且它的分解包含一个标准的组际项。但是，在计算组内项时所使用的人口比例权数 ω_x 必须从 (n_x/n) 变为 $(n_x/n)(\mu_x/\mu)^2$，因为在子群规范化因素 μ_x 与总体规范化因素 μ 之间存在着差异，人口比例是向上调整还是向下调整取决于子群均值是高于还是低于总体均值。[③]

泰尔的“熵”方法 T 也具有加性分解性，但是其公式中的权数具有如下的形式：$\omega_x=(n_x/n)(\mu_x/\mu)$，或者说每一组的总收入

---

① 还可以参见考埃尔（1977）、克里迪（Creedy，1977）。

② 福斯特和欧柯（1996）表明存在如下的可能性：对于分配方案 **x** 和 **y**，有 **x***L***y**，其中 L_x 任意接近于完全平等线，而 L_y 任意接近于完全不平等的边界，但根据对数方差，有 **x** 比 **y** 更为不平等。他们还证明了违背转移原则的可能性比以前想象的要大得多［例如，参见克里迪（1977）］。

③ 有趣的是，组内贡献和组际贡献对于 C^2 和 V 是相同的；而 V 并不是均值无关的，但构成它的各项是均值无关的。

在总收入中所占的比例。人口比例仍然按有利于较富裕的子群的方向调整，但是调整的幅度小于上面那种方法。[①] 而泰尔的第二测度方法 D 中的方差的权数则又回到了纯粹的人口比例 $\omega_x=n_x/n$。所有这三种测度方法 C^2、T 和 D 都具有如下式的分解：

$$\begin{aligned}I(\mathbf{x},\ \mathbf{y})&=[W]+[B]\\&=[\omega_x I(\mathbf{x})+\omega_y I(\mathbf{y})]+[I(\bar{\mathbf{x}},\ \bar{\mathbf{y}})]\end{aligned}$$

该式可以被推广到组的个数为任意值的情形，其中所有的权数都是正的，并且仅取决于均值和各组人数在总人数中的比例。满足这些要求的测度方法可以被称为**加性可分**的不平等测度方法。

肖罗克斯（1980，1984）证实了在该分解形式和广义熵集合之间存在如下的强联系：

> 当且仅当 I 是一个广义熵方法的正的倍数时，I 是一种洛伦兹一致的、标准化的、连续的和加性可分的不平等测度
> 153 方法。[②]

对“充分性”的证明比较简单，因为每一个广义熵方法 I_α 在权数 $\omega_x=(n_x/n)(\mu_x/\mu)^\alpha$ 时都是加性可分的。而对“必要性”的证

---

① 泰尔指标是从香农（Shannon）的熵方法中引申出来的，后者作为测度信息的方法也有一个有用的分解。金齐恩（Khinchin，1957）对香农测度方法的公理化描述可以被直接转化为对泰尔测度方法的描述［关于这一点，参见福斯特（1983，1985）］。相比之下，泰尔的描述还是有些隐晦，金齐恩的描述则稍微清晰一些。

② 在这里，标准的叙述还包括在平等情况下，不平等测度方法 I 为 0 这个要求。连续性即通常的“无跳变”假设。实际上，肖罗克斯（1984）证明了一个更有影响力的结果。如果一个测度方法 I 仅是子群均值、（各组）人口数和（各组）不平等水平的函数，则我们称 I 为“**聚集的**”。于是，当且仅当 I 是一个广义熵方法的连续的、单调递增变换时，I 是一个洛伦兹一致的、标准化的、连续的和聚集的不平等测度方法。

明则很具有挑战性，因为它要求从假定的一般性质中引申出一个特定的泛函形式，即 I_α。为了实现这一点，需要用到在不涉及导数的泛函方程的研究中所使用的一些方法，其中泛函方程和微分方程一样，其解都是一个完整的函数。①

这个描述性定理表明，加性可分性这个要求严重限制了可行的不平等测度方法的数量。然而，应该注意到还存在其他类型的问题，它们具有不同于上述问题的性质，并且也不那么苛刻。一个重要的例子是基尼系数。对它而言，存在一个加性的但有些不太自然的“分解”：$G(\mathbf{x}, \mathbf{y})=[W]+[B]+[R]$，其中，$W$ 是组内基尼系数的加权平均值［权数 $\omega_x=(\mu_x n_x^2)/(\mu n^2)$］，$B$ 是标准的“平滑后”的分配所对应的基尼系数，而 R 是一个用来平衡方程的非负剩余项。例如，如果 $\mathbf{x}=(0, 8)$，$\mathbf{y}=(4, 20)$，则 $G(\mathbf{x}, \mathbf{y})=1/2$ 表示总体的不平等程度，而 $W=3/16$ 和 $B=1/4$ 分别为两个部分值，$R=1/16$ 代表由于该分解本身的问题而不能加以解释的部分。根据加性可分性要求，基尼测度方法不能被无遗漏地分解为“组内”项和“组际”项，这可能会降低它在一些应用中的吸引力。 154

虽然 R 的存在使得基尼系数不太适合于分解分析，但从另一角度来看，R 项也确实有其价值，它向我们提供了可分性指标必定会明确忽视的有用信息。回想一下，在基尼公式中，权数取决

① 有兴趣的读者可以查阅奥采尔（Aczel，1966）的经典论文和艾科恩（1978）对该方法在经济学上的应用的概述。到目前为止，已经有相当多的著作使用这个方法，参见查卡莱瓦蒂（1990）及其所征引的文献。

于分配中所有人的收入。结果，当我们不参考整体分配而对子群中各人的收入加以评价时（正如我们在构建组内项时所做的那样），或当子群中各人收入为该子群的平均收入所代替时（正如我们在构建组际项时所做的那样），关于个体排序的一些信息被遗漏了。剩余项以一种自然的方式传达了这些被遗漏的信息：R 代表各个子群分配的重叠程度。[①] 在各子群分配没有重叠的特殊情形中，R 将消失，两个标准项能够解释所有的不平等。例如，$\mathbf{x}'=(0, 4)$ 中的每一个收入都低于 $\mathbf{y}'=(8, 20)$ 中的任意一个收入，因此 $G(\mathbf{x}', \mathbf{y}')=1/2$ 确实是 $W'=1/8$ 和 $B'=3/8$ 之和。但一般来说，各子群分配倾向于有部分重叠，因此，所有这三项——重叠项以及标准的组内项和组际项——对于基尼系数值都是必不可少的。

布莱克比、唐纳森和奥尔斯伯格（1981）针对阿特金森族测度方法提出了另一种修正分解公式的方式。他们使用了一个不同形式的组际项，该项以各组分配的“等价收入”而不是子群平均收入为基础。与对基尼系数的分解形成对照，在这里剩余项是负的（或非正的），这表明公式中的组内项和组际项所能解释的不平等程度比初始分配所具有的不平等程度还要高。因此，这种分解

---

① 令 $\mathbf{y}$ 为具有较高平均收入的子群，则 R 可表示为 $|y_i-x_j|-(y_i-x_j)$ 对于所有 i 和 j 求和，再除以 μn^2。非零的 $|y_i-x_j|-(y_i-x_j)$ 对应于这样一种情形：$\mathbf{y}$（具有较高收入均值的分配）中的一个收入低于 $\mathbf{x}$ 中的一个收入，因此在这里两个子群分配重叠。对 R 项的另一种解释，参见巴塔查娅和马哈那罗比（Bhattacharya and Mahalanobis，1969），派亚特（1976），拉弗、沃尔夫森和西尔伯（1989），兰伯特和阿伦森（Lambert and Aronson，1993），尤可参见阿南德（1983），第 311～326 页。

并不是严格的（即无余项的），但是布莱克比、唐纳森和奥尔斯伯 155
格的研究使得对组际不平等的分析与使用“平等分配的等价收入”的广义的阿特金森方法更为一致。[①]

当加性可分性成为一个强加的严格要求时，正如前面所提到的那样，我们可以从广义熵方法集合 I_{α} 中做出选择。尽管一方面该限制条件将许多潜在的不平等测度方法排除在外，但另一方面，仍有许多测度方法供我们选择。我们可以从如下几个方向来进行选择。例如，如果要求测度方法具有转移敏感性，那么我们的考虑范围将被立即限制为 $\alpha<2$ 的情形。分解的形式（或者更确切地说，权重结构）也有助于我们在不同测度方法之间做出区分。例如，我们已经注意到变差系数（的平方）($\alpha=2$) 和泰尔的熵方法 ($\alpha=1$) 的组内项权数都强调存在于较富裕的子群中的不平等。如果我们的重点不在于此，那么我们将只能选择 $\alpha\leqslant 0$ 的测度方法。另外，注意只有泰尔的两种测度方法的权数之和恰好等于 1。其他方法的权数之和大于或小于 1，其差额与组际项成比例，这使得对组内项的解释变得模糊不清［关于这一点，参见肖罗克斯(1980)］。结果，根据该标准，我们只能选择 $\alpha=0$ 或 $\alpha=1$ 时的测度方法。

拉弗和沃尔夫森（1976）的“标准化”分析给我们提供了另一种做出选择决定的方式。传统方法通过使用一个“拟构的”分

① 还可以参见福斯特和什尼耶罗夫（1996a，1996b），他们描述了一个精确的加性分解，在该分解中，组内项的权重和“平滑后”的组际项以一个“代表性收入方程”为基础，后者潜在地不同于算术平均数。

配（$\bar{\mathbf{x}}$，$\bar{\mathbf{y}}$）来定义 B，其中在（$\bar{\mathbf{x}}$，$\bar{\mathbf{y}}$）内不存在组内不平等。拉弗和沃尔夫森的思路是：先通过对各组分配进行重新排列以消除组际不平等，从而构造出组内项 W'，然后把组际项定义为 $B'=$
156 $I-W'$。那么，是否存在一种依据这两种方式可以得出相同答案的广义熵方法呢？正如肖罗克斯（1980，第 629 页）和阿南德（1983，第 200 页）所指出的那样，在所有广义熵方法中只有泰尔第二测度方法 D 满足这种无关性。[①] 因此，分解的准确形式对于我们从一个广泛的可行集合中选出一种不平等测度方法具有很大的影响。

A.5.2 子群一致性

不可否认，分解性对于解决某些分配问题会有所帮助。由于加性可分的不平等测度方法在实际工作中使用起来非常方便，因此在政策研究领域得到了大量的应用。但是尽管人们接受了分解的**可用性**，却仍然对其作为一个一般条件的**合意性**有所怀疑。许多有趣的问题并不要求根据人口子群来对不平等进行分析，而其他问题则可以通过运用关于子群和整体不平等水平的简单比较来加以处理。

---

① 在这里存在一个由阿南德（1983）提出的问题：在广义熵方法集合**之外**是否存在这样一种测度方法，对该方法所做的分解与所采用的路径无关（“平滑”或“标准化”方法）？福斯特和什尼耶罗夫（1996a）已经证明，在通常的基于均值的领域中，泰尔的第二测度方法确实是唯一一个“路径无关”的可分解性测度方法。但是当分解的范围被扩展到允许（在定义标准化的或平滑后的分配时）使用任意的“代表性收入”方程时，那么包括对数方差以及其他一些方法在内的单一参数方法也满足这种无关性。

诚然，为了回答类似下面的问题，我们需要某种形式的分解：在美国，收入不平等中有多少可以归因于白人与有色人种之间的差异，又有多少可以归因于白人和有色人种内部的差异？不过，为谨慎起见，我们应该注意到，有时问题提得似乎很有道理，但很难给出一个合理的答案。（例如，婚姻破裂的责任有百分之几应归因于丈夫，又有百分之几应归因于妻子，并且二者之和恰好等于总责任 100%？）即使社会各群体之间相互依赖的程度很低，把 *157*
社会的总体不平等精确地划分为组际项和组内项可能也是不可行的。为了说明分解问题所固有的整体与部分之和的差异，我们需要一个余项（如在对基尼系数的分析中所使用的那样）或某种对加性的其他修正。

可是，有一个相关的性质——“子群一致性”——作为一个测度不平等的一般公理似乎更具有直接的吸引力。该性质要求总体不平等测度方法对组成该总体的各子群的不平等程度的变化具有正向反应。为了说明这一点，假定一群人被分为两组，比如男性和女性，收入分配发生变化而各组人数和平均收入保持不变。**子群一致性**要求：如果男性组的不平等程度提高而女性组的不平等程度不变，那么总体不平等程度也必须提高。更为形式化的表述是，如果在从 $\mathbf{x}$ 到 $\mathbf{x}'$、从 $\mathbf{y}$ 到 $\mathbf{y}'$ 的过程中各组平均收入和人口数不变，那么有

当 $I(\mathbf{x}')>I(\mathbf{x})$ 且 $I(\mathbf{y}')=I(\mathbf{y})$

则有 $I(\mathbf{x}',\ \mathbf{y}')>I(\mathbf{x},\ \mathbf{y})$

需要注意的是，该性质并没有告诉我们总体不平等增加的程

度（相对于子群不平等程度的变化）——它们只是在变化的方向上是一致的。事实上，当子群不平等程度有大幅增长时，总体不平等程度可能只有很小的增长，但这并不违背该性质。和加性可分性不同，子群一致性承认各子群之间相互影响的可能性——只要 $I(\mathbf{x})$ 增长，$I(\mathbf{y})$ 不变，其对总体的影响就是 $I(\mathbf{x}, \mathbf{y})$ 增长。

提出子群一致性的理论动机很容易理解。事实上，还存在促使我们严肃考虑采用该原则的实践上的原因。首先，存在这样一个实际问题：如何确保地方和国家各自制定的意在减少不平等的
158 政策的一致性？因为如果一项意在减少某一地区的收入不平等的政策——我们称之为促进地区进步的政策——在国家层次上可能是退步的，那么将在政策制定者中间引起混乱，而且会导致地方利益与国家利益的明显冲突。

在一个更形式化的层面上，子群一致性和转移原则有着明显的相似之处。因为如果 $\mathbf{x}$ 由两个人组成，且 $\mathbf{y}$ 中各人收入不变，那么根据转移原则，$\mathbf{x}$ 中不平等程度的提高必然会引起总体不平等程度的提高。子群一致性把该要求进一步分为两项，即 $\mathbf{x}$ 多于两个人的情形，以及 $\mathbf{x}$ 之外的个体收入发生变化而子群的不平等程度保持不变的情形。需要注意的是，这些超越了转移原则的步骤非常重要，因为导致 $I(\mathbf{x})$ 提高和 $I(\mathbf{y})$ 保持不变的分配上的变化可能包含一系列倒退性收入转移和改进性收入转移（而不是如转移原则所要求的那样，两个子群一个发生单一转移，而另一个保持不变）。

因此，我们有重要的证据来支持对不平等测度方法的子群一致性要求，但是也存在相反方向的考虑。这些考虑主要与个体间

的相互依赖在总人口的不同部分之间发生作用的方式有关。我们将在下一节分析这个一般性问题。

现在我们要问一个更为直接的问题：哪些测度方法满足子群一致性？显然，任何加性可分的测度方法（以及任何一种广义熵方法）都是子群一致的。在组际项的组内项权数固定（这是由于各子群均值和人口数不变）的情况下，某一子群不平等程度的提高必然反映为一个更高的商品化不平等水平。然而逆命题（子群一致性导致加性可分性）显然并不成立，这一点可依据阿特金森
族测度方法加以证明。[①] 用子群一致性来代替可分性确实会产生一 159
个更大的测度方法集合。但是大多少呢？

在另一篇颇有说服力的论文中，肖罗克斯（1988）表明只有连续的、标准化的、子群一致的相对不平等测度方法才是广义熵方法（或它的某种变式——比如阿特金森族）。[②] 这就给我们提供了一个为可分解性，特别是广义熵方法辩护的重要理由，因为如果子群一致的可能性被认为是必然存在的，那么这意味着我们将被迫在可分解的相对指标集合（或它的一个适当变式）中做出选择。

A.5.3 一致性与相互依赖

子群一致性及相关性质给在测度不平等时可以考虑的信息类

---

① 作为广义熵方法的一个变式，阿特金森族中的每一种测度方法都是子群一致的，但是它本身并不能表示为一个精确的加性分解。

② 肖罗克斯公理实际上要稍弱一些，因为在涉及组内比较和组际比较时它采用的是严格不平等，而在总体上则只假定弱不平等。在正文中重复应该用该公理，即“$I(\mathbf{x}')>I(\mathbf{x})$和$I(\mathbf{y}')>I(\mathbf{y})$，则有$I(\mathbf{x}', \mathbf{y}')>I(\mathbf{x}, \mathbf{y})'$”，这样就顺次产生了肖罗克斯的结果。

型施加了非常严格的限制。特别是，我们必须接受这样一种观点：如果某一子群分配的变化恰好抬高了该子群的不平等程度，那么不管该变化对其余人口的相对位置的影响如何（只要他们自己的收入不变），总体不平等程度都会抬高。这样一种具有很强“分离论”色彩的观点合理吗?

不妨考虑如下的例子。第一组的分配为（1，3，8，8)，以后将变为（2，2，7，9)，而第二组具有完全平等的分配（a，a)。子群一致性要求在总体分配从（1，3，8，8，a，a）变为（2，2，
160 7，9，a，a）的过程中，总体不平等程度的变化方向与 a 值的大小无关。事实上，每一种广义熵方法都具有这种无关性：当 $a>2$ 时，所有广义熵方法都一致认为（2，2，7，9，a，a）的不平等程度高于（1，3，8，8，a，a)；而当 $a<2$ 时，它们又会一致地给出相反的判断。现在让我们关注 $a=2$ 和 $a=8$ 这两种情形：图 A.5-1 表示的是它们变化前后各自的频数分布。在对该分布图进行研究之后，我们可能会认为，对于这两种情形，不应要求做出一致的判断；恰恰相反，在这两种情形中，总体不平等的变化方向应该是**相反的**。事实上，基尼系数恰好具有这种特征：对于 $a=2$ 的情形，当分配从（1，2，2，3，8，8）变为（2，2，2，2，7，
161 9）时，**不平等程度降低**；而对于 $a=8$ 的情形，当分配从（1，3，8，8，8，8）变为（2，2，7，8，8，9）时，**不平等程度将增加**。在决定一个分配变化的总体影响时，同许多其他洛伦兹一致的指标一样，基尼系数不仅考虑到了受影响的个人收入的变化，而且

还利用了其他一些信息。[①] 子群一致的测度方法则只依据很少的信息（变化了的收入）来做出判断。这一判断并不因为其他人的（不变的）收入的存在而受到影响。

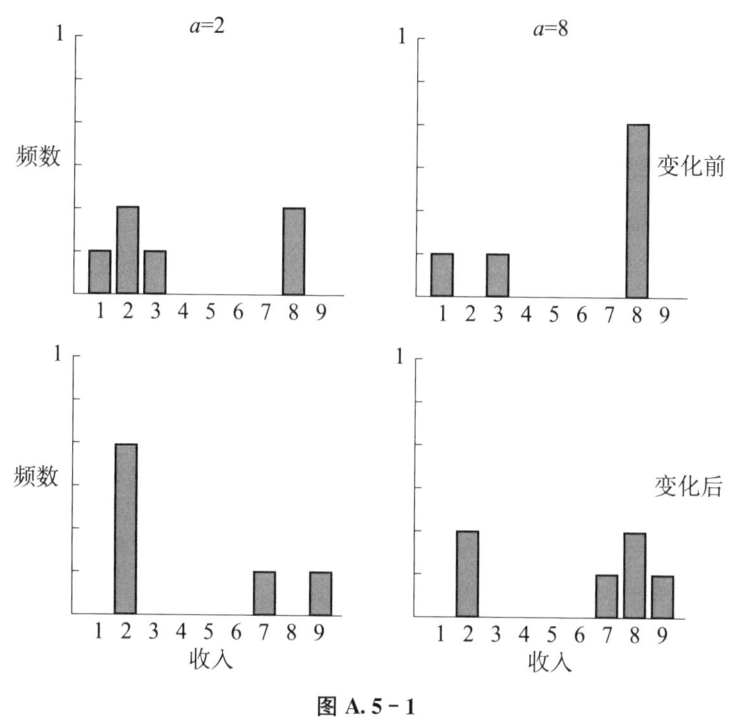

图 A.5－1

① 正如前面所论述的那样，基尼公式中的权数取决于处于不同收入值的人口的分布，特别是取决于收入值位于两个转移者之间的人数。当 $a=2$ 时，收入值为 1 和 3 的两个人之间还有收入都为 2 的两个人，但当 $a=8$ 时则并非如此；同样，当 $a=8$ 时，收入值为 7 和 9 的两个人之间还有收入都为 8 的两个人，但当 $a=2$ 时则不会出现这样的情况。换个角度，当一个人的被剥夺感取决于他在总体分配中的相对排序时，收入为 a 的两个人在排序中的位置确实会影响到分配的总体的不平等程度。关于相关的例子和论述，还可参见穆柯吉和肖罗克斯（1982）、考埃尔（1988b）、苏布拉曼尼亚（Subramanian，1995）。

如果我们接受子群一致性，那么在对不平等程度进行比较时，就不得不使用那些忽略某些类型的潜在相关信息的测度方法。由于不平等是一个典型的相对概念，对不平等的总体判断必定独立于各子群相对位置（其相对位置可由——比如说——子群均值测定）的信息，这多少有些匪夷所思。为什么无论第二组是比第一组穷得多还是富得多，一个总体上加剧了不平等程度的收入转移必定具有相同的影响呢？正如前面的例子所揭示的，答案并不总是显而易见的。①

当我们把子群一致性的含义和现实中的信息细节结合在一起考虑时，应用子群一致性方法的潜在困难也许更令人感到困扰。
162 假设根据某个标准（如种族、社群、性别、居住地或阶级）将总人口分为若干子群，并且人们总是与和他“相似”的人相互影响、相互比较。那么无论选择哪种单一标准，不同子群中人们的境况、幸福和对事物的认识都会在相当大的程度上相互依赖。很有可能一个根据某一标准（如居住地）所做的划分会导致各子群（在该情形下，为依居住地而划分的各组）**内部**存在一个占优关系，它将超过任何来自其他特性（如种族）的相反的影响。但出于同样的推理，也可能会出现这种情况：这种由“内部的”联系形成的占优关系对于依其他标准（如种族）而划分的子群来说未必是成

① 关于这个问题，也可以用基尼分解来解释。虽然从（1，3，8，8）变为（2，2，7，9）并不会影响 B 和 W，但当 $a=8$ 时，“重叠”项 R 会上升［因为（1，3，8，8）和（8，8）没有重叠，而（2，2，7，9）和（8，8）则有］，而当 $a=2$ 时，R 会下降（基于类似的推理）。这种“不一致”源自各子群相对位置的改变——正如在 R 中所反映出来的那样。

立的，后者的影响很可能远大于其他标准（包括居住地）的影响。要想使子群一致性成立，它必须对所有的人口分类标准都适用。当考虑进所有可能的人口划分方式（依其中一些分类标准，不同子群的人的观念和幸福感等很可能是相互交织的），如果仍假定整体不平等与任一子群不平等的变化（其他子群的收入不变）保持“方向上的一致”，则这种假设未免要求太高。①

需要记住的是，子群一致性和可分解性在一定条件下是可以使用的。下面的例子可以很好地说明这个问题：如果各群体在收 163
入上都没有重叠，则子群一致性就不再有基尼系数所关注的相对主义的相互依赖，即使基尼系数是子群一致的。② 我们不应该对子群一致性或可分性持要么完全接受、要么全盘否定的态度，而应根据工作的目的有区别地使用。

---

① 当然，这里受到批评的不只是子群一致性。某些类型的相互依赖性也会导致对对称性的背离，甚至会使转移原则变得不那么可信。一旦我们考虑到相互依赖性的各种复杂情况，许多广泛使用的公理将失去可信性。在某些情形中，这种相互依赖性与这些公理的要求之间的紧张关系可通过调整收入变量使之考虑进各种可能出现的（很可能是非对称的）意外情况这个办法来解决。关于识字率测度的相关方法，参见巴苏和福斯特（1996）。当子群一致性要求被应用于变换后的变量时，它就更站得住脚。

② 参见阿南德（1983），第320～322页。关于使分解求和可行和不可行的两种划分的性质的关系，还可参见阿南德（1993）。

A.6

不平等与收入贫困

A.6.1 贫困：甄别与加总

164 虽然我在 *OEI-1973* 中考虑到了在收入分配的不同部分，不平等具有不同的重要性，但对于贫困问题，并没有明确地加以研究。对贫困给予特别的而不是一般的关注，要求我们将关注的焦点非常明确地集中于穷人的处境。另外，任何对贫困的评价都不可能是完全“相对的”，因为绝对收入（更一般地，绝对机会）和一个特定社会的普遍贫困之间有着必然的联系。因此，贫困研究实在不能仅仅被看作对不平等的研究。

然而，对贫困的评估和对不平等（包括穷人间的不平等）的评估之间存在着密切的联系，而且该联系在最近受到了人们普遍的关注。森（1976a）试着将这两点（即贫困和不平等）结合起来，后来的研究则更是延续并拓展了这一研究思路。① 这里我们将介绍其中的一些主要观点。大多数研究都是在个人收入这个单一维度指标的框架中进行的——在该框架中，贫困被视为不充足的

---

① 关于对分配反应敏感的贫困测度方法的文献很多，除了最新的研究成果以外，其中有代表性的评论尤可参见福斯特（1984）、卡克瓦尼（1984a）、西尔伯（1988）、阿特金森（1987）、拉瓦利昂（1994）、郑步竑（Zheng，1996）。

低收入，我们可以将其称为“收入贫困”。这种对个人收入的强调与在 *OEI-1973* 中所论述的有利地位与剥夺的观点相一致。与此相对应，森（1976b）提出了一种对分配反应敏感的贫困测度方法。最近，将贫困仅视为低收入的看法已经受到了严重的质疑，即对“收入贫困”的完全依赖会掩盖经济剥夺的一些关键方面［参见森 *165*
（1980，1983）及他的其他文献］。在考虑了与评估不平等**以及**贫困有关的更为一般的“评估域”问题之后，我们将在第 A.7 章中讨论看待贫困问题的另一种思路。在本章，我们只集中关注“收入贫困”。

对贫困的评估一般可以分为如下两步：

（1）**甄别**：我们必须从社会总人口中识别出穷人；

（2）**加总**：将穷人的不同特征加总在一起以得出一个对该社会贫困水平的总体评价。

在“收入贫困”的框架中，对贫困的甄别主要通过选择一个“贫困线收入”（收入低于此标准的人被认为是穷人）的做法来进行。而在该情形下，对贫困的加总则通过利用不同的个体收入向量来对各社会进行排序的方式进行；进而还可以选择一个泛函形式，将不同的收入向量（和贫困线）映射到关于总贫困的数字指标上。

对贫困的加总问题与对不平等的评估问题有着最为直接的联系，这一点将成为我们讨论的主要内容。甚至在确定作为贫困线的收入时，对分配的关注也是重要的。对收入水平——处于该收入水平上的人可视为穷人——的甄别在很大程度上取决于贫富状况，也要受到平均收入及围绕平均收入的实际收入分配的影响。实际上，由于收入贫困所具有的“相对主义”色彩，在设定贫困线时，我们自然会将其与收入分配状况及平均收入联系起来（比如，可将收入中位数的值的一半设置为贫困线）。[①] 贫困标准对收
166 入分配状况反应敏感，这种敏感性与贫困的“相对主义”特征尤为相关。个体甲与其他人的收入差距到底有多大，只能通过具体的收入分配状况（而不仅仅是平均收入）来检验。因而，视贫困为相对的而非绝对的，其优势不言而喻，本章所讨论的问题端赖于此，后文还会出现这个问题（第 A.7 章也会出现这个问题）。

对“贫困线”的选择还有实践上的重要意义。对“贫困线”的选择应主要视为“描述性”意义上的步骤（例如，社会的贫困线收入水平——如果一个人的收入低于此水平，则他将被视为一个受到严重剥夺的“穷人”——应该如何决定），还是应视为“规范性”意义上的步骤（例如，社会的贫困线收入水平——社会不应允许任何人的收入低于此水平——应该如何决定）？虽然二者相互联系（因为对于一个社会和国家来说，防止出现严重的剥夺，是符合伦理的、理所当然的重要目标之一），但毕竟不能等同起来，因而给出的答案也未必相同［关于这一点，参见森（1979a，1981）］。

关于对贫困的这两种解释之所以存在差异（暂不考虑如下的带有“根本性的”区别，即描述本身未必会导致相应的政策措

① 关于这一点以及相关的问题，参见富克斯（Fuchs，1965，1976）的经典论述。

施)，原因之一是，**除了**消除经济剥夺，社会还有其他的伦理目标。例如，在确定了贫困线之后，政府并不会**自动**做出决定，来对那些位于描述性意义上的剥夺线（或“贫困线”）以下的人进行收入补偿——“贫困线”只**是**确定了谁是穷人而已。以至如果国家无法补偿那些被确认为穷人的人，就不能说已消除了“贫困”。①

虽然很多国家（包括美国，尽管美国实际选定的贫困线已饱 167
受抨击）都已经由官方正式指定了描述性贫困线（“谁是穷人”），并且定期进行修正，但在其他国家（如英国和意大利）则根本没有指定描述性贫困线——只给出了一个收入水平，位于该水平之下的人有从政府获得帮助的法定权利（“谁符合接受帮助的条件”）。② 把这两种情况等同起来会导致对不同问题的某种混淆。例如，一个国家的收入支持的支付能力和稀缺资源的竞争性需求可能大大限制能够得到帮助的人数，即使那些没有得到帮助的人被认为是受到严重剥夺者或穷人。

因此，我们有充足的理由在如下两者之间做出区分：(1) 判断性贫困线（diagnostic poverty line)；(2) 刻不容缓的收入支持线（immediately imperative income-support line)。当然，后者显然是建立在伦理和价值观的基础之上的。前者虽然主要是描述性

① 森（1979a，1981）对于该区别做了详尽的论述。即使在发生严重的饥荒时，即使是在最穷的人的财富总值范围内，通过合理的经济政策，大多数情况下仍可使灾民存活［关于这一点，参见森（1981)、德雷兹和森（1989)］。但是在如下两点之间仍然存在着重要的概念上的区别：(1) 对经济剥夺的确认；(2) 消除经济剥夺的政治上的和经济上的可行性。

② 关于这个问题，参见阿特金森（1996)。

的，但也不能被认为是“价值无关的”。实际上，在确定什么应被看作（或不应被看作）“严重的剥夺”或“贫困”时，我们确定进行了某种价值判断。然而，由于第一个步骤所采取的形式反映了一个社会某个时期普遍信奉的价值观，因而研究者的首要任务就是描述其时人们普遍认可的价值。这是一个老问题，对此已有大量的文献，因而无须在这里做进一步的分析。① 但是，如果我们将
168 “应当如何界定贫困”（根据当时的标准）这个问题赋予某个特殊重要性，则无疑有助于社会对贫困的实质的理解，也有利于引导对该问题的公共讨论，即使这种描述并不会马上与救济行为联系起来。②

如果说划定贫困线不可避免地依赖于某种价值观，那么对于一个社会来说，当我们将各种关于各个个体所受剥夺的信息汇总在一起以得到一个关于该社会总体贫困的综合指标时，同样会受到价值观的影响。在最近几十年关于贫困研究的文献中，后者受到了很多关注，它包含了对各种竞争性的价值系统的运用，而这些价值系统可以通过不同的公式来加以描述。不同的汇总程序的

---

① 在关于“生活资料”和“必需品”的经典著作中［例如，参见亚当·斯密（1776）和马克思（1887）］，对于在某一特定社会的某一时段中什么应被看作“必需品”，这一区分是很重要的。正如马克思（1887）在论述“生活资料”这个概念时所指出的那样，“所谓必不可少的需要”这个概念“包含着一个历史的和道德的因素”，但是“在一定的国家，在一定的时期，必要生活资料的平均范围是一定的”（第 150 页）。关于价值和描述之间的关系，尤其有必要把“客观描述视为选择”，参见森（1982a）第 19 和 20 章。

② 阿特金森（1996）认为英国有必要在“收入支持”的要求之外规定一个“官方的贫困线”，其主张颇有说服力。这是他的主张的一部分：英国应该定期发布关于贫困状况的报告，一如英格兰银行定期发布“通货膨胀报告”。

原理和特征反映了不同的价值观，对此尚需仔细检视。

A.6.2 经典的贫困加总方法：人数比率法与收入差距法

使用最广泛的贫困测度方法或许就是所谓的“人数比率法”，它通过测定贫困人口的比例（例如，在收入贫困的情形中，收入在贫困线以下的人口占总人口的比率）来对某一社会的贫困水平做出判断。令 $\mathbf{x}$ 为某一社会的个人收入向量，z 为贫困线收入。如果在 $\mathbf{x}$ 中收入低于（或等于）z 的人数为 $q=q(\mathbf{x};\ z)$，而该社会的总人数为 $n=n(\mathbf{x})$，那么人数比率 H 即为 q/n。[1] 显然，人数测度方法 H 忽略了贫困的“深度”和“分布状况”。根据这种最简单的加总方法，那些收入靠近贫困线的穷人和真正赤贫的人被看作一样的。尽管 H 确实是一个重要的不完全贫困指数，同其他不完全 169
指标一样可以给我们提供许多关于贫困的信息，但它本身并不是一个令人信服的全面的贫困测度方法。

如果运用人数比率作为唯一的加总的贫困指数，则意味着这种方法会建议决策者在现有的固定拨付的预算下最大限度地减少贫困者人数。该方法的局限性即在于此。[2] 对于任一初始分配，解决贫困问题的方案都是“首先救济”最富裕的穷人，然后救济其次富裕的穷人，依此类推，直到再分配的预算被用尽。实际上，如果能从最穷的人那里抽取收入并把它再分配给恰好位于贫困线

① 如果我们着眼于“分配函数”，那么人数比率 $H(F;\ z)=F(z)$，即分配函数在贫困线上的值（从而得出收入为贫困线值或位于贫困线以下的人口在总人口中的比例）。

② 对各种贫困测度方法的类似分析，参见布吉尼翁和菲尔茨（1990）。

以下（或正好在贫困线上）的最不穷的人（以使其“越过”贫困线），那么根据人数比率法，这看上去不失为一个减少贫困的有效方法。显然，人数比率法 H 还需要补充关于穷人收入的其他信息。[①]

穷人的贫困“深度”可以用贫困线 z 和个人收入 y_i 之间的“差距”（$z-y_i$）来测度。将所有穷人收入与贫困线之间的差值相加或取平均值，以此为基础汇总的差距量度可反映出穷人收入的总体“距离”。令 μ_p 为穷人的平均收入，则“收入差距比率” $I=(z-\mu_p)/z$，它反映的是穷人收入的平均差值占贫困线收入 z 的比例。差距测度方法为描述贫困问题提供了第二个维度，在对贫困进行评估时，这是非常有用的。事实上，它是贫困测度方法中仅次于人数比率法的常用方法。

然而，和人数测度方法 H 一样，差值测度方法也最好被看作一个不完全的贫困指标。收入差距比率并没有告诉我们有多少人是穷人（H 方法则完全关注这一主题），即使把 I 和 H 综合起来考虑，我们也仍忽略了穷人间的收入分配（特别是总的收入差距
170 是如何在他们中间分配的）。例如，如果有一笔从最穷的人到相对来说富得多但仍在贫困线之下（甚至在转移之后也仍位于贫困线以下）的人的倒退性的收入转移，那么，不管是收入差值比率 I 还是人数比率 H，都不会反映出任何有关穷人状况的变化，但受剥夺最严重者却变得更穷了（而相对富裕的人则受益）。

---

① 因此，大多数关于贫困问题的实证研究往往仍止于人数比率法。

人数比率法和收入差距比率法的局限性（各自具有的局限性以及组合后仍然具有的局限性）促使了对分配反应敏感的贫困测度方法的提出。森（1973c，1976b）提出了可包含对分配反应敏感的独特的测度方法：随着人均收入差距（穷人的收入与贫困线的差值）的增大，所赋予的权重也越来越大，即“相对公平”原则。[①]

A.6.3 相对剥夺与贫困的 S 测度方法

森（1973c，1976b）提出的贫困测度方法是关于贫困的三个不同特征（涉及穷人之间的结构关系）的直接组合：（1）人数比率 H；（2）收入差距比率 I；（3）穷人之间的收入分配量，即基尼系数 G_p。当穷人数量 q 足够大时，穷困指数为：[②]

$$S = HI + H(1 - I)G_p$$

森（1976b）最早是根据福利经济学的思想引申出“S 测度方法”的，该方法将穷人与收入贫困线的差值所赋予的权重同个人收入和福利水平的排序联系在一起。[③] 对收入差值所赋予的权重根据“相对剥夺”（按照序数比较，你的收入与其他人相比如何?） 171

① 虽然关于对分配反应敏感的贫困测度方法的最新研究多是对森的方案的回应：或沿用、或完善、或商榷，但沃茨（Watts，1968）在早些时候已经注意到了这个问题，只是他的论文一直不为人所重视。

② 这是森测度方法的“倍乘不变性”形式。原始的公式中第二项还包括一个因素 $q/(q+1)$（当 q 很大时，该值显然接近于 1）。

③ 森（1976b）的文章题目中有“一种序数测度方法”的表述，指的是个体间福利比较的序数性。当然，根据对序列进行排序而得到的权数［最早由博尔达（Borda）在 1781 年设计，用来根据每个选民的排序而得出基数的权重］确实更具有可比较性（正如“博尔达值”所具有的那样）；关于这一点，参见森（1970a）。

的思路来确定。在你“前面”的穷人（具有相对较高的收入）越多，则你与贫困线的收入差值被赋予的权重越大。事实上，权重即为个体的相对贫困排序值（最穷的人为权重 q）。[①] 假如穷人之间不存在不平等（即所有穷人的收入都相同），则贫困指数可归一化为人数比率与收入差距比率的乘积 HI。将这个归一化的值与上述假设相结合，就可得到森测度方法。基尼系数出现在公式的末尾并不是因为必须要使用它，而是因为它暗含了分析上的加权程序［定理 1，森（1976b）］。[②]

在森提出这个最初的思路之后，又有许多研究进一步推进或修正了森的思路，当然也有与之相左的思路。虽然在这里我们只讨论其中的一部分研究进展，但本增订部分的其他章节已对这些文献进行了认真梳理和讨论。[③]

S 测度方法满足哪些公理呢？它满足：（1）单调性；（2）转移弱条件；（3）对称性；（4）倍乘不变性；（5）比例不变性；（6）焦点公理（focus axiom）。S 测度方法对于穷人的收入显然是单调的，也就是说，任何穷人收入的减少都会使 S 值增大。同时，它也满

① 这一特征恰好与根据排序来决定投票权重的博尔达方法相类似，因此可以将其一般化，在更广泛的“排位”规则下均可运用，一如社会选择文献对博尔达法的扩展运用。关于社会选择文献对博尔达法的扩展运用，可参见加登弗斯（Gärdenfors，1973）、B. J. 法恩和 K. 法恩（1974）。

② 为了对该结果有一个直观的理解，我们必须注意到基尼系数与根据排序进行加权在分析上的联系。*OEI-1973* 已经注意到了这一联系（第 31～33 页），特别是可参见公式（2.8.3），亦可参见森（1976a，1976b）、哈蒙德（1978）。

③ 参见福斯特（1984）、卡克瓦尼（1984a）、塞德尔（Seidl，1988）、阿特金森（1989）、拉瓦利昂（1994）、滕戈登（1994）、苏布拉曼尼亚（1996）、郑步竑（1996）。

足转移弱条件，即一个从较富的穷人转到较穷的穷人但排序仍不变的收入转移必然会导致 S 值的下降。对称性、倍乘不变性和比 172
例不变性这些性质——与在论述不平等的相对测度方法时所讨论的性质类似（见第 A.4 章）——也得到了满足。[①] 另外，S 测度方法还满足焦点公理［参见森（1981）和福斯特（1984）］，这意味着对贫困的测度与非穷人的收入无关，因为该方法只关注穷人的状况。[②]

然而，在许多方面，S 测度方法并不满足具有直观吸引力的其他要求。这些要求主要包括：（1）连续性和转移强条件；（2）可分解性和子群一致性。在森提出 S 测度方法之后，针对这些要求及其他要求，人们提出了若干种对分配状况反应敏感的贫困测度方法。在接下来的两个小节中，我们将对以上两点要求以及受其激发而产生的测度方法的相对优势进行评价。但在这里我们先考

① 对称性要求：如果一个收入分配向量 $\mathbf{y}$ 是通过对另一个收入分配向量 $\mathbf{x}$ 中的个体收入进行排列而得到的，那么对贫困的测度结果保持不变，即 $P(\mathbf{x}, z)=P(\mathbf{y}, z)$。正如前面所论述的，倍乘不变性是指，如果 $\mathbf{y}$ 是通过对 $\mathbf{x}$ 中的人口倍乘 k 而得到的（所有的收入均倍乘），那么对贫困的测度结果不变，即 $P(\mathbf{x}, z)=P(\mathbf{y}, z)$。比例不变性相当于贫困测度方法 P（$\mathbf{x}$，z）对收入向量 $\mathbf{x}$ 和贫困线 z 的零次齐次性，它要求当所有收入变量（即贫困线 z 和收入分配向量 $\mathbf{x}$）都乘上正数 r 时，对贫困的测度结果保持不变，即 $P(\mathbf{x}, z)=P(r\mathbf{x}, rz)$。

② 焦点公理背后的动机是这样一种观点："穷人的状况"仅取决于穷人的状况，特别是非穷人收入的增加（不管增加的幅度有多大）并不意味着贫困的减少。尽管从描述性的意义来评估贫困，前述说法不无道理，但（在政策制订的意义上）通过"劫富济贫"式的收入转移来消除贫困的难度有多大，我们不得而知。阿南德（1977，1983）对此问题进行了论述，说明了如何根据一个标准化的变换，即用 zS/μ 来代替 S，以此解决焦点公理问题，其中 μ 为社会平均收入（富人和穷人在一起进行计算）。其中一个基本的关注点为国民总收入中有多少被从富人转移到穷人以使得每个人都位于贫困线之上；关于这一点，参见阿南德（1977，1983）、贝克曼（Beckerman，1979）。

173 察一下一组源于对 S 测度方法的直接一般化并因而具有 S 测度方法的许多特征的贫困测度方法。

对 S 的扩展是以用其他不平等测度方法来取代基尼系数的可能性为基础的，阿南德（1977）以及布莱克比和唐纳森（1980b）注意到了这一点并对此进行了研究。S 测度方法被看作依据了阿特金森的穷人的“平等分配的等价值”收入，其对贫困的评价是通过基尼评估方程 $e_p^G=\mu_p(1-G_p)$ 来进行的，其中 μ_p 和 G_p 分别为穷人收入分配的均值和基尼系数。于是有

$$S = H(1 - e_p^G/z)$$

如果采用其他不平等指数来对穷人的“平等分配的等价值”收入进行评估，那么对贫困的测度就会有一个相应的修正，从而产生一个一般化的贫困指数集，该集合将 S 指数中所暗含的方法一般化了[①]：

$$Q = H(1 - e_p/z)$$

对这组贫困测度方法 Q 的评价，部分取决于所选择的不平等指数的吸引力以及这些指数满足（或不满足）公理的吸引力。人们是否接受 S 测度方法，在一定程度上取决于基尼系数作为一个不平等指标相对于其他指标（及其公理化性质）所具有的吸引力。[②] 关于

---

① 布莱克比和唐纳森（1980b）给出了对该组方法具有启发性的伦理学解释。对其进行描述性解释也是可能的（正如森测度方法本身可以从伦理的和描述的两个方面加以解释）。

② 见 *OEI-1973*（第 29～34 页）和森（1976a，1979b）、派亚特（1976）、哈蒙德（1978）、伊特扎奇（1979）、卡克瓦尼（1980a）、奥斯马尼（1982）、索恩（Thon，1982）、利普顿（Lipton，1985）、查卡莱瓦蒂（1988）等。其反对排序加权的论述，可参见克拉克、亨明和厄尔夫（Clark，Hemming and Ulph，1981）以及阿特金森（1987）。

这一点，我们可以接受各种方案，但它们各有得失（正如在 *OEI-1973* 中所论述的那样，一般来说，当我们选择不平等指标时，情况也是如此）。例如，由于对数离差违反了庇古-多尔顿转移原则 174
（见 *OEI-1973* 第 29 页，以及上面的论述），所以以此为基础的贫困测度方法同样也有这个缺陷。不具吸引力的不平等指数所面临的问题，与之对应的贫困测度方法也将面对。

然而，需要注意的是，即使是完全合理的不平等测度方法，在这种情况下也会产生问题，这是因为，当 Q 将不平等和贫困联系在一起时使用了特定的变换。有些不平等标准的量度将导致违背单调性和转移弱条件的要求的贫困量度［具体的例子参见福斯特（1984）］。因此，我们必须小心选择那些其“平等分配的等价值收入” e_p 与基本要求相一致的不平等量度。在 P 的一般公式框架内，另一种办法是直接考虑与其对应的 e_p 满足上述必要条件的社会福利函数。①

A.6.4 连续性、转移与 S^* 测度方法

在前一节中我们提到对贫困的 S_q 测度方法并不满足转移强条件，一个从较富的穷人转到较穷的穷人但排序仍不变的收入转移必定使贫困指数下降（且不管穷人人数的变化）。不过，虽然从收入位于贫困线以下的人到较富的穷人的收入转移当然会使 S 量度

① 然而，注意到下面这一点是很重要的：即使暗含的社会福利函数本身为凹函数，平等分配的等值也并不必然是收入的凹函数［关于这一点及相关的问题，参见阿南德和森（1996）］。

值变大（只要位于贫困线以下的人数保持不变），但如果收入转移的受助者位于贫困线之上，则 S 量度的变化情况将不得而知。由于 S 把贫困线放在了非常重要的位置并且将人数比率法视为重要的组成部分，因而结果将是两歧的，视具体情况而定（布莱克比和唐纳森对 S 加以一般化而得到的更宽泛的形式 Q 亦如此）。如果贫困一般而言可视为**不平等指数**，那么在这里显然会违反庇古-多尔顿转移条件。[①]

175 坚持转移弱条件（而不是要求转移强条件）的一个可能的辩护理由是：贫困量度并非不平等指数，而且如果真要认真看待贫困线的话，那么，超越此贫困线而不是将其视为唯一的关注点（如人数比率法那样）亦未尝不可［关于这一论点，参见森(1983)］。肖罗克斯（1995a）提出了相反的观点，他指出，虽然原则上情况确实如此，但 S 测度方法所具有的性质却会产生如下的结果，即“与靠近 z 的收入相联系的测量误差将更为重要”（第1227 页）。[②] 事实上，测量误差的可能性确实提高了 S 测度方法的另一个限制性特征的重要性，即它不具备贫困线附近的连续性。

① 有时在对贫困测度方法进行评价时还用到另外一个涉及“转移”的条件，即在第 A.4.3 节中曾经提到的所谓“转移敏感性”：如果涉及收入转移的是较穷的穷人，那些排序仍保持不变的收入转移，其对贫困值应有更大的影响。卡克瓦尼（1980b）用到了这一条件，并且通过适当地改变贫困测度方法，例如对排序权数进行幂变换，从而在这个研究理路的探索中又前进了一步。亦可参见福斯特（1984a）的论述。

② 对贫困线的精确值的强调，还使如下这个棘手的问题的重要性得以凸显：那些收入恰好为贫困线值的人是否算作穷人？关于对贫困及其含义的“强”定义和“弱”定义之间的区别，参见唐纳森和韦马克（1986）。我们自始至终使用范围更广的“强”定义。

在贫困指数的实际运用中，测量误差的可能性确实应受到应有的、不容忽视的关注。

实际上，包括 S 在内的所有贫困量度都满足有限制的连续形 176
式，即如果穷人人数不变，则量度应是连续性的。如果贫困线的连续性也被视为具有极重要意义的性质，则可以通过一种简捷的方式将受限的连续性扩展为完全的连续性。当我们将某个分配 $\mathbf{x}$ 中**高于贫困线收入** z 的收入用 z 来代替，并且保持其他收入不变时，我们就得到了一个**删失后的分配** $\mathbf{x}^*$。[①] 这时我们可以根据 $P^*(\mathbf{x};\ z)=P(\mathbf{x}^*;\ z)$ 来定义贫困测度方法 P 的**连续形式版**的 P^*。换句话说，当我们将 P 应用于删失后的分配 $\mathbf{x}^*$ 而不是分配 $\mathbf{x}$ 本身时，我们就可得到 P^*。当收入越过贫困线时，根据该变换过程，P^* 是连续变化的，从而保留了原始量度所暗含的动机。[②]

一般来说，满足基本公理（单调性、转移弱条件、对称性、倍乘不变性、比例不变性和焦点公理）的测度方法的连续形式版也满足这些要求。另外，变换后的测度方法满足转移强条件，因为上述删失步骤并不考虑发生在穷人间的倒退性的收入转移所带来的穷人人数的改变，而是把这种收入转移看作一个转移（由转移弱条件可知）和一个减缩（由单调性公理可知）的结合。这样，

---

① 关于后一观点以及“修正后分配”的合意性，参见滨田宏一和高山宪之（Hamada and Takayama，1977）及高山宪之（1979）。

② 收入差距比率的连续形式版为“差距”测度方法 $I^*=HI$，其中标准化的收入差距是从人均方面来测度的。

该步骤满足了我们所关注的两点要求——在贫困线上的连续性和转移强条件。

将该方法应用于 S，我们就得到了 S 测度方法的连续形式版 S^*：

$$S^* = HI + (1 - HI)G^* = (1/n^2)\sum_{i=1}^{n}(2R_i - 1)g_i$$

其中，G^* 为修正后收入分配的基尼系数，R_i 为第 i 个人在所有人按收入进行的排序中的“贫困”级别（最穷的人 R_i 值为 n），g_i 为
177 个体 i 的标准化收入差距比率 $(z - x_i^*)/z$（如果 i 不是穷人，则 $g_i = 0$）。肖罗克斯（1995a）通过改变森（1976b）的标准化假设并且加进了连续性假设得出了这种测度方法。①

第一个公式表明，S^* 只取决于人均的贫困差距量度 HI 和不平等测度方法 G^*：当收入差距较小时，它更强调 G^*；而当收入差距变大时，则较少强调 G^*。第二个公式则涉及对 S 测度方法的基于排序的解释，但在这里“相对剥夺”权数 R_i 把全部人口而不是穷人作为参照组。结果，当一个人的收入越过贫困线时，排序并不会发生非连续的变化，这样，转移强条件就得到了满足［正如法恩（1979）在论述 S^* 的早期版本时所表明的那样］。

S^* 测度方法满足单调性、转移弱条件、对称性、倍乘不变性、

① 索恩（1979）给出了一种满足转移强条件的测度方法，S^* 也可以说是倍乘不变版的索恩方法。查卡莱瓦蒂（1983a）把该方法归入他所研究的一组指标之中（虽然他并没有明确提出这一测度方法）。

比例不变性和焦点公理。此外，它还满足连续性和转移强条件，这点与 S 测度方法不同。在本书所提出的诸多性质中，S^* 不满足的只有子群一致性和可分解性——但正是因为这一点，引出了我们后面第 A.6.5 节将要论述的一般问题。另外，有趣的是，在用来定义一致的拟序的贫困分析的曲线中，S^* 还可表示为曲线下面的面积。这种解释与基尼系数和洛伦兹曲线之间的联系非常相似。[①] 这种看待 S^* 的方式将在第 A.6.6 节中详述，在该节中，拟序方法将用于贫困比较。

在详述那些问题之前，不能不提及的是，如果将 $Q=H(1-e_p/z)$ 用于前述删失后的分配，就可得 Q 的连续形式 Q^*： 178

$$Q^*=1-e^*/z$$

其中，e^* 为删失后分配的等值收入，其一般形式已暗含于克拉克、亨明和厄尔夫（1981）的论文中，查卡莱瓦蒂（1983a）则进一步拓展了这方面的研究。总之，只要选择恰当的相对不平等量度（或福利函数），我们都可以得到满足基本公理以及连续性和转移强条件的贫困条件方法。[②]

---

① 关于这一点，亦可参见肖罗克斯（1995a）。

② 如果用到基尼系数，我们得到了 S^* 测度方法；而在使用阿特金森对于不平等的参数测度方法时，我们则得到了一组由克拉克、亨明和厄尔夫（1981）定义的贫困测度方法，根据他们的定义，对于 $\beta\leqslant 1$ 和 $\beta\neq 0$，$C_\beta(\mathbf{x},z)=1-[(1/n)\sum_{i=1}^{n}(x_i^*/z)^\beta]^{1/\beta}$；而对于 $\beta=0$，则有 $C_\beta(\mathbf{x},z)=1-\prod_{i=1}^{n}(x_i^*/z)^{1/n}$。这组测度方法有两个较为特别的特征。首先，参数 β 可以被解释为对"贫困中的不平等的反感程度"的量度（当 β 下降时，反感程度提高），这是很有用的。其次，虽然 C_β 本身并不是一个可分解的贫困量度，但它是子群一致的且具有可分解的单调变换。对于子群一致性和可分解性，我们将进行审慎检视。

A.6.5 可分解性、子群 P_α与测度方法

在第 A.5 章中，我们论述了对不平等的基尼测度方法不满足可分解性和所谓的子群一致性。由于基尼系数是 S（或 S^*）量度的一个组成要素，所以在这种情况下，S（或 S^*）量度也不满足上面那两种性质。对于因违背这两条性质中的一个（或全部）而产生的弊端的严重程度，不同的人可能持有不同的看法（实际上第 A.5 章对此已有论述）。一般来说，个人的观点取决于他所面对的问题。例如，阿南德（1977，1983）在对马来西亚的总体贫困进行评价时，使用的是 S 量度，而在构建对人口子群的“贫困剖面图”时，阿南德又用到了可分解的人数比率法，在本节的后半部分，我们将回到这一问题，但我们不妨先分析一组特别设计的满足这两条性质的贫困测度方法，看看它是如何起作用的。该方法沿袭了由福斯特、格里尔和托贝克（Foster，Greer and Thorbecke，1984）所提出的分析思路。

179 S 和 S^* 测度方法要求对个人收入与贫困线之间差距的权数依赖于其他人的收入（因为“排序”正是这样决定的），相比之下，福斯特、格里尔和托贝克（1984）则提出了一种“最低纲领派”的观点，他们认为，个体 i 与贫困线之间的收入差距的权数应仅取决于贫困线 z 和个体 i 自己的收入 x_i。他们选取的是一种直截了当的结构：根据标准化的收入差距大小（很可能就是自身的值）来对个体 i 的标准化的收入差距加权。

P_α族贫困量度的定义为：

$$P_\alpha(\mathbf{x};z)=(1/n)\sum_{i=1}^{q}g_i^\alpha \qquad (\alpha\geqslant 0)$$

当 $\alpha=0$ 时，该测度方法变为人数比率法，即 $P_0=H$。P_α族中除了 P_0以外的所有指标都满足单调性公理。当 $\alpha=1$ 时，该指标变为人均贫困差距法，即 $P_1=HI$。P_α族中的所有指标都满足对称性、倍乘不变性、比例不变性、焦点公理及连续性。此外，$\alpha>1$ 的所有指标都满足弱的和强的转移公理。

在该族方法中，P_2被认为是所有指标中结构最为清楚的：标准化收入差距的权数恰好是标准化收入差距本身。① 不难证明，P_2可表示为：

$$P_2=H[I^2+(1-I)^2C_p^2]$$

其中，C_p为穷人间的变差系数。②

之所以提出 P_α指数族，主要是因为该族指数具备对人口子群 180
的直观而有用的可分解性。假设总人口 n 可根据诸如种族、地理位置、民族或某种我们感兴趣的其他特征划分为 m 个（彼此独立的）子群。现在整个社会的总体贫困水平可以被看作各子群贫困

① 孔达（Kundu，1981）也独立地提出了 P_2这种特殊的贫困量度。事实上，他还对该方法的一些性质进行了验证。克拉克、亨明和厄尔夫（1981）得出了一族连续形式为 P_α的贫困量度（除了上面给出的那组方法之外）。P_α族中的参数 α 可以被解释为一个测度在贫困评价中穷人间不平等的重要程度的指标。

② 与变差系数的这种联系确保了 P_2具有转移中性的性质：发生在收入差距既定的两个穷人之间的一定数量的倒退性收入转移的影响是相同的，不管收入的绝对水平是多少。不难证明，当 $\alpha>2$ 时，P_α是“对转移反应敏感的”（见第 A.4.3 节）；它更强调发生在较低收入水平上的转移。肖罗克斯和福斯特（1987）给出了转移敏感性的精确定义。卡克瓦尼（1980a，1980b）首先针对贫困测度方法论述了这一性质。在下一节中我们将再次讨论这一问题。

水平的加权和，其中权数为各子群人口在该社会总人口 n 中所占的比例。[①] 在理论研究和实际应用中，P_α 测度方法都受到了人们的欢迎［参见拉瓦利昂（1994）］，这要部分归功于它的包容性、它所满足的公理以及 P_2 与一种众所周知的不平等测度方法（即变差系数）的直接联系。不过，使得它在实践中得到广泛应用的显然是它所具有的可分解性。

但是为什么我们格外需要可分解的测度方法呢？其主要原因之一是，它允许我们将总体贫困分解为若干个部分，并且告诉我们在总体贫困中有多大比例可以被分别归因于各个不同的子群。[②] 事实上，这种类型的分析有两个概念上截然不同的目标。第一个目标涉及对各组贫困程度的判断（例如，哪一组的贫困程度特别严重）。这种判断非常有用，特别是其结果可以用来制定改善那些
181 相对较穷组的状况的目标。[③] 但是，对于该用途而言，可分解性并不是严格必需的。我们可以十分容易地使用任何一种贫困量

① 与第 A.5.1 节所讨论的不平等分解公式不同，在这里没有“组际”贫困项。对于可分解的不平等测度方法，组际项表明一部分不平等来自各子群收入均值上的差异。在标准的分解公式中，组际被认为代表了“平滑后”的分配中的不平等，所谓“平滑后”的分配指消除了组内不平等的分配，即将组 j 中所有人的收入都用该组收入的均值来代替。当所有各组具有相同的收入均值时，组际项消失（对于标准化的不平等测度方法）而总体不平等程度则变成各组内项的加权平均。同理，贫困分解公式之所以没有组际项是因为贫困线——评估贫困的标准——对于各子群来说都是一样的。关于该问题的颇有参考价值的论述，参见拉瓦利昂（1994），第 61 页。

② 关于分解分析的一个具有启发性的并且在实践中非常重要的应用，即在马来西亚三个少数族裔社群的应用，参见阿南德（1983）。对于将国际不平等分解为“国内”项和“国际”项，还可参见阿南德（1993）。

③ 参见坎伯（1987a）、托贝克和贝里安（Thorbecke and Berrian，1992）、拉瓦利昂（1994）。

度——不管它是否为可分解的——来对不同组的贫困状况做出评估和比较。如果这样的比较是这种分析的唯一目的的话，实际上我们并不需要贫困量度是可分解的。

事实上，可分解性的真正优势在于第二种用途，即它可以将某一社会的总体贫困同质地分解为各子群（被认为是相互独立的）的贫困水平。如果我们的目标是确定某一子群对于总体贫困的贡献大小，那么可分解性对我们的确有帮助，子群 j 对总体贫困的贡献可以通过如下方式得到：用子群人口占总人口的比例来对子群 j 的贫困值进行加权，然后把它表示为总体贫困的一个比例。对于可分解的测度方法，各子群贡献之和为 100%；对于不可分解的指标，各子群的贡献之和可能不等于 100%。

正如我们在第 A.5.2 节中所讨论的那样，在不平等分析中，可分解性是与子群一致性紧密联系在一起的。对贫困量度来说，也存在类似的联系，福斯特和肖罗克斯（1991）对此进行了深入研究，他们按照下面的方式（与在对不平等的测度中的条件相似）定义了子群一致性。[①]

如果对于任一贫困线 z 及分配 $\mathbf{x}$，$\mathbf{x}'$，$\mathbf{y}$，$\mathbf{y}'$ [其中，$n(\mathbf{x})=n(\mathbf{x}')$，$n(\mathbf{y})=n(\mathbf{y}')$]，贫困指数 $P(\mathbf{x};\ z)$ 是子群一致的，则有

如果 $P(\mathbf{x}';\ z)>P(\mathbf{x};\ z)$ 且 $P(\mathbf{y}';\ z)=P(\mathbf{y};\ z)$

① 这一要求与福斯特、格里尔和托贝克（1984）提出的“子群单调性”公理及肖罗克斯（1988）针对不平等测度方法给出的相关公理有极为密切的关系（亦可参见本增订部分第 A.5.2 节）。需要注意的是，这一公理对子群分配的收入均值未施加任何限制条件，因为共有的贫困线在其中所起的作用一如收入均值不平等分析中的作用。

有 $$P(\mathbf{x}', \mathbf{y}'; z) > P(\mathbf{x}, \mathbf{y}; z)$$

如果贫困量度不是子群一致的，我们可能会遇到这样一种情形：每一组经过努力都成功地降低了各自的贫困水平，然而总体贫困水平的测度值却变大了。在减贫项目评估中，如果出现这种情况，那就是有问题的。从概念上说，子群一致性也可以被看作对单调性条件的一个扩展。单调性要求：当某个人的贫困水平下降时，整体贫困水平也下降；而子群一致性则要确保当某一子群的贫困水平下降时，总体贫困水平也下降。

182

从某种意义上说，子群一致性和可分解性在分析思路上的联系可以说反映了我们在测度不平等时所取得的结果。可分解的贫困量度显然是子群一致的（因为对于这些量度，各子群贫困水平汇总在一起即为总体贫困水平）。虽然有些子群一致的贫困量度是不可分解的，但可以证明，所有的此类量度都是某个可分解的量度的单调变换。然而，正是在这里，贫困量度和不平等有了区分。因为尽管子群一致性可引起单一的可分解不平等量度（即广义熵量度）的变换，但是对于贫困量度而言，该性质却会产生更多的结果。P_α量度是诸多具备可分解性的贫困量度之一，该量度的每一个值都可引出一个扩展的子群一致的量度簇。例如，福斯特和肖罗克斯（1991）证明了任何连续的、子群一致的贫困量度都可以表示为对“平均剥夺”的单调变换，其中“个人剥夺”是关于个体收入和贫困线的一般函数。显然，所有“平均剥夺”量度都是可分解的。[①]

对这种可能性集的扩展可以追溯到两种集合方式的基本公理 183
的根本差异，特别是贫困线在比例不变性及其他公理中所发挥的特殊作用。在不平等测度中，比例不变性确保了量度是相对的这一根本特征，而收入均值则担负了收入比较的内生标准的角色。而在贫困测度中，固定不变的贫困线被看作外生标准，外生标准之外的所有收入均可比较，且只有当该外生标准发生相应的改变时，比例不变性才适用。单调性和焦点公理进一步保证了贫困的“绝对的核心任务”是只关注穷人与贫困线的收入差距，收入差距越大，贫困程度就越高，而在不平等测度的情形下绝无此种情况。这些基本的差异使得扩大可能性取值范围成为可能。

现在再看有关子群一致性的一些基本问题。我们已经论述过如下的事实（见本书第 A.5 章），即对于不平等测度中的子群一致性，我们既可以提出赞同的理由，也可以提出反对的理由。由于我们现在所讨论的是调整后的分配的贫困量度，即将贫困量度与不平等状况（尤其是穷人间的不平等）相结合，因而这些相互冲突的考量在这里还会出现（正如我们很快会看到的，这些考量在

---

① 由克拉克、亨明和厄尔夫（1981）提出的测度方法族可变换为：

$$Q_\beta(\mathbf{x};z)=(1/n)\sum_{i=1}^{n}[1-(x_i^*/z)^\beta]/z \qquad (\text{当 } \beta<1 \text{ 且 } \beta\neq 0)$$

$$=(1/n)\sum_{i=1}^{n}(\ln z-\ln x_i^*) \qquad (\text{当 } \beta=0)$$

这可视为对 P_α 族测度方法的可分解的替代方法。查卡莱瓦蒂（1983b）对 $0<\beta<1$ 的情形进行了研究，而沃茨（1968）则提出了 Q_0 测度方法（这是迄今所见最早提出的对分配反应敏感的测度方法，此外，它还是可分解的）。

贫困测度与不平等评估中并不完全相同）。在进行贫困测度时，有两种进路可供选择。一种是坚定地采用子群一致的方法，甚至还可提出可分解性的要求，这样做可以很容易将某组的贫困状况与其子群的贫困状况联系在一起。另一种进路是，利用人们对贫困
184 的感知（甚至可能还有对真实福利的感知）相互依赖的特征，以此为基础建构一种贫困量度。第二种进路会失去可分解性，甚至可能失去子群一致性，但如果这种感受上的相互依赖性很重要，则这种进路无疑更能体现贫困概念的相对主义的一面。①

我们依次分析这两种进路的合理之处。先看子群一致的和可分解的测度方法的进路。我们注意到，相对主义观点的力量在贫困测度中比在不平等评价中要弱。只要不同的子群使用**相同的**贫困线 z，那么**任意**子群中的每一个人所受的剥夺都可以根据这个共同的贫困线来进行判断，在这里，有一个“绝对的”标准。对不平等的测度不可避免地是**相对的**（将每个人的收入与其他人进行比较），但对于贫困而言却并非如此，因为对贫困的最基本的理解是将一个人的收入与外部给定的贫困线 z 进行比较，而不是将个体之间的收入进行比较。这使得子群一致性乃至可分解性在贫困

---

① 许多社会科学家强调贫困评价中的相对方面（特别是“相对剥夺”）。主要参见汤森（Townsend，1962，1979）、韦德伯恩（Wedderburn，1962）、朗西曼（1966）、达伦多夫（Dahrendorf，1968）、贝泰耶（Béteille，1969）。有些经济学家主张，在分析剥夺和贫困时，应考虑进这种相对主义的相互联系，尤以亚当·斯密（1776）为著。关于这些问题，还可参见森（1976a，1976b，1989）。亦可参见伊斯特林（Easterlin，1995）。

测度中比在不平等评价中显得更为合理。[①]

P_α族贫困量度即遵循这一进路。根据该方法，个体 i 所受到的剥夺仅仅取决于他自己的收入与贫困线 z 的相对差距，对每一组的贫困测度都建立在**没有任何相互依赖**的个人剥夺测度方法之上。因而，由于自身的特殊构成，P_α具备完全的可分解性，更不用说子群一致性。[②] 在评估个体 i 的剥夺程度时，并不考虑个体 i 的相对位置，由这些个体的剥夺而来的群体贫困量度也不考虑这种相对性。总体贫困程度显然可以根据各子群的贫困程度计算出来，185
既然是可分解的，当然也是子群一致的。

由于这些可分解的量度允许我们将较大群体的总体贫困分解为各个组成部分，因此它们不仅便于使用，而且对于政策分析也有所帮助，同时还很好地契合了人们对贫困的常识性理解。如前所述，如果各子群的贫困测度结果**下降**而总体贫困测度结果反而**上升**，至少在开始时我们会对此感到费解。可分解的量度（如 P_α）完全符合这种对于子群一致性的直觉。[③]

现在我们来分析另一种分析进路。我们注意到，即使一个人所受的剥夺必须根据贫困线 z 进行判断，他对所受的剥夺和他的实际福利与一个为大家所接受的标准之间的差距的感觉，也会特别依赖他自己的收入 x_i 和贫困线 z 以外的因素的影响。他可能会

---

① 当然，也存在对于不同子群考虑不同的贫困线的情形。

② 同样，这一点也适用于 C_β族量度和“平均剥削”量度。

③ 然而，对子群一致性的要求也产生了许多有争论的问题，稍后我们将对此进行论述。

受到自己和其他人在与贫困线差距上的比较的影响。另外，一个人为了维持“最低限度的体面生活”所必需的日用品量取决于该社会的标准消费模式，而后者则依赖于其他人的收入（正如亚当·斯密所强调的那样）。[①] 这些考量表明，在不同子群中可以划定不同的贫困线 z。但是即使相同的贫困线适用于不同的组（例如，“位于贫困线上的穷人”可能并不会受到影响，但是比他们穷
186 的人则会受到这种相互依赖性的影响），仍然有可能不满足可分解性和子群一致性。[②]

因此，在第二种分析进路中，人们并不特别关注是否满足可分解性和子群一致性。相反，在将个人所受的剥夺概念化时，相互依赖性得到了明确的体现，同时它也相应地在某一群体的总体贫困中得到了反映。这一点尤其适用于贫困量度 S 以及它的变式

① 亚当·斯密（1776）强调如下的事实：什么商品被视为“必需品”必然取决于该社会中其他人的收入，一些商品在某一社会中被认为对于避免贫困是“必不可少”的，但在另一社会中可能并非如此［参见亚当·斯密（1776），第351～352页］。

② “亚当·斯密式”的相互依赖性在每个具体社会内部起作用，但对跨社会而言不那么明显。如果子群一致性要求仅被用于内在化地体现了这些互依性的“基于社会的子群分类法”，则这种具有偶然性的要求才更有意义。但是，作为一个一般性要求，子群一致性对于每一种可能的划分都必须起作用；例如它也应适用于根据宗教、阶级、种姓甚至姓氏的第一个字母（这些在非收入特征上的差别在只关注收入信息的贫困分析中甚至不被承认）而做出的划分。每个社会所固有的这些相互依赖性超越这里所说的分类法（例如，根据姓氏的首字母）中的各子群。这会导致违背子群一致性和可分解性。实际上，当我们以某种方式选择子群时，对于一种对亚当·斯密式的相互依赖性很敏感的贫困量度，完全有可能出现如下的情形：对于每一子群的贫困水品测度结果下降而总体的贫困指标值则上升。这些相互依赖性往往不满足“对称性”；这些互依性依赖于关于某个社会的信息，而这些信息超出了那些连名字都没有的收入统计。事实上，在本增订部分第A.7章中我们将论证，亚当·斯密式的相互依赖性的意义最为深远的影响在于它改变了经济不平等和贫困分析中的“焦点变量”（从收入变量转向其他变量）。

（包括 S^*）。在对每个人所受的剥夺进行判断时，我们不仅要考虑他与外生的给定的贫困线之间的收入差距，而且要考虑任何穷人与其他人的相对位置。

S 族贫困量度（包括 S^*）与基尼系数所反映的那种相互依赖性有密切的联系。当然，如欲舍弃子群一致性或可分解性，就得要求贫困量度能反映出另一种类型的相互依赖性，至于原因，前文已述。然而，从第 A.5 章的论述中我们得知，用基尼系数形式化的那种相互依赖性的确具有直观上的合理性（例如，它可以让 187 我们方便地看到收入分配的判定结果，如图 A.5-1 那样）。但是在其他许多情形下，我们很可能不得不寻找某些其他类型的联系。[1] 显然，没有一种贫困量度可包揽或然相关的所有类型的相互依赖性，往往顾此而失彼：若很好地抓住了某一类型的联系及其优先性（关联程度较高时），则很可能不能很好地抓住另一种类型的联系及其优先性（即使后一种优先性的相互关联程度更高）。

如果说对贫困量度的选取在很大程度上必须取决于我们所要处理的问题的性质，这个一般结论恐怕没有人会反驳。同时，如果我们将几种测度方法结合起来使用，那么很可能得到一个对于贫困的更为可信的判定。从某个较为可取的特定量度得出的贫困程度下降，与根据若干个较为可取的量度综合考量而得出的贫困程度下降，如果要从中选取一个作为贫困程度下降的决定性标志，

---

① 与亚当·斯密式的相互依赖性不同，S 或 S^* 量度所关注的联系与各组或各子群的相对收入排序有关（也就是说，它所关注的是在各个集体中的“相对剥夺”排序）。因此，这些量度满足对称性，但不满足可分解性和子群一致性。

则前者的说服力显然不及后者。

现在，再说一下交集法的重要优点，当然，下节还会详述。比如说，S^* 和 P_α 的交集拟序虽然不如 S^* 或 P_α 那样具有决断性（S^* 或 P_α 都会产生一个完全排序，而它们的交集一般来说只会产生一个局部排序），但是，与仅通过 S^* 或 P_α 检验的判定相比，S^* 和 P_α 均通过的判定可使我们对共享的判定更具信心。诚然，各个贫困量度可各美其美，但若结合使用，可收美美与共之效，各个变量之长处仍可保留。在贫困测度中，一元论并不可取，不平等测度亦然。

A.6.6 贫困排序

188 我们在 *OEI-1973* 以及前面第 A.3 章和第 A.4 章中讨论的“交集方法”在有关贫困测度的文献中也得到了广泛应用，其关注的焦点为叠和的拟序。如前所述，贫困测度有两个步骤：甄别和加总。在最后的选择中，都可能有某种程度的随意性。对于某个贫困线取值范围或某类贫困量度来说，拟序可确定这些判定何时成立，这样，通过运用与选择不平等量度时洛伦兹标准消除随意性方法相似的手法，可使得上述两个步骤更具说服力。由此产生了两种主要的“贫困排序”类型：变量作为界线的（variable-line）贫困排序，它关注的焦点是甄别；变量作为量度的（variable-measure）贫困排序，与前面论述的不平等或福利拟序一样，它关注的是加总。沿着这一思路进行探究，我们会发现，有趣的是，这两种概念迥异的贫困排序方式是密切相关的，而且它们还与其他一些著名的拟序——比如我们在第 A.3.3 节中描述的随机占优关系——联系在一起。因而，这个更为一般的测度方法将福利、不平等和贫困测度联系在一起，形成了一个三位一体的重要主题。

变量作为界线的贫困排序，始于从事实际问题研究的人员所面对的一个很伤脑筋的问题：应该取哪个收入值作为确切的贫困线？即使在解决了我们前面论述过的与甄别问题有关的概念问题之后，在实际运用中仍有一个难题：作为分界线的值具有随意性，但又必须从中选取一个值作为临界值。由于合理的贫困线的取值变化会影响对贫困的评估，因此这样做可能会产生令人困惑的结果。

事实上，如果我们的目的是得出关于某一社会贫困程度的绝对准确的描述，也就是说，得出诸如“这里 15%的人口是穷人”这样的结论，那么我们就不可能绕过这个问题。但是如果我们的目标是对贫困水平进行比较而不是关注它们的绝对值（“$\mathbf{x}$ 中穷人的比例要高于 $\mathbf{y}$”），那么我们可以使用前面论述过的用以解决不平等比较的占优理路。我们可以选择那个由所有排序的交集产生的拟序——这些排序分别与所有合理的贫困线有关。

这就是福斯特和肖罗克斯（1988a，1988b）提出以变量作为界线的方法论的动因。① 他们根据贫困测度方法 P 和容许的贫困线取值范围 Z 对以变量作为分界线的贫困排序 P 做了如下定义：对于 Z 中所有的 z，当且仅当 $P(\mathbf{x};z)\geq P(\mathbf{y};z)$ 时，$\mathbf{x}P\mathbf{y}$（对于 Z

① 还可参见福斯特（1984），他概述了福斯特和肖罗克斯（1988a，1988b）的方法论和结果；还有阿特金森（1985，1987），他引用了上文的早期表述。

中的某些 z，要用严格不等号）。根据该定义，我们可以得到与 P_α 族中的三个成员——$P_0=H$、$P_1=HI$ 和对分配反应敏感的测度方法 P_2——相联系的贫困排序。特别是，当 Z 对贫困线没有任何限
189 制时（除了 $z>0$），这三种分配排序分别对应于第一、第二和第三随机占优。①

这一发现非常重要。它表明，这些“贫困排序”实际上就是有关不平等的文献中那些著名的拟序，因此，很容易对其加以解释和使用。另外，它还表明贫困排序有一种重要的规范解释，即它可以被视为与我们在本增订部分第 A.3 章中提到的三组福利函数相联系的“反向”福利拟序。特别是，如前所述，其中的第二组即为原始的阿特金森集合，它把广义洛伦兹排序 GL 作为自己的交集拟序，于是，对于差距测度方法 P_1，GL 是一个以变量作为界限的贫困排序。结果根据 P_1，$\mathbf{x}GL\mathbf{y}$ 意味着对于某一贫困线，y 的贫困水平高于 x，而对于所有贫困线，y 的贫困水平都不低于 x
190 （当均值不变时，这一关系扩展为洛伦兹排序）。

一个站得住脚的标准，即使不那么严格（但未必不合理），也要求位于某一贫困线 z^* 之下的所有贫困线都具有一致性。福斯特和肖罗克斯还描述了由此产生的对于三种 P_α 测度方法的有限值域

① 关于随机占优排序的定义和性质，见第 A.3.3 节。对于人数比率法，这一结果最为清楚，因为 $H(\mathbf{x};\ z)$ 即为分配函数 $F_x(z)$，因此对于所有的 z，较高的人数必然有一个较高的分配函数。第二和第三随机占优将 P_1 与分配函数的积分联系在一起，将 P_2 与分配函数的二重积分联系在一起。福斯特和靳（Jin，1996）得出了与克拉克、亨明和厄尔夫（1981）的量度 C_β 相似的结果。

的贫困排序。他们发现，这些新的贫困排序不过是无限范围的排序在经过于 z^* 处修正后的分配上的应用。特别是，如果我们使用差距测度方法 P_1，那么 $\mathbf{x}^* GL \mathbf{y}^*$ 意味着对于某一条位于 z^* 下的贫困线，$\mathbf{y}$ 的贫困程度高于 $\mathbf{x}$，而对于所有这样的贫困线，$\mathbf{y}$ 的贫困程度都不低于 $\mathbf{x}$。换句话说，对于差距测度方法的有限值域的贫困排序不过是"删失后的广义洛伦兹排序"GL^*，其中 $\mathbf{x} GL^* \mathbf{y}$ 根据 $\mathbf{x}^* GL \mathbf{y}^*$ 加以定义。

拟序 GL^*（或对应地，在 z^* 处的第二占优排序）还有另外一种重要的解释，即以变量作为量度的贫困排序——它表明，在确定的贫困标准 z^* 上，各种测度方法具有一致性。设 P 为满足对称性、单调性、焦点公理、转移条件和倍乘不变性的连续的贫困量度。如果 $\mathbf{x} GL^* \mathbf{y}$（其中 $\mathbf{x}$ 和 $\mathbf{y}$ 具有相同的人口数），那么通过在穷人中间进行一系列的排序组合、改进性的收入转移及收入增加，我们可以由 $\mathbf{y}^*$ 得到 $\mathbf{x}^*$；由于 $P(\mathbf{x}^*; z^*) < P(\mathbf{y}^*; z^*)$，根据连续性和焦点公理，我们有 $P(\mathbf{x}; z^*) < P(\mathbf{y}; z^*)$。倍乘不变性将这一结论扩展到人口数为任意值的分配状况。因此，对于所有满足上述基本性质（以及连续性）的贫困测度方法，$\mathbf{x} GL^* \mathbf{y}$ 都意味着 $\mathbf{y}$ 的贫困水平高于 $\mathbf{x}$，逆命题同样成立。[①]

① 福斯特（1984）曾对一个稍微不同的贫困测度方法集（即满足单调性、对称性、焦点公理和转移条件的测度方法）的特征进行了归纳（当然还不完全），所用论证方法大体相似。福斯特文中给出的结果也可视为阿特金森（1987）结果的一个特例，在阿特金森（1987）那里，贫困线值的取值范围大为缩小。另外，关于相关结果，还可参见斯潘塞和费希尔（Spencer and Fisher，1992）、杰金斯和兰伯特（1993）、豪斯（Howes，1993）、肖罗克斯（1994）。

191 阿特金森（1987）在清晰而明确的贫困比较的两个维度之间建立了一个基本的联系，从而同时有效地解决了这两个维度的问题。他的计算结果表明，对于所有满足对称性、单调性、焦点公理、转移条件和倍乘不变性的连续的贫困测度方法，GL^*（或对应地，在 z^* 处的第二随机占优）都确保了它们在低于 z^* 的所有贫困线上的一致性。另外，如果第一随机占优对于 z^* 成立，那么即使对于一个更为宽泛的贫困量度集（其中的测度方法不必满足转移条件），我们仍然可以获得这种一致性。因而，本来是为解决某些特定的 P_α 族方法所需的“贫困线选择”问题而提出的有限值域的贫困排序，同时也解决了“测度方法选择”问题。[①] 阿特金森的计算结果为这些贫困排序提供了一个基本的辩护，确保了它们在贫困分析中发挥作用，犹如洛伦兹标准在不平等分析中的作用。[②]

到目前为止，我们的分析都局限于相同贫困线下的贫困比较，因而暂时完全不考虑比例不变性。事实上，只要放弃两种分配方案都必须是同一贫困线这一要求，该性质就可大大扩展以变量作为量度的贫困排序的取值范围。现在假设，我们要对两种分配方

① 需要注意的是，由于阿特金森（1987）结果仅适用于完全连续的测度方法，因此它将 S 测度方法以及其他在贫困线上不连续的测度方法都排除在外。豪斯（1993）说明了第二（随机占优）结果可以通过包含一个等价于第一占优的有限形式的额外条件而得以扩展，从而涵盖这些测度方法。

② 为了能在实际应用中运用这一方法，拉瓦利昂（1984）提出：在某个贫困线值域内，可以画出与 P_α 族中的三个值（P_0、P_1 和 P_2）相关联的“贫困曲线”。$P_0=H$ 时为“贫困发生曲线”，表示一定值域内的第一随机占优，如果是图示，这时就可以用到贫困排序。$P_1=HT$ 时为“贫困赤字曲线”，表示 GL^* 及第二随机占优标准。P_2 为“贫困严峻曲线”，表示特别强调最低收入的占有标准。关于这一方法的运用，参见拉瓦利昂（1994）等。

案 x 和 y 进行比较，这两种分配方案具有确定但不同的贫困线。根据比例不变性和焦点公理，如果对每一种分配都进行删失处理， 192
然后用各自的贫困线收入对其进行规范化处理（或者除以各自的贫困线收入），并且在贫困线 $z=1$ 处求值，那么每一种分配的贫困线将保持不变。用 x' 和 y' 表示由此得出的“经过删失处理和规范化处理的”分配，则 x 的贫困水平即为 $P(x'; 1)$ [相应地，y 的贫困水平为 $P(y'; 1)$]。因此，如果根据适用于贫困线的上限 1 的第二随机占优 y' 高于 x'，那么对于所有满足完全连续性和基本公理（包括比例不变性）的贫困测度方法而言，x 的贫困水平都高于 y。换句话说，通过将 $GL^*(z^*=1)$ 应用于以贫困线单位表示的收入分配，我们可以得到扩展的以变量作为量度的贫困排序（假设比例不变性成立）。

通过使用“规范化的贫困差距” g_i 这一概念，即当 i 为穷人时，g_i 表示 i 与贫困线的收入差距（当 i 不是穷人时，$g_i=0$），我们可以给出对这种贫困排序的另一种描述。[①] 图 A.6－1 给出了收入分配的“贫困差距剖面图”，它把所有规范化的贫困差距——从最穷的人到较富的人再到更富的人，直到将所有人都包括在内——加总在一起。这与构建广义洛伦兹曲线的方式相似，只是贫困剖面曲线的斜率是递减的（或非递增的），因为当我们移向更富的人时，“差距”是递减的；而广义洛伦兹曲线的斜率则是递增

① 这一描述完全沿用肖罗克斯（1995a）富有洞察力的文章的思路。还可参见斯潘塞和费希尔（1992）、杰金斯和兰伯特（1993）、肖罗克斯（1994）。

的（或非递减的），因为当我们移向更富的人时，绝对收入是增加的。图 A.6－1 中的 45°线为最大化贫困线，它对应于每个人都具有规范化的单位贫困差距的情形（收入为 0 并且每个人都具有 1 单位规范化的差距）。

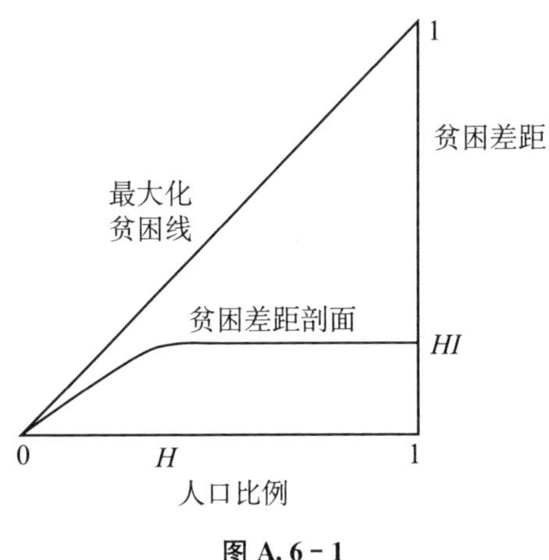

图 A.6－1

可以证明，45°线与贫困差距剖面曲线的垂直距离即为在 1 处删失的、（根据贫困线得出的）规范化分配的广义洛伦兹曲线。因而，如前所述，在贫困差距剖面方面的占优意味着对于所有满足
193 连续性和基本公理的贫困测度方法而言，贫困程度都较高。因此，用贫困差距剖面来描述变量作为量度的贫困排序也就再自然不过了。

肖罗克斯（1995a）所证明的几种主要的贫困测度方法，包括 S^* 和 P_α 测度方法，也可以借助这一剖面进行描述。人数比率 $P_1=H$ 为当该轮廓线变为水平时的人口比例（假定没有人恰好位于贫困线上)，而贫困差距 $P_1=HI$ 则为贫困剖面的最大高度。

也许最有意思的正是肖罗克斯所观察到的如下事实：S^* 测度方法即为贫困差距剖面以下面积与最大化贫困线以下面积之比。[①] 相应地，S^* 可以被表示为 $\mu_g(1+G_g)$，其中 μ_g 为规范化贫困差距的均值，G_g 为正规化贫困差距分配的基尼系数。正如基尼系数 G 代表了洛伦兹曲线在面积方面的一个特殊应用，而福利标准 $\mu(1-G)$ 则很好地对应了广义洛伦兹曲线下面的面积，S^* 同样包含了对贫困差距剖面的以面积为中心的运用。对于那些与被广泛接受的贫困量度相联系的一致的拟序，S^* 测度方法（即森贫困测度方 194
法的连续形式）也与之有密切的联系。[②]

当然，一般来说，在具体的贫困测度过程中，对各种贫困量度做仔细研究和比较以决定到底选用哪个，仍是必要的。当各种测度方法相一致时，我们用不着做进一步的检验，而且可以使用不同贫困测度方法的交集拟序。但是如果这种一致性不存在，那么在具体的运用中，我们就必须注意这些相互竞争的测度方法的细节特征。

① 另外，S^* 还可以表示为 45°线与“经过删失处理和规范化处理的”分配的广义洛伦兹曲线间的面积与最大化贫困线以下面积之比。

② 我们不要忘记，在我们所讨论的各种排序中也暗示了 P_α 测度方法与随机占优之间的联系。

A.7

评估域、能力与不平等

A.7.1 不平等、福利主义与正义

195 本书增订部分的大部分内容关注的是收入不平等，但收入只是影响人们所享有的实际机会的众多因素中的一个。例如，从收入方面来说，甲可能比乙更富有，但是由于甲患有某种慢性病，从而他的收入中有相当一部分要用于支付医疗服务，因此他可能比乙更为“艰难”。个人情况的不同（如年龄、伤残、怀孕、对疾病的免疫力、特殊才能、性别）以及个人所处的自然和社会环境的不同（如是否流行传染病、污染程度、当地的犯罪率）对于不同人所享有的实际机会有着非常大的影响。在这种情况下，只关注收入分配的不平等对于理解经济不平等是不够的。

在 *OEI-1973* 中，人际差异在将收入转化为效用的过程中的重要性确实受到了一定的关注。实际上，在批评功利主义只关注**效用总和**而忽视效用的分配时，我们已经考虑到了这一点（第 73 页）。我们所提出的“弱平等公理”正是以此为基础的。但是，即使我们不想通过效用域来对平等或正义做出判断（也就是说，即使我们没有采用所谓的“福利主义”方法），个体间的差异也是很重要的。实际上，在将收入（以及其他外部资源）转化为个体优
196 势（不管这个个体优势是否依据个体效用来判断）的过程中，有

一个重要的一般问题，即人际差异问题，这一问题也是正义理论的中心问题［关于这一点，参见森（1980，1992）］。

在我写作 *OEI-1973* 时，受约翰·罗尔斯（1958，1971）的开创性著作的影响，人们正在对正义理论的一些基本原则进行积极的重新思考。① 在罗尔斯的思路中，其“使最小值实现最大化”的标准［另一种表述是“词典式”的标准。这一提法是森（1970a）建议的，罗尔斯（1971）接受了这一建议］反映了平等主义的观点，这一点在 *OEI-1973* 中得到了全面继承。② 在效用域中对不平等进行评估的结果是：全面背离了功利主义福利经济学的加总排序传统。③ 在 *OEI-1973* 中，笔者曾尝试着将效用分配中对效率问题的思考与对不平等的关注结合在一起。

然而，罗尔斯的正义理论的更为完整的结构还包括：

（1）可引致“公平”概念的基本推理，它与罗尔斯使用的“原初状态”程序相联系；④

（2）否认效用在评估个体优势中的独一无二的地位，因为效

---

① 除了罗尔斯的著作，许多同时代作者的关于正义的著作也产生了很大的影响，这些著作主要包括海萨尼（1955）、哈特（Hart，1963）、萨佩斯（1966）、科尔姆（1969）。在 *OEI-1973* 出版之前，森（1970a）就对正义理论极为关注。

② 关于对“词典式的使最小值最大化”（有时也称作“词典式最小”）标准的不同类型的公理化描述以及潜在的“公平偏好”的各种备选形式，参见哈蒙德（1976，1979）、达斯布里蒙特和格弗斯（1977），阿罗（1977），森（1977），格弗斯（1979），马斯金（Maskin，1979），罗伯茨（1980），布莱克比、唐纳森和韦马克（1984）以及达斯布里蒙特（1985）。

③ 费尔普斯（Phelps，1973）综述了经济学家对罗尔斯的正义理论的回应，这些回应集中关注的是从总和排序到使最小值实现最大化标准或曰词典式标准的转向。

④ “原初状态”是一个假想的状态，在该状态下，人们在不知道自己将要成为哪一种人（从而避免了由于维护其既得利益而产生的偏见）的情况下对社会的基本结构做出选择，这种初始的平等促使人们选择“公平”规则。

用兼具功利主义伦理观和传统福利经济学方面的特征。

尽管罗尔斯本人并没有以这种方式提出自己的理论，但他的
197 观点实际上是对福利主义的彻底批判与拒斥，而不仅仅是蔑弃功利主义下把效用总和作为决策的基本标准（功利主义不过是福利主义的一种）。[①]

根据罗尔斯的“差别原则”，不一定要优先考虑那些最不幸福的人，而应该优先考虑那些境况最差的人。按照罗尔斯的思路，境况最差指拥有最低的“基本善”指标值。[②] 基本善是帮助我们改善基本生活状况的多用途工具，它包括“权利、自由和机会，收入和财富、自尊的社会基础”［罗尔斯（1971），第60～65页］。在罗尔斯式的分析框架中，对基本善的集中关注与他对个体优势的看法有关。罗尔斯认为，应该从个体所享有的、用来实现其各自目标的机会的角度来看待个体优势。罗尔斯把这些目标视为个体对“好的想法”的追求——这对于每个人来说可能是不同的。如果一个人尽管拥有同其他人一样多（或更多一些）的基本善，但最终仍然不如其他人幸福（例如，因为他有讲排场的爱好），那么这在效用域中就无关不平等。罗尔斯坚持认为一个人应该为自

---

① 对福利主义的否定在罗尔斯（1958，1971）的第一正义原则（自由优先原则）和第二原则（包括将使最小值实现最大化的公式应用于个人所拥有的“基本善”而不是个体效用的要求）中都有所反映。事实上，罗尔斯体系的非福利主义基础也使得它完全不同于约翰·海萨尼在早些时候根据一个与“原初状态”非常相似的思想试验对功利主义所做的引申［关于这一点，参见海萨尼（1955，1976）］。亦可参见维克里（1945）。

② 另一种可考虑的评估个体间不平等的方法是利用“嫉妒”的概念，根据这一概念，如果一个人处于更为有利的境况之中，那么其他人就有理由对他产生嫉妒。关于这一基本方法以及“无嫉妒”的概念，参见弗利（1967）、瓦里安（1975）、鲍莫尔（1986）、扬（1994）等。

己的偏好负责。[①]

在最近几年，用于评价不平等的"评估域"的选择成了人们讨论的热点。[②] 一篇题为《什么要平等?》的文章［森（1980）］论证了对于 198
许多目的而言，适当的评估域既不是效用（正如福利主义者所宣称的那样），也不是基本善（正如罗尔斯所主张的那样）。如果我们的目标集中于个人实现其目标的实际机会，那么我们就不仅要考虑他所拥有的基本善，还要考虑相关的个体特征——这些特征对于将基本善**转化**为个人改善其基本生活状况的能力来说至关重要。[③] 例如，一个拥有更多基本善的残疾人实现目标的机会要少于那些只拥有较少基本善的正常人。类似地，老人或易于患病的人即使在拥有更多种类的基本善的情况下，一般来说，仍然处于较为不利的境况之中。[④]

---

① 德沃金（1981）用一种相关的方式为"资源平等"辩护，他的这一提法将罗尔斯基本善的范围扩展到包括为防范难以预测的"霉运"而进行保险的机会。

② 参见森（1980，1985a，1992）、德沃金（1981，1985）、罗尔斯（1982，1993）、罗默（1982，1986，1993，1996）、斯特里滕（Streeten，1984，1995）、格里芬（1986）、埃里克松和阿伯格（Erikson and Aberg，1987）、努斯鲍姆（1988，1993）、阿尼森（Arneson，1989，1990）、科恩（1989，1990，1995）、格里芬和 J. 奈特（Griffin and Knight，1990）、达斯格普塔（1993）、德塞（Desai，1994）、克罗克（Crocker，1996）、沃尔什（Walsh，1996）等。

③ 个人确实具有某种改变这种"转化"关系的机会，例如，通过培养专门的爱好或学会更好地使用资源。但是仍然存在对由此带来的变化程度的限制（例如，在残疾、生病或年老的情况下）。

④ 关于这一变化的性质和普遍性，参见森（1980，1985b，1992），在 *OEI-1973* 中所考虑的不同"需求"问题与这个一般问题有关。关于在资源配置中注意到根本不同的需求的恰当性，还可参见埃波特（Ebert，1992，1994）、巴莱斯特里诺（Balestrino，1994，1996）、基亚波罗·马丁内蒂（Chiappero Martinetti，1994，1996）、弗勒贝（1994，1995a，1995b）、格拉纳格利亚（Granaglia，1994）、巴莱斯特里诺和彼特里托（Petretto，1995）、肖罗克斯（1995b）等。

需要强调的是，对生活质量而不是收入财富或心理满足的集中关注，在经济学中并不是什么新内容。其实，正如森（1987a，1987b）指出的，就经济学这门学科而言，它本身即是源于人们对生活条件及其影响因素的评估的需要。通过缜密论证，亚里士多德明确地陈述了这一动机（见《尼各马科伦理学》和《政治学》）；
199 但是在威廉·配第（William Petty）、格雷戈里·金（Gregory King）、弗朗索瓦·魁奈（Francois Quesnay）、安东尼·拉瓦锡（Antoine Lavoisier）、拉格朗日（Joseph Louis Lagrange）等人关于国民账户和经济繁荣的早期著作中，也明显有这一动机。虽然由这些先驱者设计的国民账户为现代的收入概念奠定了基础，但是他们所关注的焦点从来没有仅局限在这一概念之中，他们并不认为收入具有内在的、一以贯之的重要性，而只是把它视为一个可以有条件地加以使用的工具。①

① 例如，曾经在估算国民收入的收入法和支出法方面做出尝试的威廉·配第所关注的焦点即包括“共同安全”和“每个人的特定幸福”。配第为了进行研究而详细陈述的目标与对人们生活条件的评估直接相关，而且，他还把科学的调查研究与17世纪的政治动机结合在了一起（“为了表明”“君主的臣民并没有生活在一种像不满的人所说的那种很差的条件之中”）。在现代关于“最小需求”“基本需求”以及相关概念的经济学文献中，这一强势的传统得以被继承；参见庇古（1952），奥德尔曼和莫里斯（Adelman and Morris，1973），森（1973b），赫里罗（Herrero，1976），格兰特（Grant，1978），莫里斯（1979），斯特里滕等（1981），斯特里滕（1984，1994，1995），斯图尔特（Stewart，1985），联合国儿童基金会（UNICEF，1987），联合国开发计划署（1990，1995），德塞、森和博尔特维尼克（Boltvinik，1992），达斯格普塔（1993），德塞（1994）、哈克（Haq，1995）等。特别是联合国开发计划署的《人类发展报告》为世界上许多国家提供了关于“人类发展”的重要内容的规范表述。

A.7.2 生活内容与能力

森（1980）对福利主义、功利主义以及罗尔斯式方法的批评，与运用一种新的信息视角的争论有关，这个新的视角就是“生活内容”（functioning）域，即一个人值得去做的各种事情。有价值的生活内容的范围非常广：既有诸如获得充足的营养和不受本可避免的疾病的影响之类的基本的生活内容项，也有非常复杂的生活内容或个人状况，比如能够参与社交生活及获得自尊。①

这一“能力方法”（capability approach）的焦点可以是**已经实** 200
现了的生活内容（一个人事实上能够做到的），也可以是他所拥有的选择**集合**（他的实际机会）。不妨举个简单的例子。如果一个人每项生活内容的范围可以用一个实数来表示，那么他所取得的实际成就可以用一个关于 n 项生活内容的 n 维空间中的一个**生活内容向量**来表示（假定不同的生活内容是有限的）。② 可供一个人选择的生活内容向量集合被称为他的**能力集合**。图 A.7－1 展示了一个

---

① 亦可参见森（1984，1985a，1987a，1992）。这一方法与亚当·斯密（1776）对“必需品”的分析［关于这一点，参见森（1981），第 17～18 页；森（1984），第 332～338 页］以及亚里士多德在《尼各马科伦理学》和《政治学》中对福利所做的论述［关于这一点，参见努斯鲍姆（1988，1993）］有着明显的联系。还可参见穆勒（Mill，1859）、马克思（1875）。概念上的扩展对于评估优势和剥夺的实践程序有着非常大的影响，还可参见克罗克（1992）、努斯鲍姆和森（1993）、努斯鲍姆和格洛弗（Glover，1995）。

② 当每项生活内容不能用数字表示时，我们将依据一个更为一般的框架来进行这一分析。在该框架中，生活内容成就可看作一个“n 重生活内容”，而能力集合则可看作适当的评估域（并非是向量域）中这种 n 维能力的集合。

二维生活内容域，其中阴影区域 **K** 即为一个人的能力集合，他从这一集合中选择一个生活内容向量 **x**（虽然这种选择并不必然是唯一的）。依据定义于生活内容向量之上的关于有价值生活的无差异图来考虑在该域中的选择可能会对我们有所帮助，在这种情况下，**x** 可被视为位于可达到的最高无差异曲线之上，如图 A.7－1 所示。①

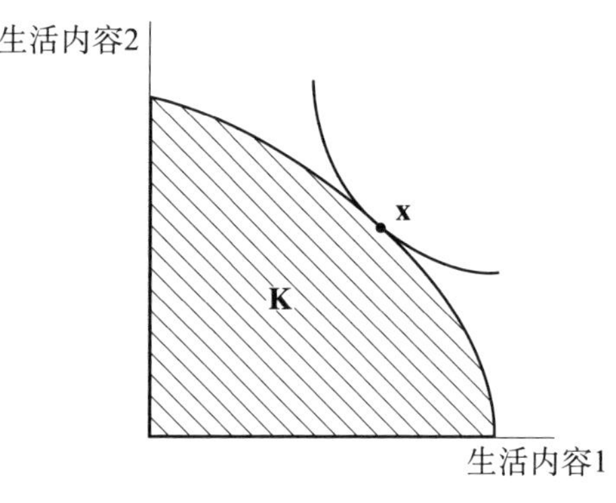

图 A.7－1

“能力方法”既可以应用于一个人所拥有的选择权（由能力集合给出），也可以应用于她所选择的实际生活内容组合（由所选择

① 虽然在解释对生活内容的评价时使用这样一种无差异图在教学上有很大的价值，特别是当我们从熟悉的商品域转向尚不习惯的生活内容域时情况更是如此，但是认识到下面这一点是很重要的：生活内容域中无差异图的性质并不总能反映我们在商品域中所做的标准假设。特别是，可能会存在相当多的不完全区域以及模糊区域［关于这一点，参见森（1985a）］。关于“模糊集合理论”的近期文献对于我们分析对生活内容向量和能力集合的评估可能会有所帮助。关于这一点，可参见基亚波罗·马丁内蒂（1994，1996）、德尔波诺（Delbono，1989）、塞利奥里和赞尼（Cerioli and Zani，1990）、巴莱斯特里诺（1994）、巴莱斯特里诺和基亚波罗·马丁内蒂（1994）、欧柯（1995）、卡西尼和贝尼蒂（Casini and Bernetti，1996）等。

的生活内容向量给出）。在前一程序（可被称为“选择权程序”）中，我们关注的焦点是全部能力集合 **K**，而在后一程序（可称“选择程序”）中，我们的关注焦点仅集中于 **x**。选择权程序直接涉及在各种可选方案中做出选择的自由，而选择程序则聚焦于实际的 201
选择结果。能力方法的这两种形式在相关文献中都有使用，有时它们还被结合在一起。①

这两种程序的差别有多大？它们确实使用一个共同的评估域，即生活内容域，这与诸如效用域或罗尔斯的“基本善”域形成对照。但是对于如何使用这一评估域，它们却有着很大的区别。这种对比有多重要？这主要取决于在选择权应用中用来估计“能力集合”价值的评估程序的性质。根据经济学中一个精心构建的传说，选择权集合的真正价值在于可以对其进行最好的使用——在 202
行为最大化和不存在不确定性的情况下，它取决于对它的实际运用。因此，机会的价值在于它的一个要素（即最优选择或实际选择）的价值，这种方法被称为对能力集合的“基础评估”。② 在这

---

① 参见森（1980，1984，1985a，1985b）、霍索恩（Hawthorn，1987）、坎伯（1987b）、威廉森（1987）、米尔鲍尔（1987）、德雷兹和森（1989，1995）、布吉尼翁和菲尔茨（1990）、格里芬和奈特（1990）、霍塞恩（Hossain，1990）、斯科凯特和范奥蒂根（Van Ootegem，1990）、联合国开发计划署（1990）、克罗克（1992，1996）、阿南德和拉瓦利昂（1993）、佩蒂尼（Pettini，1993）、努斯鲍姆和森（1993）、巴莱斯特里诺（1994，1996）、基亚波罗·马丁内蒂（1994，1996）、科尼亚（Cornia，1995）、德塞（1994）、格拉纳格利亚（1994）、兰蒂（Lenti，1994）、阿罗（1995）、阿特金森（1995）、巴莱斯特里诺和彼特里托（1995）、弗勒贝（1995a，1995b）、赫里罗（1995）、卡特（Carter，1996）、基齐勒巴什（Qizilbash，1995，1996）、卡西尼和贝尼蒂（1996）、皮亚琴蒂诺（Piacention，1996）等。

② 关于基础评估的性质和作用范围，参见森（1985a）。

种情形下，对实际选择的生活内容向量的关注与对能力集合的关注相一致。在这种类型的基本评估下，对能力方法的两种应用不仅在对恰当的评估域（生活内容域）的挑选上，而且在该评估域中的“焦点变量”选择（所选择的生活内容向量）方面都是一致的。①

另外，也可以通过其他方式对选择权程序加以使用，因为一个集合的价值并不总是与该集合的最优要素（或实际选择的要素）相一致。拥有没有被占据的机会也应该受到重视。如果结果所产生的过程本身就很重要，那么这是一个很自然的方向。实际上，“选择”本身也可以被视为一种有价值的生活内容，在别无选择的情况下拥有 **x** 与在有许多选择的情况下选择 **x**，显然是不同的。②

如果考虑到机会的重要性，则我们不妨循如下思路推导，即我们不应只依据一个（“给定的”）偏好排序来对生活内容向量做出评估，即使它是个体从“可选择的集合”中做出的实际选择。相反，应该通过使用一组合理的偏好排序（这些偏好对于一个人来说本来就是非常合情合理的）来做出评估，这就使得“拥有其
203 他机会”变得重要起来，即使在（根据“给定”的偏好排序）做

---

① 科恩（1989，1990，1995）认为应当集中于他称之为“中间福利”（midfare）的特殊焦点。亦可参见阿尼森（1989，1990）。

② 参见森（1985a，1985b）。这里还有一个更为棘手的问题：如何将这一过程具体化？关于各种可供选择的建议以及公理化的公式，参见铃村兴太郎（1983）、里格尔斯沃思（Wriglesworth，1985）、萨佩斯（1987）、帕塔奈克和徐永胜（Xu，1990）、森（1990a）、福斯特（1993）、赫里罗（1995）、阿罗（1995）、普珀（Puppe，1995）等。

出的最大化选择或实际做出的选择相同时，情况也是如此。①

我们可以用不同的方式来看待自由和选择权，毫不费力地接受一种完全一致的“自由指标”的希望几乎是不存在的。这种讨论的重要性更多地在于它可以引起人们对于更为广泛的事物的注意，而不在于它可以迅速提供一个对于自由（以及关注到自由的重要性的更为全面的个体优势）的人际比较的解决方案。虽然对经济不平等的分析必须对这些问题保持敏感，但对于个体优势的人际比较的方法，则有诸多相互竞争的提法。②

A.7.3 关于权数与赋值

由于生活内容涉及方方面面，因此对于所有要运用生活内容的方法，都有必要对诸生活内容进行权衡，不管该方法集中关注的是已实现的生活内容向量 **x**（如选择程序），还是能力集合 **K**（如选择权程序）。对于那些关注能力集的方法而言，还有一项任务：对能力集合而不是能力集合中的点进行比较。它还会遇到另一个问题：自由的重要性可能会完全超过所选择的特定要素的价值（除非在初步赋值这个特殊情形下）。然而，不管我们是止步于

① 福斯特（1993）和阿罗（1995）最先运用这一思路。当一个人并不完全知晓自己的所有偏好时（这可能是因为这些偏好与未来有关），它与“灵活性”的工具性价值具有分析上的联系［关于这一点，参见科普曼斯（1964）和克雷普斯（Kreps，1979）］。甚至在实际偏好已知时，考虑多种合理偏好的想法也大大扩展了这一思路的影响范围。

② 其结果就是，在任意给定的社会状态下，人们对不平等有不同看法，而这又必然会影响依据不平等对不同社会状态所做的排序。在这里还存在使用“不那么确切的”结构（如模糊集合和模糊排序）的重要机会。关于在评估不平等时使用模糊集合推理的建议，参见巴苏（1987b）、欧柯（1995）。

对生活内容向量的估值（正如我们在选择程序中所做的那样），还是超越它（正如选择权程序所要求的那样），我们都必须*首先*对生
204 活内容向量进行估值。因此，对于“能力方法”而言，对不同生活内容的权衡就是一个核心问题。

这一权衡的步骤经常被看作“能力方法”在运用过程中出现的一个“困难”。这个问题并非“能力方法”*独有*，因为影响个体优势的各种因素的异质性是实际评估过程中的一个普遍特征。尽管通过简单地*假设*存在某种同质的“收入”——据此我们可以对每个人的总体优势进行判断和比较（相应地，需求、个人处境和价格等方面的差异可以被假设不再存在）——我们可以对这一问题视而不见，但这样做并没有解决问题，只是回避了这一问题。实际收入的比较包含对不同商品的加总，并且在评估大小相当的个体优势时，还有更深层次的问题，即在进行人际比较时，应当注意到个体所处环境的差异。

经过更为充分的思考而得出的理论都明确承认这种异质性。在罗尔斯的分析中，基本善在组成上可以是不同的（包括“权利、自由和机会、收入和财富、自尊的社会基础”），罗尔斯（1971）建议通过一个适用于所拥有基本善的总体“指标”来对不同组分的基本善进行处理。① 再看效用，尽管许多功利主义者倾向于假定

① 受阿罗（1951）的不可能定理及其单侧扩展式的启发，关于罗尔斯式的基本善的令人满意的综合指数是否存在，许多学者提出了相应的“不可能定理”［参见普洛特（Plott，1978）、吉伯德（Gibbard，1979）、布莱尔（Blair，1988）］。与在阿罗定理及其变式中一样，在促使这些不可能结果产生的过程中，信息上的限制起了关键性的作用。森（1991b）论述了与强加如此的信息限制相对的情形。

效用是同质的，但亚里士多德、约翰·斯图亚特·穆勒等都认为并具体论证了把效用视为一个具有不同内容的名词（即使对某个具体的个人而言）的必要性。[①] 在对个体优势或福利进行评估和比较时，异质性是不可避免的，除非武断地将其排除。 205

然而，这一问题并不是那种“要么全部，要么全不”式的问题。如果我们认为某些生活内容是极为重要的，那就意味着指定了一个评估域，由这个评估域可得到关于某事物状况的“局部排序”。如果个体 i 所拥有的某一重要生活内容多于个体 j，且所拥有的其他类似的生活内容均至少和 j 一样多，则 i 的生活内容向量值大于 j。通过进一步规定可能的权数，我们可以对这种局部排序加以“扩展”。唯一的权数集合将**足以**产生一个**完全**排序，但它并不是典型的必要条件。对于任意给定的权数“范围”（也就是说，权数被限定在一个指定的范围之内），将存在一个局部排序，并且当权数的范围变得越来越小时，它将得到系统的扩展。在这个过程中的某个点——很可能在权数变得唯一之前——该排序将成为完全排序。[②] 但即使在局部排序下，许多决策问题也可以得到充分解决，即使有些问题没有

---

① 效用的**人际比较**还引起了关于多样性（人际相异性）的其他方面的问题，自从罗宾斯（1932，1938）提出他的经典批评（他认为“关于情感，不可能有共同的标准”）之后，大量的文献都对这些问题进行了探讨。

② 森（1970a，1970b，1982a）、布莱克比（1975）、法恩（1975）、巴苏（1980）对于权数范围的全面缩小与所产生的排序的单调扩展之间的形式关系进行了论述。在 *OEI-1973*（第 63～66 页）中对“交集方法”的应用与这一程序有着直接的关系。还可参考本增订部分的前述章节中对交集拟序的使用。交集拟序方法可以与对生活内容评价和测度的“模糊”描述结合在一起，关于这一点，参见卡西尼和贝尼蒂（1996）、基亚波罗·马丁内蒂（1994，1996）。

得到充分解决，也可以大为简化（方法是，排除低值的选项）。

如何确定权数呢？这是一个评判性的步骤，只有通过合理的评估才能得到解决。在对个人做出评估时，对权数的选择将按照此人认为是合理的方式来进行。[1] 但是在得出关于社会评价的“一
206 致”的范围的过程中（例如，在对贫困的社会研究中），人们对于权数的意见必须达到某种合理的“共识”（即使是非形式化的）。虽然得出唯一一组权数几乎是不可能的，但是这种唯一性在许多情况下对于做出一致的判断事实上并不是必不可少的；实际上，即使对完全排序来说，它可能也是不必要的。[2]

这种看待问题的方式会引起两种不同类型的疑问。首先，与使用反映在实际收入比较中的、以市场定价形式表现出来的合用权数相比，对上述权数（或权数的取值范围）的运用是否必然是随意的、无根据的？其次，我们是否真的可以只依据序数比较（如果它表现出与能力比较相同的方式）来对不平等做出分析？

我们首先分析前一个问题，后一个问题将在第 A.7.5 节中加以论述。在民主的情形下，由于价值是与人们公开的观点相联系的，这就构成了价值的基础。在当代关于社会选择和公共选择理

---

① 这一核心观点对于判断和评估推理中的做法是必需的，而这里所说的推理与传统的功利主义者所集中关注的感觉（如快乐和欲望）并不是一回事。关于在评估过程中对推理的需求以及推理的标准，参见罗尔斯（1971，1993）、斯坎伦（1982）、威廉斯（1985）、内格尔（Nagel，1986）、诺齐克（1989）等。在功利主义的一些现代形式中，在对效用本身进行描述时，推理的作用得到了强调，从而缩小了两种观点之间的差距，参见黑尔（1981）、格里芬（1986）。

② 参见森（1970a）第 7 章和第 7* 章。

论的文献中，关于如何建立此类评估的规则，人们进行了广泛讨论。尽管这两方面的评估规则在路径取向上稍有不同，但正如森（1995）指出的，它们之间其实有很大的互补性，如能将这两方面的规则结合，就能得到基于公众认可的社会判断的完整特征。这并不是说要经过全民公决才能决定采用何种价值，而是说有必要对权数（或权数的取值范围）持开放态度，能接受批评和惩戒，当然也能接受合理的公众认可。在民主社会里，要避免评估的随意性，其核心要求就是在追求共识（这种共识或显而易见，或隐而不现）的同时，也应容许有批评性的审查意见。① 这样一来，权数可能并非唯一的，而这恰是这种评估机制的题中应有之义（如
前所述）。这种做法与划定“贫困线”、评估“考虑到环境因素而 207
进行的调整后的国民收入”或在国民统计中使用“不平等指数”时所需要的做法并无根本不同（正如阿特金森量度中对 α 的选择）。

在这种情形下，罗伯特·萨格登（Robert Sugden）对于能力框架——它要求设计出一组评估权数——是否具有实际上的“可操作性”提出了质疑［萨格登（1993），第 1953 页］。斯普里尼瓦塞（Sprinivasan，1994）对此及时做出了否定的回答。他指出：“那种认为在能力框架下，不同的能力所具有的不同的重要性，与在实际收入框架下，不同商品所具有的不同价值相类似的观点，并不构成一个充分的理由。”（第 239 页）对此的论证是，斯普里尼瓦塞引述了萨格登的一句话，大意是，“实际收入框架包含了用

① 对这一问题最富有创见的分析，可参见弗兰克·奈特（1947）。

于测度商品的运算度量，即交换价值度量”。[①] 在对个体优势进行比较时，许多人的论证过程仍然囿于商品域和市场评估，而不是使用关于生活内容以及生活质量和个体优势的其他特征的信息。

当然，市场价格是针对商品而存在的，而不是针对生活内容而存在的。但是如何将具有评估意义的权数——不管它是针对商品还是针对生活内容——从某种其他步骤（此例中是商品交换行为）中“读出”，而又不触及此步骤（此例中是商品交换）中的价值问题？在这里，有两个明显有区别的问题，它们都具有实践上的重要性。第一个问题或许还不算是基础性的问题。这就是，外部性、不平等等问题可能会要求我们对市场价格做出“调整”。我们必须决定是否应该进行这样的调整，如果决定做出调整，那么还应考虑如何进行调整，而在这一过程中评估性的步骤实际上是
208 不可避免的。例如，如果认为百万富翁的 1 美元与穷人的 1 美元是一样的，这也是在进行比较，只是这种比较难免会被人说三道四，即使这种质疑并不被鼓励。

第二个也是更为基本的问题在于，虽然“交换价值度量”（斯普里尼瓦塞建议使用这个标准）本身可用于运算，但它并不是针对福利或优势的人际比较而设计的，事实上它对此也是无能为力的。由于传统上把效用仅仅看作个人选择的数字表达——这一点是很明显的——这种误读的存在，关于这一主题已经出现了某种

---

① 其实，萨格登还提到，“是否可以为能力方法发展出类似的度量标准？我们仍需拭目以待”，其观点比斯普里尼瓦塞要“开放”一些。

混淆。对效用的传统定义方式对于分析单一个体的消费行为是很有用的，但它本身并不能提供进行实质性的个体比较的任何程序。萨缪尔森（1947）的基本观点，即“在描述交换行为时，效用的人际比较并非必不可少”（第 205 页），只不过是同一枚硬币的另一面：如果采用交换或“交换价值度量”，我们并不能获得任何有关效用的人际比较的信息。

认为消费相同价值商品的两个人获得了相同的效用，这个假设是论证思路的一个巨大飞跃。有时我们会做出如下假设：如果我们观察到两个人具有相同的需求函数，那么对于任一既定的商品束，他们必然具有相同的、可在个体之间进行比较的效用水平。但是这也是一个**不合逻辑**的论证思路。[①] 如果我们取消消费相同商品束的不同个体获得**相同**的效用这一**假设**，而代之以如下的假设：一个人从消费某一商品束中所获得的效用恰好为另一个人从消费另一商品束中所获得的效用的**一半**，那么这同样会与所有行为观测（包括相同的需求函数）完全一致。

这种思路不仅在理论上会面临“苛责”，在实际应用中也会造
成很大的差异。例如，**即使**一个残疾（或生病，或精神抑郁）的 209
人恰好与另一个不存在上述不利条件的人具有**相同**的需求函数，如果认定他们可以从某给定的商品束中获得恰好相同的效用或福利，这将是非常荒谬的。

---

① 关于这一思路何以是谬误的，许多文献不止一次地给出了原因分析，参见萨缪尔森（1947）；格洛弗（1957），第 157～158 页；金蒂斯（Gintis，1969）；费希尔和谢尔（Fisher and Shell，1972），第 3 页；费希尔（1987，1990）。显然，谬误仍在流传。

在实际应用层面，基于实际收入比较的人际优势比较的最大困境或许在于人际相异性。年龄、性别、特殊才能、残疾、染病概率等方面的差异，可以使两个不同的人具有完全不同的实际机会，即使他们拥有完全相同的商品束时亦如此。如果我们不再追求单一的市场选择（这种单一的市场选择几乎不涉及人际比较），我们就得起用另外的信息，而不是仅依赖于虽然好用但过于陈旧的“交换价值度量”。

从商品束中获得的基于市场价格的个体优势（或福利、效用）评估会给人（至少是部分人）以这样的误导：一个现成的“具可操作性的量度”已被预先选定为评估之用。显然，这本身就是一个局限而不是优势。就公众公开讨论而言，那些晦暗不明的价值必须昭示于众，而不能以“这些价值是‘现成的’评估度量的一部分”的错误理由回避公众的讨论。我们确实需要针对评估性权数的批评性讨论持一种开放的态度，这一点也适用于设计评价权数的所有步骤。这并不是一个只在对生活内容或能力的评估中才存在的特殊问题。

A.7.4 作为能力缺失的贫困

虽然大多数人都是依据低收入水平对贫困做出分析的，但超越这种思路的尝试也不是没有。朗特里（Rowntree，1901）注意到了该问题的一个方面，与定义在低收入水平上的“基本贫困”形成对照，他提出了“次生贫困”的概念。他尤其关注影响一个家庭的消费行为的因素。他还考虑了由于个体特征（包括人们在工作中发挥

出来的水平）的不同而导致的划定不同贫困线的必要性。[①] 诸如此 210
类的影响使得在被视为低收入水平的贫困和被视为缺乏满足某些基本的和必要的需求能力的贫困之间并没有密切的一致性。由于我们最终关注的是我们所能过上的生活（而收入只是帮助我们过上富足生活的手段），因此我更倾向于接受后一种关于贫困的观点。[②]

如果我们接受后一种观点，那么把贫困看作对能力的剥夺就很有意义了。当一个人缺少免于饥饿、营养不足和无家可归的实际机会时，人们很可能会一致认为他正处于贫困之中。森（1983，1985a）对这些最低限度的能力以及一些基本的社交生活方面的能力（比如“体面地出现在公众面前”的能力和“参与社交生活”
的能力）进行了论述。[③] 在最近的研究中，对于贫困的这一研究方 211

① 拉格朗日在18世纪晚期就已经论述过这一问题。关于这一点以及相关的文献和参考资料，参见森（1987a）。

② 关于“基本需求”的文献对我们理解贫困问题极有帮助［例如，参见斯特里滕等（1981）、斯特里滕（1984，1985）］。对特定剥夺的集中关注而不是仅关注低收入水平，无疑丰富了对贫困的研究［关于“最低需求”的一些早期思想，还可参见庇古（1952），第四部分，第758～767页］。然而，由于“基本需求”往往被等同于最小数量的商品和某些特定的条件（如食物、房屋等），我们还要考虑个人在将商品和资源转化为生活内容成就时的差异，并以此为依据对上述方法加以补充。还可参见费希尔（1987）。

③ 然而，正如奥弗莱赫蒂（O'Flaherty，1996）（在他对美国的无家可归情况的重要研究中）恰当地指出的那样，把关注的焦点放在“受到庇护”上不如放在避免无家可归上更为合适。奥弗莱赫蒂注意到，“森给出的关于能力方法的优先性的理由特别适合于对‘无家可归’的研究”（第26页），“‘受到庇护’是森多次提到的一种生活内容，而无家可归则表明受到了剥夺，这已不仅仅是无法受到很好庇护的问题了。无家可归的人，无论是他们的人身安全还是财产安全，都得不到保障；他们容易患病和过早死亡；缺乏冰箱和炉灶因而很难获得充足的营养；收发邮件也着实不易；参与社交生活也很成问题。无家可归的孩子无法受到稳定持续的教育，他们会受到其他孩子的嘲笑，他们的生活也缺乏规律和可预见性。”

法已经受到了人们的注意。这一观点并不是要否定低收入是最有可能造成能力剥夺的因素之一，而是强调：

（1）可以从能力剥夺的角度对贫困进行定义（能力剥夺与低收入之间的联系仅是工具性的）；

（2）除了收入低，其他因素也会造成能力剥夺；

（3）低收入和低能力之间的工具性联系在不同的社会——甚至不同的家庭和个人之间——其参数是不同的。①

导致参数差异的原因有很多。第一，收入和能力之间的关系会受到个人的年龄（例如，老人与幼儿的特殊需求）、性别和社会角色（例如，怀孕女性的特殊责任以及由习俗决定的家庭义务）、居所位置（例如，生活在某些城市中的人所感受到的不安全感和暴力）、流行病（例如，某些地方性疾病）以及其他一些个人无法——或只能进行有限——控制的变量的强烈影响。②

第二，在收入剥夺与将收入转化为生活内容的困境这两种不

---

① 以下文献对作为“能力剥夺”的贫困做了特别的探索：森（1983，1984，1985a，1992）、德雷兹和森（1989，1995）、德尔波诺（1989）、布吉尼翁和菲尔茨（1990）、格里芬和奈特（1990）、霍塞恩（1990）、德塞（1990，1994）、斯科凯特和范奥蒂根（1990）、联合国开发计划署（1990）、巴莱斯特里诺（1994，1996）、基亚波罗·马丁内蒂（1994，1996）、格拉纳格利亚（1994）、范巴里斯（1995）、奥弗莱赫蒂（1996）等。

② 例如，饥饿和营养不良不仅与所摄取的食物有关，而且与对所摄取的食物中营养的吸收能力有关。后者深受一般健康状况的影响，而健康状况又在很大程度上取决于公共医疗服务和公众的防病措施。关于这一点，参见德雷兹和森（1989）、奥斯马尼（1993），亦可参见巴戈法（Bhargava，1992，1994）。

利条件之间存在某种“耦合”（coupling）关系。[①] 一些体质方面的不利条件——比如年龄、残疾或疾病——可使个体获取收入的能 212
力下降。[②] 这些不利条件还使得将收入转化为能力变得更加困难，因为一个年龄较大（或身体残疾、患病严重）的人为了完成同样的生活内容项（即使目标是完全可以实现的）可能需要更多的收入（来获得帮助、弥补身体残疾或治疗疾病）。[③] 如此看来，从某种重要的意义上来说，从能力剥夺角度定义的“实际贫困”或许比收入域贫困更为直观、更接近问题实质。

第三，就从收入角度看待贫困而言，如果再考虑进家庭内部的分配，则问题就会变得更加复杂。如果家庭收入并不是根据每个家庭成员的利益按比例使用的（例如，家庭在分配资源时存在一种有意的“重男轻女”倾向），那么从家庭收入的角度看，受到忽视的成员（在这个例子中是女孩）所受剥夺的程度不可能得到充分反映。在很多时候，这的确是一个重要的问题：在亚洲和北非的很多国家中，性别歧视确实是家庭分配的一个主要影响因素。从能力剥夺（由更高的死亡率和发病率、更严重的营养不足和医疗缺乏等导致的）的角度分析比基于收入分析更容易看出女性所

---

① 在（1）由于收入贫困而导致的营养不良与（2）由于营养不良造成工作剥夺从而使得收入贫困这二者之间，也存在“耦合”的问题。关于这些关系的分析，参见达斯格普塔和雷伊（Ray，1986，1987）与达斯格普塔（1993）。

② 阿特金森（1970b）的实证研究表明，诸如此类的不利条件是造成英国广泛存在的收入贫困的重要原因之一。在后来的著作——尤其是阿特金森（1989）——中，他对于收入障碍和其他类型的剥夺之间的关系做了进一步的研究。

③ 关于这些功能性障碍的实质的分析，参见韦德伯恩（1961），汤森（1979），帕尔默、斯梅丁和托里（Palmer，Smeeding and Torrey，1988）等。

遭受的剥夺。[①]

第四，收入方面的相对剥夺可能会造成能力方面的绝对剥夺。[②] 在一个富裕的国家中，相对较穷的人会遇到很大的能力障碍，即使从世界范围来看他的绝对收入仍然是很高的。在一个公
213 正的富裕国家中，要实现同样的社会性生活内容，人们需要更多的收入来购买足够的商品。例如，正如亚当·斯密（1776）所注意到的那样（第 351～352 页），根据业已存在的社会标准，在一个较为富裕的国家中，“体面大方地出现在公众面前”可能比在一个较穷的国家中需要更为昂贵的服装。对于“参与社交生活”的能力来说也是如此，许多社会学家对此都非常关注［参见汤森(1979)］。[③]

如果我们仍在收入域中考察贫困问题，则考虑到从收入到能力的转化差异，其相关的贫困概念就应该被认定为“收入不足”(inadequacy)，即收入无法实现最起码的能力，而不应是“收入

---

① 关于这一点，参见巴德翰（Bardhan，1974，1984）、陈致和（Chen）、哈克和迪索萨（Huq and D'Souza，1981）、金奇（Kynch）、森（1983），以及森（1984，1985a，1992a，1992b）、德雷兹和森（1989，1995）、哈里斯（Harriss，1990）等。然后，对消费构成及其与家庭构成的关系的详细研究可以提供有关女孩相对于男孩所受到的剥夺的间接证据。关于这一点，参见迪顿和米尔鲍尔（1980，1986）以及迪顿、鲁伊斯-卡斯蒂略和托马斯（Deaton，Ruiz-Castillo and Thomas，1989）。

② 关于这一问题，参见森（1983，1984）以及汤森（1985）与森（1985c）之间的通信。

③ 在较为富裕的国家，要参与社会生活，就有可能需要购置诸如电视、影碟机、汽车等现代家用装置。虽然对富国来说，这些现代家用装置大体上是普遍的，但这样一来，势必增加该国较穷的人的负担，即使他的收入比不那么富裕的国家中的人高很多。实际上，在富裕国家中——甚至是在美国——出现饥荒这种看似荒谬的现象与对这些消费品的攀比性需求有某种关系。关于这一点，参见森（1992，第 7 章）。

低”（lowness），即与影响到这种转换差异的具体环境无关的所谓“低收入”。这样，所谓的“贫困线”收入对每个社会、每个家庭甚至每个人来说都是特定的。只有这样，才能正确合理地看待其中某些转化差异，如收入相对剥夺的重要性。另外，如果这些转化差异源于即使是较高的个体收入也难以弥补的体质方面的不利条件（如生活在一个传染病流行的环境中，或患有某种不可治愈的疾病），则如果继续从收入域来看待这种转化差异，就不会得到令人满意的解释。这时，我们就得直接从所实现的（或未实现的）能力的角度来看待这种转化差异。

在本节中，我们的分析完全放在了对穷人的甄别上面，而不是对贫困加总方法的引申上面。到目前为止，对于后一问题几乎没有取得什么直接的进展。虽然在这一框架下使用对贫困的“人数比率量度”（‘distribution-adjusted poverty measure’）并不存在
什么困难，但是“调整后的分配的贫困量度”在这一评估域中很 214
难被定义和应用，因为它要求一个更为严格的贫困指数“量度”和对贫困“程度”的比较。在下一节中，我们将探讨基于排序的贫困程度比较。

A.7.5 间接评估与序数强度

能力实现与能力剥夺的序数比较固然有助于我们回答有关不平等和贫困的一系列问题，但这种序数比较并不能作为不平等量度和调整后的分配的贫困量度的信息基础。不仅对不平等测度方法（如变差系数或基尼系数）需要更为严格的可比较性，对于洛

伦兹曲线或广义洛伦兹比较的运用来说也是如此。至于贫困量度，如前所述，在使用人数比率量度时并不存在困难，但一旦涉及个体优势的序数比较，就不可能构建出像 S、S^* 或 P_α 这样的指标。

既然我们接受能力视角，还有一个疑问就是：从能力视角出发，我们可以获得哪些成果？第一种思路可能是继续使用定义在收入域上的更为传统的不平等和贫困量度，但须补充以较少形式化的其他类型的考量。就实际应用而言，这种思路可解决许多问题。这些补充的变量焦点可以放在对生活内容本身的序数比较上，也可以放在可能会影响能力决定的、收入以外的其他工具性变量
215 上。诸如失业状况、医疗服务的普及程度和覆盖范围、家庭内部分配中的性别歧视程度等因素，都可以用于补充收入域里的传统量度之不足。[①] 这样的思路扩展，其目的并不是要建立一个精确的“底线”，而是要通过明确考虑进可影响各个人群的重要能力的实现的其他变量，丰富对不平等和贫困问题的更加全面的理解（而不仅仅是只从收入不平等量度和收入贫困量度而来的结果）。[②]

第二种思路是从传统的收入域出发，通过考虑能力的其他决

---

① 最近由意大利银行发起的关于意大利经济的多角度的不平等的研究工作［巴卡等（1996）］，是此类研究的一个典范。

② 在不同的评估域（如收入分配、寿命、文化程度等）中分别考量分配量度，然后把它们综合起来，这似乎是一种很有吸引力的做法。但这是一个错误的步骤，因为它在很大程度上取决于这些变量对于特定的人群来说所具有的相互关系。例如，如果收入较低的人的文化程度往往也不高，那么他所受到的这两种剥夺将更为严重；反之，如果它们是互不相关的，便不会发生这样的事情，而如果它们是负相关的，那么至少在某种程度上，其中一个变量的恶化会使另一变量（从而与之相联系的剥夺）得以改善。如果不对共线性和协变性进行检验而分别考虑各种分配指数，我们就无法确定哪一种可能性成立。

定因素，从而得到一个“校正收入”。例如，当一个家庭中的成员为文盲时，将其收入水平向下调整；而当其成员受过较高水平的教育时，则向上调整其收入水平。通过一系列这样的调整，我们有望得到与根据所获得的能力得出的收入“相等价”的校正收入，这一步骤在实际应用中很有价值。① 它不仅与关于“等价值”的一般文献有联系，而且与如下的特殊步骤有联系，即在分析家庭支出模式时，对无法直接观察的特征（如家庭内部是否存在性别歧视）进行间接评估时曾尝试的特定步骤。②

大体上，这种方法与那种把收入和其他因素放在一起以达到对个体优势的一个总体评价的做法并不是完全不同的，但是由于使用了收入域——尽管是校正后的收入值，因此在这种“间接的”做法中，把更多的因素结合起来以及使用更为严格的度量便成为可行的了。阿特金森（1970a）在测度收入不平等的影响（计算“平等分配后的等值收入”）时，选择的是收入域而不是迪顿（1920）最先提出的效用域，该方法在某些方面与阿特金森的方法有异曲同工之处。 216

第三种思路是对根据序数比较——很可能是一个局部排序——得出的有关不平等和贫困的信息加以检验。虽然对“强度”的比较通常都要求基数意义上的可比较性，但严格说来这并不正

① 在一个麦克阿瑟基金资助的由安格斯·迪顿和阿马蒂亚·森主持的联合研究项目中，许多人，特别是迪顿、安·凯斯（Anne Case）和克里斯蒂纳·帕克森（Christina Paxson）对这一方法进行了深入研究。

② 关于这一点，参见迪顿（1995）以及波洛克和威尔士（Pollak and Wales, 1979），迪顿和米尔鲍尔（1980，1986），迪顿、鲁伊斯-卡斯蒂略和托马斯（1989），还可参见费希尔（1987）提出的批判性观点。

确。归结为一点，即使只依据排序，我们也可以对强度进行比较。“序数强度”这个概念能够以下面这种方式加以定义。[①] 令 (x, i) 为社会状态 x 下的个体 i，P 为对个体优势的严格排序（降序），π 为个体优势不平等的一个排序（这是一个严格的局部排序）。如果对于 $i=1, 2$，我们有

$$(x, 1)P(y, i) \text{ 且 } (y, i)P(x, 2)\text{，则 } x\pi y \quad (\text{A.7.1})$$

这是一个仅基于序数比较的明确的不平等排序。

这样的比较能得到广泛应用吗？当然。让我们看一个实际例子。我们可以看一下关于世界银行1993年度《世界发展报告》中使用DALY（disability-adjusted life years，即“根据残疾状况加以调整后的生命年数”）的争论。DALY逐渐成为关于人口的健康状况的一个重要的且广泛使用的量度，并且成为一种政策制定的工具。有人建议把DALY的最小化作为资源配置的一个核心标准，而这一点甚至得到了世界银行以外的许多专家的支持。[②]

217 在DALY方法中，我们对人们的实际预期寿命（即估计寿命值）进行了调整。[③] 通过使用一个值域在0（完全健康）和1（死

---

① 关于“序数强度”的特征和各种应用，参见森（1976c，1976d，1978，1980，1982a）。还可参见布劳（Blau，1975）、哈蒙德（1976，1979）、达斯布里蒙特和格弗斯（1977）、格弗斯（1979）、巴苏（1980）、罗伯茨（1980a，1980b）、铃村兴太郎（1983，1996）、达斯布里蒙特（1985）。序数比较的基本思想至少可以追溯到鲁斯和莱法（1957）。

② 默里（Murray，1994）对此进行了有力的辩护。阿南德和K. 汉森（Anand and Hanson，1996）分析了该方法的一些局限性。

③ A. 威廉斯（Williams，1991）对依据生活质量进行调整这一基本思想的理论基础做了详尽阐述。还可参见卡尔耶（Culyer，1990）。

亡）之间的参数，我们对由于残疾而失去的生活时间进行了估算，从而实现了这一调整。除了需要根据“由疾病造成的负担”而区别对待，我们还要根据年龄的不同做出相应的区别对待。使用 DALY 也带来了两类问题。第一类问题是，我们所做的许多校正具有明显的随意性[①]，但在这里我们更关注的是另一类问题。

第二类问题与我们即将分析的问题有关，即对一个社会DALY总和最小化的追求将使得挽救身体更为残疾的人的生命只具有较小的优先权。假设我们面临这样的选择：挽救一个体质健全的人的生命还是挽救一个残疾人的生命？根据 DALY 标准，我们会简单地选择前者，因为“根据残疾状况加以调整后的生命年数”的值是不允许变得更大的。显然，以追求全社会的“根据残疾状况加以调整后的生命年数”值最小化的方式来使用 DALY 会导致严重的公平问题。赋予挽救健全人生命以优先权的政策将使得残疾人的不利条件更加恶化：由于身体残疾已然处境悲惨的人因在医疗服务的分配方面受到歧视，其生存状况将更为恶化。这对于一个处境已经很悲惨的人来说是一个更深层次的障碍。

通过使用序数强度，我们可以很容易地把握这一点。实际上，如果 y 代表身体健全的人（$i=1$）和残疾人（$i=2$）可以获得的医疗服务，并且对固定资源的分配力图实现 DALY 的最小化（这对身体健全的人有利）这样一种情形，那么根据如下的个体优势排序，我们可以达到一个像 x 这样的状态：

---

① 关于这一点，参见阿南德和 K. 汉森（1996）。

$$(x,\ 1)P(y,\ 1),\ (y,\ 1)P(y,2),\ (y,\ 2)P(x,\ 2) \tag{A.7.2}$$

218 这满足公式（A.7.1）的前提，而且允许我们在序数强度的基础上得出如下结论，即在这种情形下，由于追求 DALY 的最小化，不平等程度提高了，也就是说：$x\pi y$。

事实上，序数强度还可以被用来为给予残疾人额外照顾的“补偿政策”辩护，这一政策的效果正好与上述情形相反，我们有

$$(y,\ 1)P(z,1),\ (z,\ 1)P(z,2),\ (z,\ 2)P(y,\ 2) \tag{A.7.3}$$

如果我们强调与 DALY 最小化相反的目标，那么个体优势的不平等程度将降低。

仅根据序数比较得出的不平等排序 $x\pi y$ 和 $y\pi z$ 确实有说服力。事实上，我们在这里所做的论述与我在 *OEI-1973*（第 16～18 页）中提到的那个关于身体健全的人和残疾人的例子是相似的，我当时举那个例子的目的在于批判功利主义的总和排序，同时提出一个与之相竞争的原则：“弱平等公理”。确实，就其内涵和应用而言，“弱平等公理”所要求的或许不过是序数比较。在运用“弱平等公理”时，涉及的是效用的可比较性的可能性，基于能力视角的个体优势的序数排序的运用亦是如此。[1]

① 实际上，正如我在 *OEI-1973* 中所述，罗尔斯的差别原则也是仅以序数比较为基础的。

仅以序数比较为基础的不平等分析的前景尚难预料。[1] 关于个体优势和能力的更为宽广的框架会丰富我们对于不平等和贫困的研究，这无疑是一个可考虑的分析思路。如前所述，另一种思路涉及对互补性指数的运用以及设计一种调整后的收入量度，这些思路都有前景，并且具有潜在的应用价值。

A.7.6 结 语

我们可以以一个实用主义的总评来结束上面的论述。在不平 219
等评估和贫困评估中，往往是问题清晰而答案则晦暗不明。这使得这一主题成为进一步研究的一个很好的领域。希望到现在为止我们已经对问题所在给出了一些想法：哪些是已经取得的成就，哪些仍在进行，哪些需要更多的努力。

尽管我们对 *OEI-1973* 中所考虑的许多问题（以及当时还没有完全意识到的问题）进行了充分的分析，但由此而来也产生了一些需进一步关注的新问题。总的说来，对于本增订部分的两位作者而言，这一主题在今天看来仍与 25 年前一样具有挑战性。

---

① 关于总和目的序数信息的局限性，参见格弗斯（1979）、巴苏（1980）、罗伯茨（1980a）、达斯布里蒙特（1985）等。

参考文献

Aczel, J. (1966). *Lectures on Functional Equations and Their Applications*. Academic Press, London.

Adelman, I. and Morris, C. T. (1973). *Economic Growth and Social Equity in Developing Countries*. Stanford University Press, Stanford.

Aigner, D. J. and Heins, A. J. (1967). 'A Social Welfare View of the Measurement of Income Inequality', *Review of Income and Wealth*, Vol. 13.

Aitchison, J. and Brown, J. A. C. (1957). *The Lognormal Distribution*. Cambridge University Press, Cambridge.

Amiel, Y. and Cowell, F. A. (1992). 'Measurement of Income Inequality', *Journal of Public Economics*, Vol. 47.

Anand, S. (1977). 'Aspects of Poverty in Malaysia', *Review of Income and Wealth*, Vol. 23.

Anand, S. (1983). *Inequality and Poverty in Malaysia*. Oxford University Press, London.

Anand, S. (1993). 'Inequality between and within Nations', mimeographed, Center for Population and Development Studies, Harvard University.

Anand, S. and Hanson, K. (1996). 'Disability-Adjusted Life Years: A Critical Review', forthcoming in *Journal of Health Economics*.

Anand, S. and Ravallion, M. (1993). 'Human Development in Poor Countries: On the Role of Private Incomes and Public Services', *Journal of Economic Perspectives*, Vol. 7.

Anand, S. and Sen, A. (1996). 'Notes on the Measurement of Inequality in General Spaces', mimeographed, Harvard University.

Arneson, R. (1989). 'Equality and Equality of Opportunity for Welfare', *Philosophical Studies*, Vol. 56.

Arneson, R. (1990). 'Liberalism, Distributive Subjectivism, and Equal Opportunity for Welfare', *Philosophy and Public Affairs*,

Vol. 19.

Arrow, K. J. (1951). *Social Choice and Individual Values*. Wiley, New York; second edition, 1963.

Arrow, K. J. (1963). 'Uncertainty and the Welfare Economics of Medical Care', *American Economic Review*, Vol. 53.

Arrow, K. J. (1965). *Aspects of the Theory of Risk-Bearing*. Yrjö Jahnssonin Säätiö, Helsinki.

Arrow, K. J. (1977). 'Extended Sympathy and the Possibility of Social Choice', *American Economic Review*, Vol. 67.

Arrow, K. J. (1995). 'A Note on Freedom and Flexibility', in Basu, Pattanaik, and Suzumura (1995).

Arrow, K. J. and Hahn, F. H. (1971). *General Competitive Analysis*. Holden-Day, San Francisco, and Oliver & Boyd, Edinburgh.

Arrow, K. J. and Hurwicz, L. (1960). 'Decentralization and Computation in Resource Allocation', in R. W. Pfout (ed.), *Essays in Economics and Econometrics*. University of North Carolina Press, Chapel Hill, NC.

Atkinson, A. B. (1970a). 'On the Measurement of Inequality', *Journal of Economic Theory*, Vol. 2; reprinted in Atkinson (1983).

Atkinson, A. B. (1970b). *Poverty in Britain and the Reform of Social Security*. Cambridge University Press, Cambridge.

Atkinson, A. B. (1973). 'More on Measurement of Inequality', unpublished notes, mimeographed.

Atkinson, A. B. (1983). *Social Justice and Public Policy*. MIT Press, Cambridge, MA.

Atkinson, A. B. (1985). 'How should we measure poverty?' ESRC Programme on Taxation, Incentives and Distribution of Income Discussion Paper 82.

Atkinson, A. B. (1987). 'On the Measurement of Poverty', *Econometrica*, Vol. 55; reprinted in Atkinson (1989).

Atkinson, A. B. (1989). *Poverty and Social Security*. Wheatsheaf, New York.

Atkinson, A. B. (1995). 'Capabilities, Exclusion, and the Supply of Goods', in Basu, Pattanaik, and Suzumura (1995).

Atkinson, A. B. (1996). 'Promise and Performance: Why We Need an Official Poverty Report', in P. Barker (ed.), *Living as Equals*, Oxford University Press, Oxford.

Atkinson, A. B. and Bourguignon, F. (1982). 'The Comparison of Multi-dimensioned Distributions of Economic Status', *Review of Economic Studies*, Vol. 49.

Balestrino, A. (1994). 'Poverty and Functionings: Issues in Measurement and Public Action', *Giornale degli Economisti e Annali di Economia*, Vol. 53.

Balestrino, A. (1996). 'A Note on Functioning-Poverty in Affluent Societies', mimeographed, University of Pisa; presented at the Politeia meeting on 'Environment and Society in a Changing World: A Perspective from the Functioning Theory', 10 May 1996.

Balestrino, A. and Chiappero Martinetti, E. (1994). 'Poverty, Differentiated Needs, and Information', mimeographed, University of Pisa and University of Pavia.

Balestrino, A. and Petretto, A. (1995). 'Optimal Taxation Rules for 'Functioning - Inputs', *Economic Notes*, Vol. 23.

Barca, F. *et al.* (1996). Forthcoming manuscript on 'Regional Differences, Inequality and Social Exclusion', Bank of Italy, Rome.

Bardhan, P. (1974). 'On Life and Death Questions', *Economic and Political Weekly*, Vol. 9 (Special Number).

Bardhan, P. (1984). *Land Labour and Rural Poverty: Essays in Development Economics*. Columbia University Press, New York.

Basmann, R. and Rhodes, G. (eds.) (1984). *Advances in Econometrics*, Vol. 3. JAI Press, Greenwich, CT.

Basu, K. (1981). *Revealed Preference of Government*. Cambridge University Press, Cambridge.

Basu, K. (1987a). 'Achievements, Capabilities and the Concept of Well-being', *Social Choice and Welfare*, Vol. 4.

Basu, K. (1987b). 'Axioms for Fuzzy Measures of Inequality', *Mathematical Social Sciences*, Vol. 14.

Basu K. and Foster, J. E. (1996). 'On measuring literacy', Working Paper No. 96-W02, Department of Economics, Vanderbilt University.

Basu, K., Pattanaik, P., and Suzumura, K. (eds.) (1995). *Choice, Welfare and Development*. Oxford University Press, Oxford.

Baumol, W. J. (1952). *Welfare Economics and the Theory of the State*. Harvard University Press, Cambridge, MA; second edition, 1966.

Baumol, W. J. (1960). 'On the Social Rate of Discount', *American Economic Review*, Vol. 58.

Baumol, W. J. (1975). Review of *On Economic Inequality*, *Economica*, Vol. 42.

Baumol, W. J. (1986). *Superfairness*. MIT Press, Cambridge, MA.

Bavetta, S. and Del Set, M. (1996). 'Rough Set Approximations and the Syntax of Freedom', mimeographed, Philosophy Department, London School of Economics.

Bawa, V. (1976). 'Optimal Rules for Ordering Uncertain Prospects',

Journal of Financial Economics, Vol. 2.
Beach, C. M. and Davidson, R. (1983). 'Distribution Free Statistical Inference with Lorenz Curves and Income Shares', *Review of Economic Studies*, Vol. 50.
Beach, C. M. and Richmond, J. (1985). 'Joint Confidence Intervals for Income Shares and Lorenz Curves', *International Economic Review*, Vol. 26.
Beckerman, W. (1979). 'The Impact of Income Maintenance on Poverty in Britain', *Economic Journal*, Vol. 89.
Bentham, J. (1789). *An Introduction to the Principles of Morals and Legislation*. Payne; also Clarendon Press, Oxford, 1907.
Bentzel, R. (1970). 'The Social Significance of Income Distribution Statistics', *Review of Income & Wealth*, Series 16, No. 3.
Berge, C. (1963). *Topological Spaces*. Oliver & Boyd, Edinburgh.
Bergson, A. (1938). 'A Reformulation of Certain Aspects of Welfare Economics', *Quarterly Journal of Economics*, Vol. 52.
Bergson, A. (1964). *The Economics of Soviet Planning*. Yale University Press, New Haven.
Bergson, A. (1966). *Essays in Normative Economics*. Harvard University Press, Cambridge, MA.
Béteille, A. (ed.) (1969). *Social Inequality*. Penguin, Harmondsworth.
Bhargava, A. (1992). 'Malnutrition and the Role of Individual Variation with Evidence from India and the Philippines', *Journal of the Royal Statistical Society*, Part A, Vol. 155.
Bhargava, A. (1994). 'Modelling the Health of Filipino Children', *Journal of the Royal Statistical Society*, Part A, Vol. 157.
Bhattacharya, N. and Mahalanobis, B. (1969). 'Regional Disparities in Household Consumption in India', *Journal of the American Statistical Association*, Vol. 62.
Blackorby, C. (1975). 'Degrees of Cardinality and Aggregate Partial Ordering', *Econometrica*, Vol. 43.
Blackorby, C., Bossert, W., and Donaldson, D. (1995). 'Income Inequality Measurement: The Normative Approach', Discussion Paper 95.23, Department of Economics, University of British Columbia.
Blackorby, C. and Donaldson, D. (1977). 'Utility versus Equity: Some Plausible Quasi-Orderings', *Journal of Public Economics*, Vol. 7.
Blackorby, C. and Donaldson, D. (1978). 'Measures of Relative Equality and their Meaning in Terms of Social Welfare', *Journal of Economic Theory*, Vol. 18.
Blackorby, C. and Donaldson, D. (1980a). 'A Theoretical Treatment

of Indices of Absolute Inequality', *International Economic Review*, Vol. 21.

Blackorby, C. and Donaldson, D. (1980b). 'Ethical Indices for the Measurement of Poverty', *Econometrica*, Vol. 48.

Blackorby, C. and Donaldson, D. (1984). 'Ethically Significant Ordinal Indexes of Relative Inequality', in Basmann and Rhodes (1984).

Blackorby, C., Donaldson, D., and Auersperg, M. (1981). 'A New Procedure for the Measurement of Inequality within and among Population Subgroups', *Canadian Journal of Economics*, Vol. 14.

Blackorby, C., Donaldson, D., and Weymark, J. (1984). 'Social Choice with Interpersonal Utility Comparisons: A Diagrammatic Introduction', *International Economic Review*, Vol. 25.

Blackorby, C., Primont, D., and Russell, R. (1978). *Duality, Separability and Functional Structure: Theory and Economic Applications*. North-Holland, Amsterdam.

Blair, D. H. (1988). 'The Primary-Goods Indexation Problem in Rawls' *Theory of Justice*', *Theory and Decision*, Vol. 24.

Blau, J. H. (1975). 'Liberal Values and Independence', *Review of Economic Studies*, Vol. 42.

Bös, D., Rose, M., and Seidl, C. (eds.) (1988). *Welfare and Efficiency in Public Economics*. Springer-Verlag, Berlin.

Bourguignon, F. (1979). 'Decomposable Income Inequality Measures', *Econometrica*, Vol. 47.

Bourguignon, F. and Fields, G. (1990). 'Poverty Measures and Anti-Poverty Policy', *Recherches Economiques de Louvain*, Vol. 56.

Bowles, S. (1972). 'Unequal Education and the Reproduction of the Social Division of Labor', in M. Carney (ed.), *Schooling in a Corporate Society*. David McKay.

Brandt, R. B. (1979). *A Theory of the Good and the Right*. Oxford University Press, Oxford.

Breit, W. and Culbertson, W. P., Jr. (1970). 'Distributional Equality and Aggregate Utility: Comment', *American Economic Review*, Vol. 60.

Broome, J. (1987). 'What's the Good of Equality?', in J. Hey (ed.), *Current Issues in Microeconomics*. Macmillan, London.

Carter, I. (1996). 'The Concept of Freedom in the Work of Amartya Sen: An Alternative Consistent with Freedom's Independent Value', mimeographed.

Casini, L. and Bernetti, I. (1996). 'Environment, Sustainability, and Sen's Theory', mimeographed, University of Naples and University of Florence; presented at the Politeia meeting on 'Environment and Society in a Changing World: A Perspective from the Functioning Theory', 10 May 1996.

Cerioli, A. and Zani, S. (1990). 'A Fuzzy Approach to the Measurement of Poverty', in Dagum and Zenga (1990).

Chakravarty, S. R. (1983a). 'Ethically Flexible Measures of Poverty', *Canadian Journal of Economics*, Vol. 16.

Chakravarty, S. R. (1983b). 'A New Index of Poverty', *Mathematical Social Sciences*, Vol. 6.

Chakravarty, S. R. (1983c). 'Measures of Poverty Based on the Representative Income Gap, Sankhyā', *The Indian Journal of Statistics*, Series B, Vol. 45.

Chakravarty, S. R. (1988). 'Extended Gini Indexes of Inequality', *International Economic Review*, Vol. 29.

Chakravarty, S. R. (1990). *Ethical Social Index Numbers*. Springer-Verlag, Berlin.

Champernowne, D. (1952). 'The Graduation of Income Distribution', *Econometrica*, Vol. 20.

Champernowne, D. (1953). 'A Model of Income Distribution', *Economic Journal*, Vol. 63.

Chen, L. C., Huq, E., and D'Souza, D. (1981). 'Sex Bias in the Family Allocation of Food and Health Care in Rural Bangladesh', *Population and Development Review*, Vol. 7.

Chiappero Martinetti, E. (1994). 'A New Approach to Evaluation of Well-being and Poverty by Fuzzy Set Theory', *Giornale degli Economisti*, Vol. 53.

Chiappero Martinetti, E. (1996). 'Standard of Living Evaluation Based on Sen's Approach: Some Methodological Suggestions', mimeographed, University of Pavia; presented at the Politeia meeting on 'Environment and Society in a Changing World: A Perspective from the Functioning Theory', 10 May 1996.

Clark, J. B. (1902). *Distribution of Wealth*. Macmillan.

Clark, S., Hemming, R., and Ulph, D. (1981). 'On Indices for the Measurement of Poverty', *Economic Journal*, Vol. 91.

Cohen, G. A. (1989). 'On the Currency of Egalitarian Justice', *Ethics*, Vol. 99.

Cohen, G. A. (1990). 'Equality of What? On Welfare, Goods and Capabilities', *Recherches Economiques de Louvain*, Vol. 56.

Cohen, G. A. (1995). *Self-ownership, Freedom, and Equality*. Cambridge University Press, Cambridge.

Cornia, G. A. (1995). 'Poverty in Latin America in the 1980s: Extent,

Causes and Possible Remedies', *Giornale degli Economisti*, Vol. 53.
Cowell, F. A. (1977). *Measuring Inequality*. Phillip Allan, Oxford; see also Cowell (1995).
Cowell, F. A. (1980). 'On the Structure of Additive Inequality Measures', *Review of Economic Studies*, Vol. 47.
Cowell, F. A. (1984). 'The Structure of American Income Inequality', *Journal of Income and Wealth*, Vol. 30.
Cowell, F. A. (1985). '"A Fair Suck of the Sauce Bottle" or, What Do You Mean by Inequality?', *Economic Record*, Vol. 61.
Cowell, F. A. (1988a). 'Inequality Decomposition: Three Bad Measures', *Bulletin of Economic Research*, Vol. 40.
Cowell, F. A. (1988b). 'Poverty Measures, Inequality and Decomposability', in Bös, Rose, and Seidl (1988).
Cowell, F. A. (1995). *Measuring Inequality*, second edition. Prentice-Hall/Harvester, London.
Cowell, F. A. and Kuga, K. (1981a). 'Inequality Measurement: An Axiomatic Approach', *European Economic Review*, Vol. 15.
Cowell, F. A. and Kuga, K. (1981b). 'Additivity and the Entropy Concept: An Axiomatic Approach to Inequality Measurement', *Journal of Economic Theory*, Vol. 25.
Creedy, J. (1977). 'The Principle of Transfers and the Variance of Logarithms', *Oxford Bulletin of Economics and Statistics*, Vol. 39.
Crocker, D. (1992). 'Functioning and Capability: The Foundations of Sen's and Nussbaum's Development Ethic', *Political Theory*, Vol. 20.
Crocker, D. (1996). 'Consumption, Well-being and Capability', mimeographed, Institute of Philosophy and Public Policy, University of Maryland.
Culyer, A. J. (1990). 'Commodities, Characteristics of Commodities, Characteristics of People, Utilities, and the Quality of Life', in S. Baldwin, C. Godfrey, and C. Propper (eds.), *Quality of Life: Perspectives and Policies*. Routledge, London.
Dagum, C. and Zenga, M. (eds.) (1990). *Income and Wealth Distribution, Inequality and Poverty*. Springer-Verlag, Berlin.
Dahrendorf, R. (1968). *Essays in the Theory of Society*. Stanford University Press, Stanford.
Dalton, H. (1920). 'The Measurement of the Inequality of Incomes', *Economic Journal*, Vol. 30.
Dalton, H. (1925). *Inequality of Incomes*. London.
Dardanoni, V. (1992). 'On Multidimensional Inequality Measurement', mimeo.

Dasgupta, P. (1993). *An Inquiry into Well-being and Destitution*. Clarendon Press, Oxford.

Dasgupta, P. and Ray, D. (1986). 'Inequality as a Determinant of Malnutrition and Unemployment: Theory', *Economic Journal*, Vol. 96.

Dasgupta, P. and Ray, D. (1987). 'Inequality as a Determinant of Malnutrition and Unemployment: Policy', *Economic Journal*, Vol. 97.

Dasgupta, P., Sen, A. K., and Starrett, D. (1973). 'Notes on the Measurement of Inequality', *Journal of Economic Theory*, Vol. 6.

d'Aspremont, C. (1965). 'Axioms for Social Welfare Ordering', in L. Hurwicz, D. Schmeidler, and H. Sonnenschein (eds.), *Social Goals and Social Organization*. Cambridge University Press, Cambridge.

d'Aspremont, C. (1985). 'Axioms for Social Welfare Ordering', in L. Hurwicz, D. Schmeidler, and H. Sonnenschein (eds.), *Social Goals and Social Organization*. Cambridge University Press, Cambridge.

d'Aspremont, C. and Gevers, L. (1977). 'Equity and the Informational Basis of Collective Choice', *Review of Economic Studies*, Vol. 46.

Davies, J. and Hoy, M. (1995). 'Making Inequality Comparisons when Lorenz Curves Cross', *American Economic Review*, Vol. 85.

Deaton, A. S. (1995). *Microeconometric Analysis for Development Policy: An Approach from Household Surveys*. Johns Hopkins University Press for the World Bank, Baltimore, MD.

Deaton, A. S. and Muellbauer, J. (1980). *Economics and Consumer Behaviour*. Cambridge University Press, Cambridge.

Deaton, A. S. and Muellbauer, J. (1986). 'On Measuring Child Costs: With Applications to Poor Countries', *Journal of Political Economy*, Vol. 94.

Deaton, A. S., Ruiz-Castillo, J., and Thomas, D. (1989). 'The Influence of Household Composition on Household Expenditure Patterns: Theory and Spanish Evidence', *Journal of Political Economy*, Vol. 97.

Debreu, G. (1959). *The Theory of Value*. Wiley, New York.

Debreu, G. (1960). 'Topological Methods in Cardinal Utility', in K. J. Arrow, S. Karlin, and P. Suppes (eds.), *Mathematical Methods in the Social Sciences*. Stanford University Press, Stanford.

Delbono, F. (1989). 'Poverta come incapacita: Premesse teoriche, identificazione e misurazione', *Rivista Internazionale di Scienze Sociali*, Vol. 97.

Desai, M. J. (1990). 'Poverty and Capability: Towards an Empirically Implementable Measure', mimeographed, London School of

Economics.

Desai, M. (1991). 'Human Development: Concepts and Measurement', *European Economic Review*, Vol. 35.

Desai, M. (1994). *Poverty, Famine and Economic Development*. Elgar, Aldershot.

Desai, M., Sen, A., and Boltvinik, J. (1992). *Social Progress Index: A Proposal*. UNDP, Bogota.

Diamond, P. (1967). 'Cardinal Welfare, Individualistic Ethics, and Interpersonal Comparisons of Utility: A Comment', *Journal of Political Economy*, Vol. 75.

Dobb, M. H. (1933). 'Economic Theory and the Problems of a Socialist Economy', *Economic Journal*, Vol. 43; reprinted in *On Economic Theory and Socialism*, Routledge, London.

Dobb, M. H. (1937). *Political Economy and Capitalism*. Routledge, London.

Dobb, M. H. (1951). *Soviet Economic Development since 1917*. Routledge, London.

Dobb, M. H. (1969). *Welfare Economics and the Economics of Socialism*. Cambridge University Press, Cambridge.

Domar, E. (1966). 'The Soviet Collective Farm as a Producer Cooperative', *American Economic Review*, Vol. 56.

Donaldson, D. and Weymark, J. A. (1980). 'A Single-Parameter Generalisation of the Gini Indices of Inequality', *Journal of Economic Theory*, Vol. 22.

Donaldson, D. and Weymark, J. A. (1986). 'Properties of Fixed Population Poverty Indices', *International Economic Review*, Vol. 27.

Dorfman, R., Samuelson, P. A., and Solow, R. M. (1958). *Linear Programming and Economic Analysis*. McGraw-Hill, New York.

Drèze, J. and Sen, A. K. (1989). *Hunger and Public Action*. Clarendon Press, Oxford.

Drèze, J. and Sen, A. (eds.) (1990). *The Political Economy of Hunger*, 3 vols. Clarendon Press, Oxford.

Drèze, J. and Sen, A. (1995). *India: Economic Development and Social Opportunity*. Oxford University Press, Delhi and Oxford.

Dutta, B. and Ray, D. (1989). 'A Concept of Egalitarianism under Participation Constraints', *Econometrica*, Vol. 57.

Dworkin, R. (1981). 'What is Equality? Part 1: Equality of Welfare', and 'What is Equality? Part 2: Equality of Resources', *Philosophy and Public Affairs*, Vol. 10.

Dworkin, R. (1985). *A Matter of Principle*. Harvard University Press,

Cambridge, MA.

Easterlin, R. A. (1995). 'Will Raising the Incomes of All Increase the Happiness of All?', *Journal of Economic Behavior and Organization*, Vol. 27.

Ebert, U. (1988). 'On the Decomposition of Inequality: Partitions into Non-overlapping Subgroups', in Eichhorn (1988).

Ebert, U. (1992). 'On Comparisons of Income Distributions When Household Types Are Different', Economics Discussion Paper V-86-92, University of Oldenberg.

Ebert, U. (1994). 'Social Welfare When Needs Differ: An Axiomatic Approach', Department of Economics, University of Oldenberg.

Eichhorn, W. (1978). *Functional Equations in Economics*. Addison-Wesley, London.

Eichhorn, W. (ed.) (1988). *Measurement in Economics*. Physica-Verlag, New York.

Eichhorn, W. and Gehrig, W. (1982). 'Measurement of Inequality in Economics', in B. Korte (ed.), *Modern Applied Mathematics*. North-Holland, Amsterdam.

Ellman, M. (1966). 'Individual Preferences and the Market', *Economics of Planning*, No. 3.

Ellman, M. (1971). *Soviet Planning Today*. Cambridge University Press, Cambridge.

Elster, J. and Hylland, A. (eds.) (1986). *Foundations of Social Choice Theory*. Cambridge University Press, Cambridge.

Elster, J. and Roemer, J. (eds.) (1991). *Interpersonal Comparisons of Well-being*. Cambridge University Press, Cambridge.

Éltetö, O. and Frigyes, E. (1968). 'New Income Inequality Measures as Efficient Tools for Causal Analysis and Planning', *Econometrica*, Vol. 36.

Erikson, R. and Aberg, R. (1987). *Welfare in Transition: A Survey of Living Conditions in Sweden (1968–81)*. Clarendon Press, Oxford.

Esteban, J.-M. and Ray, D. (1994). 'On the Measurement of Polarization', *Econometrica*, Vol. 62.

Fields, G. S. (1980). *Poverty, Inequality and Development*. Cambridge University Press, Cambridge.

Fields, G. S. (1993). 'Inequality in Dual Economy Models', *Economic Journal*, Vol. 103.

Fields, G. S. and Fei, J. C. S. (1978). 'On Inequality Comparisons', *Econometrica*, Vol. 46.

Fine, B. J. (1975). 'A Note on Interpersonal Aggregation and Partial

Comparability', *Econometrica*, Vol. 43.
Fine, B. J. (1985). 'A Note on the Measurement of Inequality and Interpersonal Comparability', *Social Choice and Welfare*, Vol. 1.
Fine, B. J. and Fine, K. (1974). 'Social Choice and Individual Ranking, II', *Review of Economic Studies*, Vol. 41.
Fishburn, P. C. (1970). *Utility Theory and Decision Making*. Wiley, New York.
Fishburn, P. C. and Willig, R. D. (1984). 'Transfer Principles in Income Distribution', *Journal of Public Economics*, Vol. 25.
Fisher, F. M. (1956). 'Income Distribution, Value Judgements and Welfare', *Quarterly Journal of Economics*, Vol. 70.
Fisher, F. M. (1987). 'Household Equivalence Scales and Interpersonal Comparisons', *Review of Economic Studies*, Vol. 54.
Fisher, F. M. (1990). 'Household Equivalence Scales: Reply', *Review of Economic Studies*, Vol. 57.
Fisher, F. M. and Rothenberg, J. (1961). 'How Income Ought to be Distributed: Paradox Lost', *Journal of Political Economy*, Vol. 69.
Fisher, F. M. and Rothenberg, J. (1962). 'How Income Ought to be Distributed: Paradox Enow', *Journal of Political Economy*, Vol. 70.
Fisher, F. M. and Shell, K. (1972). *The Economic Theory of Price Indices*, Academic Press, New York.
Fleming, M. (1952). 'A Cardinal Concept of Welfare', *Quarterly Journal of Economics*, Vol. 66.
Fleurbaey, M. (1994). 'On Fair Compensation', *Theory and Decision*, Vol. 36.
Fleurbaey, M. (1995a). 'Three Solutions for the Compensation Problem', *Journal of Economic Theory*, Vol. 65.
Fleurbaey, M. (1995b). 'Equality and Responsibility', *European Economic Review*, Vol. 39.
Folbre, N. (1994). *Who Pays for the Kids? Gender and the Structures of Constraint*. Routledge, New York.
Foley, D. (1967). 'Resource Allocation in the Public Sector', *Yale Economic Essays*, Vol. 7.
Foster, J. E. (1983). 'An Axiomatic Characterisation of the Theil Measure of Income Inequality', *Journal of Economic Theory*, Vol. 31.
Foster, J. E. (1984). 'On Economic Poverty: A Survey of Aggregate Measures', in Basmann and Rhodes (1984).
Foster, J. E. (1985). 'Inequality Measurement', in H. P. Young (ed.), *Fair Allocation*. American Mathematical Society, Providence, RI.
Foster, J. E. (1993). 'Notes on Effective Freedom', mimeographed;

presented at the Stanford Workshop on Economic Theories of Inequality, sponsored by the MacArthur Foundation.

Foster, J. E. (1994a). 'Normative Measurement: Is Theory Relevant?', *The American Economic Review*, Vol. 84.

Foster, J. E. (1994b). 'Inequality and Poverty', notes prepared for this annexe, mimeographed, Department of Economics, Vanderbilt University.

Foster, J. E. and Jin, Y. (1996). 'Poverty Orderings for the Dalton Utility-Gap Measures', in S. Jenkins, A. Kapteyn, and B. Van Praag (eds.), *The Distribution of Welfare and Household* Production. Cambridge University Press, Cambridge (forthcoming).

Foster, J. E. and Ok, E. A. (1996). 'Lorenz Dominance and The Variance of Logarithms', mimeographed, Department of Economics, Vanderbilt University.

Foster, J. E. and Shneyerov, A. A. (1996a). 'Path Independent Inequality Measures', mimeographed, Department of Economics, Vanderbilt University.

Foster, J. E. and Shneyerov, A. A. (1996b). 'An Elementary Characterization of Generalized Entropy Inequality Measures', mimeographed, Department of Economics, Vanderbilt University.

Foster, J. E. and Shorrocks, A. F. (1988a). 'Poverty Orderings', *Econometrica*, Vol. 56.

Foster, J. E. and Shorrocks, A. F. (1988b). 'Poverty Orderings and Welfare Dominance', *Social Choice and Welfare*, Vol. 5.

Foster, J. E. and Shorrocks, A. F. (1988c). 'Inequality and Poverty Orderings', *European Economic Review*, Vol. 32.

Foster, J. E. and Shorrocks, A. F. (1991). 'Subgroup Consistent Poverty Indices', *Econometrica*, Vol. 59.

Foster, J. E., Greer, J., and Thorbecke, E. (1984). 'A Class of Decomposable Poverty Measures', *Econometrica*, Vol. 52.

Foster, J. E., Majumdar, M., and Mitra, T. (1990). 'Inequality and Welfare in Market Economies', *Journal of Public Economics*, Vol. 41.

Friedman, M. (1947). 'Lerner on the Economics of Control', *Journal of Political Economy*, Vol. 55; reprinted in *Essays in Positive Economics*, University of Chicago Press, 1964.

Fuchs, V. (1965). 'Toward a Theory of Poverty', *Task Force on Economic Growth and Opportunity, The Concept of Poverty*. Chamber of Commerce of the United States of America, Washington, D.C.

Fuchs, V. (1976). 'Redefining Poverty and Redistributing Income',

The Public Interest, Vol. 8.
Fuchs, V. (1988). *Women's Quest for Economic Equality*. Harvard University Press, Cambridge, MA.
Gärdenfors, P. (1973). 'Positionalist Voting Functions', *Theory and Decision*, Vol. 4.
Gastwirth, J. L. (1971). 'A General Definition of the Lorenz Curve', *Econometrica*, Vol. 39.
Gevers, L. (1979). 'On Interpersonal Comparability and Social Welfare Orderings,' *Econometrica*, Vol. 47.
Gibbard, A. (1979). 'Disparate Goods and Rawls's Difference Principle: A Social Choice Theoretic Treatment', *Theory and Decision*, Vol. 11.
Gini, C. (1912). *Variabilità e mutabilità*. Bologna.
Gini, C. (1936). 'On the Measure of Concentration with Especial Reference to Income and Wealth', Cowles Commission.
Gintis, H. (1969). 'Alienation and Power: Toward a Radical Welfare Economics', Ph.D. dissertation, Harvard University.
Glewwe, P. (1991). 'Household Equivalent Scales and the Measurement of Inequality: Transfers from the Poor to the Rich Could Decrease Inequality', *Journal of Public Economics*, Vol. 44.
Gorman, W. M. (1968a). 'The Structure of Utility Functions', *Review of Economic Studies*, Vol. 35.
Gorman, W. M. (1968b). 'Conditions for Additive Separability', *Econometrica*, Vol. 36.
Graaff, J. de v. (1957). *Theoretical Welfare Economics*. Cambridge University Press, Cambridge.
Graaff, J. de v. (1977). 'Equity and Efficiency as Components of General Welfare', *South African Journal of Economics*, Vol. 45.
Graaff, J. de v. (1985). 'Normative Measurement Theory', mimeographed, All Souls College, Oxford.
Granaglia, E. (1994). 'Più o meno eguaglianza di risorse? Un falso problema per le politiche sociali', *Giornale degli Economisti e Annali di Economia*, Vol. 53. [Abstract in English: 'More or less equality? A misleading question for social policy'.]
Grant, J. P. (1978). *Disparity Reduction Rates in Social Indicators*. Overseas Development Council, Washington, D.C.
Greer, J. and Thorbecke, E. (1986). 'Pattern of Food Consumption and Poverty in Kenya and Effects of Food Prices', *Journal of Development Economics*, Vol. 24.
Griffin, J. (1981). 'Equality: On Sen's Weak Equity Axiom', *Mind*,

Vol. 90.
Griffin, J. (1986). *Well-being*. Clarendon Press, Oxford.
Griffin, K. and Knight, J. (eds.) (1990). *Human Development and the International Development Strategies for the 1990s*. Macmillan, London.
Hadar, J. and Russell, W. (1969). 'Rules for Ordering Uncertain Prospects', *American Economic Review*, Vol. 59.
Haddad, L. and Kanbur, R. (1990). 'How Serious Is the Neglect of Intra-household Inequality?', *Economic Journal*, Vol. 100.
Hagenaars, A. (1986). *Perception of Poverty*. North-Holland, Amsterdam.
Hagenaars, A. (1987). 'A Class of Poverty Indices', *International Economic Review*, Vol. 28.
Hamada, K. (1973). 'A Simple Majority Rule on the Distribution of Income', *Journal of Economic Theory*, Vol. 6.
Hamada, K. and Takayama, N. (1977). 'Censored Income Distributions and the Measurement of Poverty', *Bulletin of the International Statistical Institute*, Book I, Vol. 47.
Hammond, P. J. (1971). 'Utility Differences and Additively Separable Preferences', mimeographed, University of Essex.
Hammond, P. J. (1976a). 'Equity, Arrow's Conditions and Rawls' Difference Principle', *Econometrica*, Vol. 44.
Hammond, P. J. (1976b). 'Why Ethical Measures of Inequality Need Interpersonal Comparisons', *Theory and Decision*, Vol. 7.
Hammond, P. J. (1977). 'Dual Interpersonal Comparisons of Utility and the Welfare of Income Distribution', *Journal of Public Economics*, Vol. 6.
Hammond, P. J. (1978). 'Economic Welfare with Rank Order Price Weighting', *Review of Economic Studies*, Vol. 45.
Hammond, P. J. (1979). 'Equity in Two Person Situations: Some Consequences', *Econometrica*, Vol. 47.
Hammond, P. J. (1985). 'Welfare Economics', in G. Feiwel (ed.), *Issues in Contemporary Microeconomics and Welfare*. SUNY Press, Albany, NY.
Hansson, B. (1977). 'The Measurement of Social Inequality', in R. Butts and J. Hintikka (eds.), *Logic, Methodology, and Philosophy of Science*. Reidel, Dordrecht.
Haq, Mahbub ul (1995). *Reflections on Human Development*. Oxford University Press, New York.
Hardy, G., Littlewood, J., and Polya, G. (1934). *Inequalities*. Cambridge University Press, London.

Hare, R. M. (1952). *The Language of Morals*. Clarendon Press, Oxford.
Hare, R. M. (1963). *Freedom and Reason*. Clarendon Press, Oxford.
Hare, R. M. (1981). *Moral Thinking: Its Levels, Methods and Point*. Clarendon Press, Oxford.
Harriss, B. (1990). 'The Intrafamily Distribution of Hunger in South Asia', in Drèze and Sen (1990).
Harsanyi, J. C. (1955). 'Cardinal Welfare, Individualistic Ethics and Interpersonal Comparisons of Utility', *Journal of Political Economy*, Vol. 63.
Harsanyi, J. C. (1976). *Essays in Ethics, Social Behavior and Scientific Explanation*. Reidel, Dordrecht.
Hart, H. L. A. (1961). *The Concept of Law*. Clarendon Press, Oxford.
Hawthorn, G. (1987). 'Introduction', in Sen *et al.* (1987a).
Herrero, Carmen (1995). 'Capabilities and Utilities', mimeographed, University of Alicante & IVIE, Spain.
Hirschberg, J. G., Maasoumi, E., and Slottje, D. J. (1991). 'Cluster Analysis for Measuring Welfare and Quality of Life across Countries', *Journal of Econometrics*, Vol. 50.
Hoffman, C. (1964). 'Work Incentive Policy in Communist China', *The China Quarterly*.
Hoffman, C. (1967). *Work Incentive Practices and Policies in the People's Republic of China, 1953–1965*. Albany, NY.
Hossain, I. (1990). *Poverty as Capability Failure*. Swedish School of Economics, Helsinki.
Iyengar, N. S. (1968). 'On a Measure of Income Inequality', *Journal of Osmania University*, Golden Jubilee Volume.
Jenkins, S. (1989). 'The Measurement of Economic Inequality', in L. Osberg (ed.), *Readings on Economic Inequality*. Sharpe, New York.
Jenkins, S. and Lambert, P. (1993a). 'Ranking Income Distributions When Needs Differ', *Review of Income and Wealth*, Vol. 39.
Jenkins, S. and Lambert, P. (1993b). 'Poverty Orderings, Poverty Gaps, and Poverty Lines', Discussion Paper 93-07, Department of Economics, University College of Swansea.
Jorgenson, D. W., Lau, L. J., and Stoker, T. M. (1980). 'Welfare Comparison under Exact Aggregation', *American Economic Review*, Vol. 70.
Jorgenson, D. W. and Slesnick, D. T. (1984). 'Inequality in the Distribution of Individual Welfare', *Advances in Econometrics*, Vol. 3.
Kakwani, N. C. (1980a). *Income Inequality and Poverty*. Oxford Uni-

versity Press, New York.

Kakwani, N. C. (1980b). 'On a Class of Poverty Measures', *Econometrica*, Vol. 48.

Kakwani, N. C. (1981). 'Welfare Measures: An International Comparison', *Journal of Development Economics*, Vol. 8.

Kakwani, N. C. (1984a). 'Issues in Measuring Poverty', *Advances in Econometrics*, Vol. 3.

Kakwani, N. C. (1984b). 'Welfare Rankings of Income Distribution', in Basmann and Rhodes (1984).

Kakwani, N. C. (1986). *Analysing Redistribution Policies*. Cambridge University Press, Cambridge.

Kakwani, N. C. (1995). 'Inequality, Welfare and Poverty: Three Interrelated Phenomena', mimeographed, University of New South Wales.

Kakwani, N. C. and Podder, N. (1983). 'On the Estimation of the Lorenz Curve from Grouped Observations', *International Economic Review*, Vol. 14.

Kanbur, S. M. R. (1984). 'The Measurement and Decomposition of Inequality and Poverty', in F. van der Ploeg (ed.), *Mathematical Methods in Economics*. Wiley, New York.

Kanbur, S. M. R. (1987a). 'Transfers, Targeting and Poverty', *Economic Policy*, Vol. 4.

Kanbur, S. M. R. (1987b). 'The Standard of Living: Uncertainty, Inequality and Opportunity', in Sen (1987a).

Kant, I. (1785). *Grundlegung zur Metaphysik der Sitten*; English translation by T. K. Abbott, *Fundamental Principles of the Metaphysics of Ethics*. Longmans, London, 1970.

Kenen, P. B. and Fisher, F. M. (1957). 'Income Distribution, Value Judgments and Welfare', *Quarterly Journal of Economics*, Vol. 71.

Khinchin, A. (1957). *Mathematical Formulations of Information Theory*. Dover, New York.

Klappholz, K. (1972). 'Equality of Opportunity, Fairness and Efficiency', in M. H. Peston an B. A. Corry (eds.), *Essays in Honour of Lord Robbins*. Weidenfeld and Nicolson, London.

Knight, F. (1947). *Freedom and Reform: Essays in Economic and Social Philosophy*. Harper, New York; republished, Liberty Press, Indianapolis, 1982.

Kolm, S. C. (1969). 'The Optimal Production of Social Justice', in J. Margolis and H. Guitton (eds.), *Public Economics*. Macmillan, London.

Kolm, S. C. (1976a). 'Unequal Inequalities I', *Journal of Economic*

Theory, Vol. 12.

Kolm, S. C. (1976b). 'Unequal Inequalities II', *Journal of Economic Theory*, Vol. 13.

Kolm, S. C. (1979). 'Multidimensional Egalitarianisms', *Quarterly Journal of Economics*, Vol. 91.

Koopmans, T. C. (1957). *Three Essays on the State of Economic Science*. McGraw-Hill, New York.

Koopmans, T. C. (1964). 'On Flexibility of Future Preference', in M. W. Shelley and G. L. Bryan (eds.), *Human Judgements and Optimality*. Wiley, New York.

Krelle, W. and Shorrocks, A. F. (eds.) (1978). *Personal Income Distribution*. North-Holland, Amsterdam.

Kreps, D. (1979). 'A Representation Theorem for Preference for Flexibility', *Econometrica*, Vol. 47.

Kundu, A. (1981). 'Measurement of Poverty—Some Conceptual Issues', *Anvesak*, Vol. 11.

Kundu, A. and Smith, T. E. (1983). 'An Impossibility Theorem for Poverty Indices', *International Economic Review*, Vol. 24.

Kynch, J. and Sen, A. K. (1983). 'Indian Women: Well-Being and Survival', *Cambridge Journal of Economics*, Vol. 7.

Lambert, P. J. (1989). *The Distribution and Redistribution of Income: A Mathematical Analysis*. Basil Blackwell, Oxford.

Lambert, P. J. and Aronson, J. R. (1993). 'Inequality Decomposition Analysis and the Gini Coefficient Revisited', *Economic Journal*, Vol. 103.

Lange, O. (1936–7). 'On the Economic Theory of Socialism', *Review of Economic Studies*, Vol. 4; reprinted in O. Lange and F. M. Taylor, *On the Economic Theory of Socialism*, University of Minnesota Press, 1952.

Lange, O. (1938). 'The Foundations of Welfare Economics', *Econometrica*, Vol. 10; reprinted in K. J. Arrow and T. Scitovsky (eds.), *Readings in Welfare Economics*. Irwin, Homewood, IL.

Le Grand, J. (1991). *Equity and Choice*. HarperCollins, London.

Lenti, R. T. (1994). 'Sul contributo alla cultura dei grandi economisti: Liberta, diseguaglianza e poverta ne pensiore di Amartya K. Sen', *Rivista Milanese di Economia*, Vol. 53.

Leonard, D. (1990). 'Household Equivalence Scales: Comment', *Review of Economic Studies*, Vol. 57.

Lerner, A. P. (1944). *The Economics of Control*. Macmillan, London.

Lewis, G. W. and Ulph, D. (1988). 'Poverty, Inequality and Welfare', *Economic Journal*, Vol. 98.

Lipton, M. (1985). 'A Problem in Poverty Measurement', *Mathematical Social Sciences*, Vol. 10.

Little, I. M. D. (1950). *A Critique of Welfare Economics*. Clarendon Press, Oxford.

Lorenz, M. O. (1905). 'Methods for Measuring Concentration of Wealth', *Journal of the American Statistical Association*, Vol. 9.

Love, R. and Wolfson, M. C. (1976). 'Income Inequality: Statistical Methodology and Canadian Illustrations', *Statistics Canada*, Ottawa.

Luce, R. D. and Raiffa, H. (1957). *Games and Decisions*. Wiley, New York.

Lydall, H. F. (1966). *The Structure of Earnings*. Clarendon Press, Oxford.

Maasoumi, E. (1986). 'The Measurement and Decomposition of Multi-Dimensional Inequality', *Econometrica*, Vol. 54.

Maasoumi, E. (1989). 'Continuously Distributed Attributes and Measures of Multivariate Inequality', *Journal of Econometrics*, Vol. 42.

Maasoumi, E. (1995). 'Empirical Analysis of Inequality and Welfare', in M. H. Pesaran and M. R. Wickens (eds.), *Handbook of Applied Econometrics*. Blackwell, Oxford.

Maasoumi, E. and Nickelsburg, G. (1988). 'Multivariate Measures of Well-Being and an Analysis in the Michigan Data', *Journal of Business and Economics Statistics*, Vol. 6.

Maasoumi, E. and Zandvakili, S. (1986). 'A Class of Generalized Measures of Mobility with Applications', *Economic Letters*, Vol. 22.

Majumdar, T. (1983). *Investment in Education and Social Choice*. Cambridge University Press, Cambridge.

Malinvaud, E. (1967). 'Decentralized Procedures for Planning', in E. Malinvaud and M. O. L. Bacharach, *Activity Analysis in the Theory of Growth and Planning*. Macmillan, London.

Mandel, E. (1968). *Marxist Economic Theory*. Merlin Press, London.

Marglin, S. A. (1963). 'The Social Rate of Discount and the Optimal Rate of Investment', *Quarterly Journal of Economy*, Vol. 77.

Marglin, S. A. (1966). 'Industrial Development in the Labor-Surplus Economy', mimeographed.

Marshall, A. (1890). *Principles of Economics*. Macmillan, London.

Marshall, A. W. and Olkin, I. (1979). *Inequalities: Theory of Majorization and Its Applications*. Academic Press, New York.

Marx, K. (1875). *Critique of the Gotha Program*, English translation in K. Marx and F. Engels, *Selected Works*, Vol. II. Foreign Language

Publishing House, Moscow; International Publishers, New York, 1938.

Marx, K. (1887). *Capital: A Critical Analysis of Capitalist Production*, Vol. I. Sonnenschein, London; republished by Allen and Unwin, 1938.

Maskin, E. (1979). 'Decision-making under Ignorance with Implications for Social Choice', *Theory and Decision*, Vol. 11.

May, K. O. (1952). 'A Set of Independent, Necessary and Sufficient Conditions for Simple Majority Decision', *Econometrica*, Vol. 20.

Meade, J. E. (1965). *Efficiency, Equity and the Ownership of Property*. Harvard University Press, Cambridge, MA.

Meade, J. E. (1976). *The Just Economy*. Allen & Unwin, London.

Mehran, F. (1976). 'Linear Measures of Income Inequality', *Econometrica*, Vol. 44.

Mill, J. S. (1859). *On Liberty*; republished, Penguin, Harmondsworth, 1974.

Mincer, J. (1958). 'Investment in Human Capital and Personal Income Distribution', *Journal of Political Economy*, Vol. 66.

Mincer, J. (1970). 'The Distribution of Labor Incomes: A Survey with Special Reference to the Human Capital Approach', *Journal of Economic Literature*, Vol. 8.

Mirrlees, J. A. (1971). 'An Exploration in the Theory of Optimum Income Taxation', *Review of Economic Studies*, Vol. 38.

Mookherjee, D. and Shorrocks, A. F. (1982). 'A Decomposition Analysis of the Trend in U.K. Income Inequality', *Economic Journal*, Vol. 92.

Moothathu, T. S. K. (1990–1). 'Lorenz Curve and Gini Index', *Calcutta Statistical Association Bulletin*, Vol. 40.

Morris, M. D. (1979). *Measuring the Conditions of the World's Poor. The Physical Quality of Life Index*. Pergamon Press, Oxford.

Moulin, H. (1988). *Axioms of Cooperative Decision Making*. Cambridge University Press, Cambridge.

Muellbauer, J. (1974). 'Inequality Measures, Prices and Household Composition', *Review of Economic Studies*, Vol. 41.

Muellbauer, J. (1987). 'Professor Sen on the Standard of Living', in Sen (1987a).

Murray, C. J. L. (1994). 'Quantifying the Burden of Disease: The Technical Basis for Disability Adjusted Life Years', *Bulletin of the World Health Organization*, Vol. 72.

Nagel, T. (1986). *The View From Nowhere*. Clarendon Press, Oxford.

Newbery, D. M. G. (1970). 'A Theorem on the Measurement of Inequality', *Journal of Economic Theory*, Vol. 2.

Nove, A. (1961). *The Soviet Economy*. New York.

Nozick, R. (1974). *Anarchy, State and Utopia*. Basic Books, New York.

Nozick, R. (1989). *The Examined Life*. Simon & Schuster, New York.

Nurske, R. (1953). *Problems of Capital Formation in Underdeveloped Countries*. Blackwell, Oxford.

Nussbaum, M. C. (1988). 'Nature, Function, and Capability: Aristotle on Political Distribution', *Oxford Studies in Ancient Philosophy*, Supplementary Volume.

Nussbaum, M. C. (1993). 'Non-relative Virtues: An Aristotelian Approach', in Nussbaum and Sen (1993).

Nussbaum, M. C. and Glover, J. (eds.) (1995). *Women, Culture, and Development*. Clarendon Press, Oxford.

Nussbaum, M. C. and Sen, A. K. (eds.) (1993). *The Quality of Life*. Clarendon Press, Oxford.

Nygård, F. and Sandström, A. (1982). *Measuring Income Inequality*. Almqvist and Wicksell International, Stockholm.

OECD (1971). *Education and Distibution of Income*. Paris.

O'Flaherty, B. (1996). *Making Room: The Economics of Homelessness*, Harvard University Press, Cambridge, MA.

Ok, E. (1995). 'Fuzzy Measurement of Income Inequality: A Class of Fuzzy Inequality Measures', *Social Choice and Welfare*, Vol. 12.

Orshansky, M. (1965). 'Counting the Poor: Another Look at the Poverty Profile', *Social Security Bulletin*, Vol. 28.

Osmani, S. R. (1982). *Economic Inequality and Group Welfare: A Theory of Comparison with Application to Bangladesh*. Clarendon Press, Oxford.

Osmani, S. R. (ed.) (1993). *Nutrition and Poverty*. Clarendon Press, Oxford.

Palmer, J., Smeeding, T., and Torrey, B. (eds.) (1988). *The Vulnerable*. The Urban Institute, Washington, D.C.

Pareto, V. (1897). *Cours d'Économie Politique*. Rouge, Lausanne.

Pareto, V. (1897). *Manuale di economia politica*. Societa Editrice Libraria, Milan.

Parfit, D. (1984). *Reasons and Persons*. Clarendon Press, Oxford.

Pattanaik, P. (1971). *Voting and Collective Choice*. Cambridge University Pres, Cambridge.

Pattanaik, P. and Xu, Y. (1990). 'On Ranking Opportunity Sets in Terms of Freedom of Choice', *Recherches Économiques de Louvain*, Vol. 56.

Pettini, A. (1993). *Bennesse ed Equità: Il Contributo di Amartya Sen.* Leo S. Olschki Editore, Florence, Italy.
Phelps, E. S. (ed.) (1973). *Economic Justice.* Penguin, Harmondsworth.
Phelps, E. S. (1977). 'Recent Developments in Welfare Economics', in M. Intriligator (ed.), *Frontiers of Quantitative Economics*, Vol. II. North-Holland, Amsterdam.
Piacentino, D. (1996). 'Functioning and Social Equity', mimeographed, University of Urbino; presented at the Politeia meeting on 'Environment and Society in a Changing World: A Perspective from the Functioning Theory', 10 May 1996.
Pigou, A. C. (1912). *Wealth and Welfare.* Macmillan, London.
Pigou, A. C. (1920). *The Economics of Welfare.* Macmillan, London.
Pigou, A. C. (1952). *The Economics of Welfare*, fourth edition. Macmillan, London.
Plott, C. (1978). 'Rawls' Theory of Justice: An Impossibility Result', in H. W. Gottinger and W. Leinfellner (eds.), *Decision Theory and Social Ethics.* Reidel, Dordrecht.
Pollak, R. A. and Wales, T. J. (1979). 'Welfare Comparisons and Equivalent Scales', *American Economic Review*, Vol. 69.
Pratt, J. W. (1964). 'Risk Aversion in the Small and Large', *Econometrica*, Vol. 32.
Puppe, C. (1995). Article on measuring freedom, in *Social Choice and Welfare*, Vol. 12.
Puppe, C. (1996). 'An Axiomatic Approach to 'Preference for Freedom or Choice'', *Journal of Economic Theory*, Vol. 68.
Pyatt, G. (1976). 'On the Interpretation and Disaggregation of Gini Coefficients', *Economic Journal*, Vol. 86.
Pyatt, G. (1987). 'Measuring Welfare, Poverty and Inequality', *Economic Journal*, Vol. 97.
Pyatt, G. (1990). 'Social Evaluation Criteria', in Dagum and Zenga (1990).
Qizilbash, M. (1995). 'Capability, Well-being and Human Development', Discussion Paper 9515 in Economics and Econometrics, University of Southampton.
Qizilbash, M. (1996). 'The Concept of Well-being', Discussion Paper 9634 in Economics and Econometrics, University of Southampton.
Rae, D. (1981). *Equalities.* Harvard University Press, Cambridge, MA.
Ramsey, F. P. (1928). 'A Mathematical Theory of Savings', *Economic Journal*, Vol. 38.

Ravallion, M. (1994). *Poverty Comparisons*. Harwood Academic Publishers, Chur, Switzerland.

Rawls, J. (1958). 'Justice as Fairness', *Philosophical Review*, Vol. 67.

Rawls, J. (1971). *A Theory of Justice*. Harvard University Press, Cambridge, MA.

Rawls, J. (1982). 'Social Unity and Primary Goods', in Sen and Williams 1982.

Rawls, J. (1993). *Political Liberalism*. Columbia University Press, New York.

Ricci, U. (1916). *L'indice di variabilita e la curve dei redditi*. Rome.

Riley, J. (1987). *Liberal Utilitarianism*. Cambridge University Press, Cambridge.

Riskin, C. (1971). 'Homo Economicus vs. Homo Sinicus: A Discussion of Work Motivation in China', Conference on New Perspectives for the Study of Contemporary China, mimeographed, Montreal.

Robbins, L. (1932). *An Essay on the Nature and Significance of Economic Science*. Allen and Unwin, London.

Robbins, L. (1938). 'Interpersonal Comparisons of Utility: A Comment', *Economic Journal*, Vol. 48.

Roberts, K. W. S. (1980a). 'Possibility Theorems with Interpersonally Comparable Welfare Levels', *Review of Economic Studies*, Vol. 47.

Roberts, K. W. S. (1980b). 'Interpersonal Comparability and Social Choice Theory', *Review of Economic Studies*, Vol. 47.

Roberts, K. W. S. (1980c). 'Price Independent Welfare Prescriptions', *Journal of Public Economics*, Vol. 13.

Robertson, D. H. (1952). *Utility and All That*. Allen & Unwin, London.

Robinson, J. (1933). *Economics of Imperfect Competition*. Macmillan, London.

Robinson, J. (1956). *The Accumulation of Capital*. Macmillan, London.

Robinson, J. (1960). *Collected Economic Papers—II*. Blackwell, Oxford.

Robinson, J. (1969). *The Cultural Revolution in China*. Penguin, Harmondsworth.

Roemer, J. E. (1982). *A General Theory of Exploitation and Class*. Harvard University Press, Cambridge, MA.

Roemer, J. E. (1985). 'Equality of Talent', *Economics and Philosophy*, Vol. 1.

Roemer, J. E. (1986). 'An Historical Materialist Alternative to Welfarism', in J. Elster and A. Hylland (eds.), *Foundations of Social Choice Theory*. Cambridge University Press, Cambridge.

Roemer, J. E. (1993). 'A Pragmatic Theory of Responsibility for the Egalitarian Planner', *Philosophy & Public Affairs*, Vol. 22.

Roemer, J. E. (1996). *Theories of Distributive Justice*. Harvard University Press, Cambridge, MA.

Rothschild, M. and Stiglitz, J. E. (1970). 'Increasing Risk I: A Definition', *Journal of Economic Theory*, Vol. 2.

Rothschild, M. and Stiglitz, J. E. (1973). 'Some Further Results on the Measurement of Inequality', *Journal of Economic Theory*, Vol. 6.

Rowntree, B. S. (1901). *Poverty: A Study of Town Life*. Longmans, London.

Runciman, W. G. (1966). *Relative Deprivation and Social Justice*. Routledge, London.

Runciman, W. G. and Sen, A. K. (1965). 'Games, Justice and the General Will', *Mind*, Vol. 74.

Russell, R. R. (1985). 'Decomposable Inequality Measures', *Review of Economic Studies*, Vol. 52.

Samuelson, P. A. (1947). *Foundations of Economic Analysis*. Harvard University Press, Cambridge, MA.

Samuelson, P. A. (1950a). 'Economic Theory and Wages', in J. E. Stiglitz (ed.), *The Collected Scientific Papers of Paul A. Samuelson*. MIT Press, Cambridge, MA, 1966.

Samuelson, P. A. (1950b). 'Evaluation of Real National Income', *Oxford Economic Papers*, New Series, Vol. 2.

Samuelson, P. A. (1964). 'A. P. Lerner at Sixty', *Review of Economic Studies*, Vol. 31.

Saposnik, R. (1981). 'Rank Dominance in Income Distributions', *Public Choice*, Vol. 36.

Saposnik, R. (1983). 'On Evaluating Income Distributions: Rank Dominance, the Suppes-Sen Grading Principle of Justice and Pareto Optimality', *Public Choice*, Vol. 40.

Satchell, S. E. (1987). 'Source and Subgroup Decomposition Inequalities for the Lorenz Curve', *International Economic Review*, Vol. 28.

Scanlon, T. M. (1975). 'Preference and Urgency', *Journal of Philosophy*, Vol. 72.

Scanlon, T. (1982). 'Contractualism and Utilitarianism', in Sen and Williams (1982).

Schokkaert, E. and Van Ootegem, L. (1990). 'Sen's Concept of the Living Standard Applied to the Belgian Unemployed', *Recherches Économiques de Louvain*, Vol. 56.

Schutz, R. R. (1951). 'On the Measurement of Income Inequality', *American Economic Review*, Vol. 41.
Schwartz, J. and Winship, C. (1980). 'The Welfare Approach to Measuring Inequality', in K. F. Schuessler (ed.), *Sociological Methods*. Jossey-Bass, San Francisco.
Seidl, C. (1988). 'Poverty Measurement: A Survey', in Bös, Rose, and Seidl (1988).
Sen, A. K. (1961). 'On Optimizing the Rate of Saving', *Economic Jounal*, Vol. 71.
Sen, A. K. (1964). 'Working Capital in the Indian Economy: A Conceptual Framework and Some Estimates', in P. N. Rosenstein-Rodan (ed.), *Pricing and Fiscal Policies*. MIT Press, Cambridge, MA.
Sen, A. K. (1966). 'Labour Allocation in a Cooperative Enterprise', *Review of Economic Studies*, Vol. 33.
Sen , A. K. (1967a). 'Isolation, Assurance and the Social Rate of Discount', *Quarterly Journal of Economics*, Vol. 81.
Sen, A. K. (1967b). 'The Nature and Classes of Prescriptive Judgments', *Philosophical Review*, Vol. 17.
Sen, A. K. (1969a). 'A Game-Theoretic Analysis of Theories of Collectivism in Allocation', in T. Majumdar (ed.), *Growth and Choice*. Oxford University Press, London.
Sen, A. K. (1969b). 'Planners' Preferences: Optimality, Distribution and Social Welfare', in J. Margolis and H. Guitton (eds.), *Public Economics*. Macmillan, London.
Sen, A. K. (1970a). *Collective Choice and Social Welfare*. Holden-Day, San Francisco; republished North-Holland, Amsterdam, 1979.
Sen, A. K. (1970b). 'Interpersonal Aggregation and Partial Comparability', *Econometrica*, Vol. 38; reprinted in Sen (1982a).
Sen, A. K. (1970c). 'The Impossibility of a Paretian Liberal', *Journal of Political Economy*, Vol. 78; reprinted in Sen (1982a).
Sen, A. K. (1972). 'Choice, Orderings and Morality', Bristol Conference on Practical Reason; published in S. Körner (ed.), *Practical Reason* (Oxford: Blackwell, 1974); reprinted in Sen (1982a).
Sen, A. K. (1973a). *On Economic Inequality*. Clarendon Press, Oxford; first edition of *this* book.
Sen, A. K. (1973b). 'On the Development of Basic Income Indicators to Supplement GNP Measures', *United Nations Economic Bulletin for Asia and the Far East*, Vol. 24.
Sen, A. K. (1973c). 'Poverty, Inequality and Unemployment: Some

Conceptual Issues in Measurement', *Economic and Political Weekly*, Vol. 8.

Sen, A. K. (1974). 'Informational Basis of Alternative Welfare Approaches: Aggregation and Income Distribution', *Journal of Public Economics*, Vol. 3.

Sen, A. K. (1976a). 'Real National Income', *Review of Economic Studies*, Vol. 43; reprinted in Sen (1982a).

Sen, A. K. (1976b). 'Poverty: An Ordinal Approach to Measurement', *Econometrica*, Vol. 44; reprinted in Sen (1982a).

Sen, A. K. (1976c). 'Welfare Inequalities and Rawlsian Axiomatics', *Theory and Decision*, Vol. 7.

Sen, A. K. (1976d). 'Liberty, Unanimity and Rights', *Economica*, Vol. 43; reprinted in Sen (1982a).

Sen, A. K. (1977). 'On Weights and Measures: Informational Constraints in Social Welfare Analysis', *Econometrica*, Vol. 45; reprinted in Sen (1982a).

Sen, A. K. (1978). 'Ethical Measurement of Inequality: Some Difficulties', in Krelle and Shorrocks (1978); reprinted in Sen (1982a).

Sen, A. K. (1979a). 'Personal Utilities and Public Judgements: Or What's Wrong with Welfare Economics?', *Economic Journal*, Vol. 89; reprinted in Sen (1982a).

Sen, A. K. (1979b). 'Interpersonal Comparisons of Welfare', in M. Boskin (ed.), *Economics and Human Welfare: Essays in Honor of Tibor Scitovsky*. Academic Press, New York; reprinted in Sen (1982a).

Sen, A. K. (1979c). 'The Welfare Basis of Real Income Comparisons: A Survey', *Journal of Economic Literature*, Vol. 17; reprinted in Sen (1984).

Sen, A. K. (1979d). 'Issues in the Measurement of Poverty', *Scandinavian Journal of Economics*, Vol. 81.

Sen, A. K. (1980). 'Equality of What?', in S. McMurrin (ed.), *Tanner Lectures on Human Values*. Cambridge University Press, Cambridge; reprinted in Sen (1982a).

Sen, A. K. (1981). *Poverty and Famines: An Essay on Entitlement and Deprivation*. Clarendon Press, Oxford.

Sen, A. K. (1982a). *Choice, Welfare and Measurement*. Blackwell, Oxford, and MIT Press, Cambridge, MA.

Sen, A. K. (1982b). 'Rights and Agency', *Philosophy and Public Affairs*, Vol. 11.

Sen, A. K. (1983). 'Poor, Relatively Speaking', *Oxford Economic*

Papers, Vol. 35; reprinted in Sen (1984).
Sen, A. K. (1984). *Resources, Values and Development*. Blackwell, Oxford, and Harvard University Press, Cambridge, MA.
Sen, A. K. (1985a). *Commodities and Capabilities*. North-Holland, Amsterdam.
Sen, A. K. (1985b). 'Well-being, Agency and Freedom: The Dewey Lectures 1984', *Journal of Philosophy*, Vol. 82.
Sen, A. K. (1985c). 'A Sociological Approach to the Measurement of Poverty: A Reply to Professor Peter Townsend', *Oxford Economic Papers*, Vol. 37.
Sen, A. K. (1987a). *The Standard of Living*, ed. by G. Hawthorn, and with comments from K. Hart, R. Kanbur, J. Muellbauer, and B. Williams.
Sen, A. K. (1987b). *On Ethics and Economics*. Blackwell, Oxford.
Sen, A. K. (1990a). 'Justice: Means versus Freedoms', *Philosophy and Public Affairs*, Vol. 19.
Sen, A. K. (1990b). 'Welfare, Freedom and Social Choice: A Reply', *Recherches Économiques de Louvain*, Vol. 56.
Sen, A. K. (1991a). 'Welfare, Preference and Freedom', *Journal of Econometrics*, Vol. 50.
Sen, A. K. (1991b). 'On Indexing Primary Goods and Capabilities', mimeographed, Harvard University.
Sen, A. K. (1992a). *Inequality Reexamined*, Oxford University Press, Oxford, and Harvard University Press, Cambridge, MA.
Sen, A. K. (1992b). 'Missing Women', *British Medical Journal*, Vol. 304.
Sen, A. K. (1994). 'Well-being, Capability and Public Policy', *Giornale degli Economisti e Annali di Economia*, Vol. 53.
Sen, A. K. (1995). 'Rationality and Social Choice', *American Economic Review*, Vol. 85.
Sen, A. K. and Williams, B. (eds.) (1982). *Utilitarianism and Beyond*. Cambridge University Press, Cambridge.
Sheshinski, E. (1972). 'Relation between a Social Welfare Function and the Gini Index of Inequality', *Journal of Economic Theory*, Vol. 4.
Shorrocks, A. F. (1980). 'The Class of Additively Decomposable Inequality Measures', *Econometrica*, Vol. 48.
Shorrocks, A. F. (1982). 'Inequality Decomposition by Factor Components', *Econometrica*, Vol. 50.
Shorrocks, A. F. (1983). 'Ranking Income Distributions', *Economica*, Vol. 50.

Shorrocks, A. F. (1984). 'Inequality Decomposition by Population Subgroups', *Econometrica*, Vol. 52.

Shorrocks, A. F. (1988). 'Aggregation Issues in Inequality Mesurement', in Eichhorn (1988).

Shorrocks, A. F. (1995a). 'Revisiting the Sen Poverty Index', *Econometrica*, Vol. 63.

Shorrocks, A. F. (1995b). 'Inequality and Welfare Comparisons for Heterogeneous Populations', mimeographed, Department of Economics, University of Essex.

Shorrocks, A. F. and Foster, J. E. (1987). 'Transfer Sensitive Inequality Measures', *Review of Economic Studies*, Vol. 54.

Shorrocks, A. F. and Slottje, D. J. (1995). 'Approximating Unanimity Orderings: An Application to Lorenz Dominance', Discussion Paper, University of Essex.

Sidgwick, H. (1874). *The Methods of Ethics*. Macmillan, London.

Silber, J. (1989). 'Factor Components, Population Subgroups and the Computation of the Gini Index of Inequality', *Review of Economics and Statistics*, Vol. 71.

Silber, J. (ed.) (1996). *Income Inequality Measurement: From Theory to Practice*, mimeographed, to be published.

Smeeding, T., Torrey, B., and Rein, M. (1988). 'Patterns of Income and Poverty: The Economic Status of Children and the Elderly in Eight Countries', in Palmer, Smeeding, and Torrey (1988).

Smith, A. (1776). *An Inquiry into the Nature and Causes of the Wealth of Nations*; republished, eds. R. H. Campbell and A. S. Skinner, Clarendon Press, Oxford, 1976.

Spencer, B. D. and Fisher, S. (1992). 'On Comparing Distributions of Poverty Gaps', *Sankhya: The Indian Journal of Statistics*, Series B, Vol. 54.

Srinivasan, T. N. (1994). 'Human Development: A New Paradigm or Reinvention of the Wheel?', *American Economic Review*, Papers and Proceedings, Vol. 84.

Stark, T. (1972). *The Distribution of Personal Income in the United Kingdom 1949–1963*. Cambridge University Press, Cambridge.

Stewart, F. (1985). *Planning to Meet Basic Needs*. Macmillan, London.

Streeten, P. (1984). 'Basic Needs: Some Unsettled Questions', *World Development*, Vol. 12.

Streeten, P. (1994). 'Human Development: Means and Ends', *American Economic Review*, Papers and Proceedings, Vol. 84.

Streeten, P. (1995). *Thinking about Development*. Cambridge Univer-

sity Press, Cambridge.
Streeten, P. *et al.* (1981). *First Things First*. Oxford University Press, New York.
Strotz, R. H. (1958). 'How Income Ought to be Distributed: A Paradox in Distributive Ethics', *Journal of Political Economy*, Vol. 66.
Strotz, R. H. (1961). 'How Income Ought to be Distributed: Paradox Regained', *Journal of Political Economy*, Vol. 69.
Subramanian, S. (1995). 'Two Notes on the Measurement of Inequality and Poverty', Working Papers 132 and 133, Madras Institute of Development Studies.
Sugden, R. (1993). 'Welfare, Resources and Capabilities: A Review of *Inequality Reexamined* by Amartya Sen', *Journal of Economic Literature*, Vol. 31.
Suppes, P. (1966). 'Some Formal Models of Grading Principles', *Synthese*, Vol. 6.
Suppes, P. (1977). 'The Distributive Justice of Income Inequality', *Erkenntnis*, Vol. 11.
Suppes, P. (1987). 'Maximizing Freedom of Decision: An Axiomatic Analysis', in G. R. Feiwel (ed.), *Arrow and the Foundations of Economic Policy*. Macmillan, London.
Suzumura, K. (1983). *Rational Choice, Collective Decisions and Social Welfare*. Cambridge University Press, Cambridge.
Suzumura, K. (1996). 'Interpersonal Comparisons and Justice', in K. J. Arrow, A. K. Sen, and K. Suzumura (eds.), *Social Choice Reexamined*. Macmillan, London.
Takayama, N. (1979). 'Poverty, Income Inequality and Their Measures: Professor Sen's Axiomatic Approach Reconsidered', *Econometrica*, Vol. 47.
Tawney, R. H. (1931). *Equality*. Allen & Unwin, London.
Temkin, L. S. (1986). 'Inequality', *Philosophy and Public Affairs*, Vol. 15.
Temkin, L. S. (1993). *Inequality*. Oxford University Press, New York.
Testfatsion, L. (1976). 'Stochastic Dominance and the Maximisation of Expected Utility', *Review of Economic Studies*, Vol. 43.
Theil, H. (1967). *Economics and Information Theory*. North-Holland, Amsterdam.
Thistle, P. D. (1989). 'Ranking Distributions with Generalised Lorenz Curves', *Southern Economic Journal*, Vol. 56.
Thomson, W. (1996). 'On the Axiomatic Method', mimeographed, University of Rochester.

Thon, D. (1979). 'On Measuring Poverty', *Review of Income and Wealth*, Vol. 25.

Thon, D. (1982). 'An Axiomatization of the Gini Coefficient', *Mathematical Social Sciences*, Vol. 2.

Thorbecke, E. and Berrian, D. (1992). 'Budgetary Rules to Minimize Societal Poverty in a General Equilibrium Context', *Journal of Development Economics*, Vol. 39.

Tinbergen, T. (1970). 'A Positive and Normative Theory of Income Distribution', *Review of Income and Wealth*, Series 16, No. 3.

Townsend, P. (1962). 'The Meaning of Poverty', *British Journal of Sociology*, Vol. 8.

Townsend, P. (1979). *Poverty in the United Kingdom*. Penguin, London.

Townsend, P. (1985). 'A Sociological Approach to the Measurement of Poverty: A Rejoinder to Professor Amartya Sen', *Oxford Economic Papers*, Vol. 37.

Tsui, K.-Y. (1995). 'Multidimensional Generalizations of the Relative and Absolute Inequality Indices: The Atkison-Kolm-Sen Approach', *Journal of Economic Theory*, Vol. 67.

Tungodden, B. (1994). 'Essays on Poverty and Normative Economics', Doctoral Dissertation, Norwegian School of Economics and Business Administration, University of Bergen.

Tuomala, M. (1992). *Optimal Income Taxation and Redistribution*. Clarendon Press, Oxford.

UNDP (1990). *Human Development Report 1990*. Oxford University Press, New York.

UNDP (1995). *Human Development Report 1995*. Oxford University Press, New York.

UNICEF (1987). *The State of the World's Children*. Oxford University Press, Oxford.

Van Parijs, P. (1990). 'Equal Endowment as Undominated Diversity', *Recherches Économiques de Louvain*, Vol. 56.

Van Parijs, P. (1995). *Real Freedom for All: What (If Anything) Can Justify Capitalism*. Clarendon Press, Oxford.

Varian, H. (1975). 'Distributive Justice, Welfare Economics and the Theory of Fairness', *Philosophy and Public Affairs*, Vol. 4.

Vickrey, W. (1945). 'Measuring Marginal Utility by Reactions to Risk', *Econometrica*, Vol. 13.

Vickrey, W. (1960). 'Utility, Strategy and Social Decision Rules', *Quarterly Journal of Economics*, Vol. 74.

Walsh, V. (1996). 'Amartya Sen on Inequality, Capability and Needs', *Science and Society*, Vol. 59.

Ward, B. (1958). 'The Firm in Illyria: Market Syndicalism', *American Economic Review*, Vol. 48.

Watts, H. W. (1968). 'An Economic Definition of Poverty', in D. P. Moynihan (ed.), *On Understanding Poverty*. Basic Books, New York.

Wedderburn, D. (1962). 'Poverty in Britain Today: The Evidence', *Sociological Review*, Vol. 10.

Wedgwood, J. (1939). *The Economics of Inheritance*. Penguin, Harmondsworth.

Weymark, J. A. (1981). 'Generalized Gini Inequality Indices', *Mathematical Social Sciences*, Vol. 1.

Weymark, J. A. (1984). 'Arrow's Theorem with Social Quasi-Orderings', *Public Choice*, Vol. 42.

Wiles, P. J. (1962). *The Political Economy of Communism*. Oxford.

Williams, A. (1991). 'What is Wealth and Who Creates it?', in J. Hutton, S. Hutton, T. Pinch, and A. Shiell (eds.), *Dependency to Enterprise*. Routledge, London.

Williams, B. (1962). 'The Idea of Equality', in P. Laslett and W. G. Runciman (eds.), *Philosophy, Politics and Society*, Second Series. Blackwell, Oxford.

Williams, B. (1973). 'A Critique of Utilitarianism', in J. J. C. Smart and B. Williams (eds.), *Utilitarianism: For and Against*. Cambridge University Press, Cambridge.

Williams, B. (1985). *Ethics and the Limits of Philosophy*. Fontana, London, and Harvard University Press, Cambridge, MA.

Williams, B. (1987). 'The Standard of Living: Interests and Capabilities', in Sen (1987a).

World Bank (1993). *World Development Report 1993*. Oxford University Press, New York.

Wriglesworth, J. (1985). *Libertarian Conflicts in Social Choice*. Cambridge University Press, Cambridge.

Yaari, M. E. (1987). 'The Dual Theory of Choice under Risk: Risk Aversion without Diminishing Marginal Utility', *Econometrica*, Vol. 55.

Yaari, M. E. (1988). 'A Controversial Proposal Concerning Inequality Measurement', *Journal of Economic Theory*, Vol. 44.

Yaari, M. E. and Bar-Hillel, M. (1984). 'On Dividing Justly', *Social Choice and Welfare*, Vol. 1.

Yitzhaki, S. (1979). 'Relative Deprivation and the Gini Coefficient', *Quarterly Journal of Economics*, Vol. 93.

Yitzhaki, S. (1983). 'On an Extension of the Gini Inequality Index', *International Economic Review*, Vol. 24.

Yntema, D. B. (1933). 'Measures of the Inequality in the Personal Distribution of Wealth and Income', *Journal of the American Statistical Association*, Vol. 28.

Young, H. P. (1994). *Equity in Theory and Practice*. Princeton University Press, Princeton, NJ.

Zheng, B. (1996). 'A Survey on Aggregate Poverty Measures', *Journal of Economic Surveys*, forthcoming.

人名索引

说明：本索引之页码系原书页码，即本书之边码。其中的“n.”指的是该词条出现在某页中的脚注。

勒纳（Lerner，A. P.） 16，83，85，91，100
利普顿(Lipton，M.） 173n.
利特尔(Little，I. M. D.） 16n.
利特尔伍德（Littlewood，J.） 54，65n.
洛伦兹(Lorenz，M. O.） 29，48～49
拉弗(Love，R.） 110n.，154n.，155
鲁斯(Luce，R. D.） 96n.，216n.

马苏米(Maasoumi，E.） 138n.
马哈那罗比（Mahalanobis，B.） 154n.
梅因(Maine，H.） 81～83
马宗达（Majumdar，T.） 113n.，138n.
马林弗德(Malinvaud，E.） 102n.
曼德尔(Mandel，E.） 97n.
马格林(Marglin，S. A.） 95n.，97n.
马歇尔（Marshall，A.） 15，16，135n.
马克思(Marx，K.） 87～91，94～95，96，99 ～ 100，101，105，121，167n.，199n.
马斯金(Maskin. E.） 196n.
梅(May) 10
米德(Meade，J. E.） 102n.
梅兰(Mehran，F.） 142n.
穆勒(Mill，J. S.） 199n.，204
米特拉(Mitra，T.） 138n.
明瑟(Mincer，J.） 151
米利斯(Mirrlees，J. A.） 116n.
穆柯吉（Mookherjee，D.） 149n.，161n.
莫里斯(Morris，C. T.） 199n.
莫林(Moulin，H.） 114n.
米尔鲍尔(Muellbauer，J.） 201n.，212n.，215n.
默里(Murray，C. J. L.） 216n.

内格尔(Nagel，T.） 205n.
纽伯里（Newbery，D. M. G.） 29，34n.
诺夫(Nove，A.） 95n.
诺齐克(Nozick，R.） 112，205n.
纳克斯(Nurske，R.） 95n.
努斯鲍姆（Nussbaum，M. C.） 198n.，199n.，201n.
尼加德(Nygard，F.） 142n.
奥弗莱赫蒂(O'Flaherty，B.） 211n.

主题索引

说明:本索引之页码系原书页码,即本书之边码。其中的“n.”指的是该词条出现在某页中的脚注。

图书在版编目（CIP）数据

论经济不平等：增订版/（印）阿马蒂亚·森，（美）詹姆斯·福斯特著；王利文，于占杰译. --北京：中国人民大学出版社，2024.2
ISBN 978-7-300-32223-0

Ⅰ.①论… Ⅱ.①阿…②詹…③王…④于… Ⅲ.①平等（经济学）—研究 Ⅳ.①F036

中国国家版本馆 CIP 数据核字（2023）第 183014 号

论经济不平等（增订版）
阿马蒂亚·森
詹姆斯·福斯特 著
王利文　于占杰　译
Lun Jingji Bupingdeng (Zengding Ban)

出版发行	中国人民大学出版社		
社　　址	北京中关村大街 31 号	邮政编码	100080
电　　话	010－62511242（总编室）		010－62511770（质管部）
	010－82501766（邮购部）		010－62514148（门市部）
	010－62515195（发行公司）		010－62515275（盗版举报）
网　　址	http://www.crup.com.cn		
经　　销	新华书店		
印　　刷	北京瑞禾彩色印刷有限公司		
开　　本	890 mm×1240 mm　1/32	版　　次	2024 年 2 月第 1 版
印　　张	9.75 插页 3	印　　次	2024 年 2 月第 1 次印刷
字　　数	238 000	定　　价	82.00 元